国家社科基金项目文库
National Social Science Fund Project Library

Research on the resilience improvement of China's manufacturing cluster and its realization path

中国制造业集群的韧性提升及其实现路径研究

胡晓辉 / 著

上海社会科学院出版社
SHANGHAI ACADEMY OF SOCIAL SCIENCES PRESS

本书的出版获得国家社科基金一般项目"我国制造业集群的韧性提升及其实现路径研究"(21BJY154)资助。

国家社科基金项目文库

总　　序

  2005 年，国家哲学社会科学基金办设立"国家社科基金成果文库"，每年从已结项的国家社科基金项目优秀成果中遴选 10 种左右出版，受到学界好评。2010 年，"国家社科基金成果文库"进一步拓展为"国家哲学社会科学成果文库"，由全国社科规划办统一组织出版并公开表彰。入选成果坚持正确导向，符合学术规范、学风严谨、文风朴实，具有原创性、开拓性、前沿性，对繁荣中国特色哲学社会科学、推动经济社会发展和学科建设意义重大。

  然而，也有学者反映，能获此殊荣的结项成果数量实在有限，其中有不少成果结项后也获得了优秀和良好鉴定，却未能得到上述出版机会。特别是随着国家社科基金课题立项数越来越多，出版的需求也越来越大。因此，各高校和科研机构都通过不同的方式予以支持。但由于这些成果的出版单位较为分散，即使在同一个出版社内，其从体例到装帧也有很大差别，导致很多优秀成果无法集中展示，不利于国家社科基金成果扩大影响。

  近年来，在上海社会科学院的领导和支持下，我社致力于"打造一流智库成果出版基地"，加大对高质量、有深度的学术著作出版的支持力度，在学界已经产生了一定的影响力。上海乃至全国学者将国家社科基金结项成果交付我社出版，是对我社长期深耕智库成果出版的信任和肯定。另外，我社还是全国 66

家国家社科基金后期资助项目成果的出版单位之一，近 3 年已有 40 多项国家社科基金后期资助项目成果在我社出版，是我社致力于智库成果出版的又一证明。

为进一步强化我社智库成果出版导向，在上海社会科学院院庆 65 周年之际，我社决定设立"尚社智库"专项出版基金，重点支持其子库"国家社科基金项目文库"出版，向读者呈现中国当代哲学社会科学的最新研究成果。该基金主要支持成果的出版经费补助、学术研讨和媒体推介。同时，为进一步支持该项工作落地，我社将每年邀请全国哲学社会研究领域权威专家组成评委会，对出版的成果予以评奖，并对这类成果予以重点推介。

我们设想，以此专项基金为依托，以现有来稿为基础，进一步汇集来自社会科学院系统、高校系统、党校系统以及其他获得社科基金机构评定的结项成果，充实"国家社科基金项目文库"。该文库将从不同角度反映中国学术界贴近决策和服务国家战略的情怀和努力，以及为中国式现代化道路所做的可贵探索。我们认为，这项举措将进一步推动国家社科基金成果的社会化，有利于最新社科研究成果和思想的传播，有利于促进中国特色哲学社会科学学科体系、学术体系、话语体系的构建，也有利于进一步确立我社智库成果出版基地的定位。

最后，希冀这套文库的出版，为加快构建中国特色、中国风格、中国气派的哲学社会科学，为上海推进习近平文化思想最佳实践地建设，以及为推动我国哲学社会科学的繁荣，贡献一份微薄的力量。

上海社会科学院出版社社长、研究员

2024 年 2 月 15 日

目录

第一章 前言 / 1
 第一节 问题的提出 / 2
 第二节 相关理论与概念界定 / 4
 第三节 逻辑框架 / 42

第二章 中国制造业集群的发展现状以及压力变化的影响 / 46
 第一节 中国制造业集群的发展现状 / 46
 第二节 单重压力与双重压力对中国制造业集群的影响 / 49
 第三节 中国制造业集群面临的挑战与机遇 / 56
 第四节 本章小结 / 58

第三章 双重压力下制造业集群韧性提升的驱动机理 / 59
 第一节 "集群韧性"概念的内涵和外延 / 59
 第二节 韧性的驱动变量选择和要素间交互关系 / 69
 第三节 "压力—传导途径—空间响应"的结构模型 / 73
 第四节 韧性提升的内外部驱动机制 / 79
 第五节 本章小结 / 87

目录

第四章 双重压力下制造业集群的韧性评估 / 88

第一节 企业失败风险率的差异 / 88

第二节 制造业集群的韧性测量与分层分析 / 107

第三节 不同类型集群的差异性 / 118

第四节 本章小结 / 126

第五章 双重压力下制造业集群韧性提升的实现路径 / 128

第一节 制造业集群韧性增强所依赖的路径 / 128

第二节 增强制造业集群韧性的动态模拟 / 175

第三节 增强制造业集群韧性的案例分析 / 199

第四节 本章小结 / 213

第六章 双重压力下制造业集群韧性的提升策略 / 215

第一节 微观层面：缓解制造企业的脆弱性 / 216

第二节 中观层面：增强制造业集群适应性 / 218

第三节 宏观层面：推动制造业可持续发展 / 219

第四节 本章小结和展望 / 221

参考文献 / 223

附录1：主要行业平均集聚趋势 / 251

附录2：主要的多阶段趋势制造业集群 / 253

附录3：调查问卷 / 255

第一章 前言

县集而郡,郡集而天下,郡县治,天下无不治。

——《史记》司马迁

如果把国家喻为一张网,全国三千多个县就像这张网上的纽结。"纽结"松动,国家政局就会发生动荡;"纽结"牢靠,国家政局就稳定。国家的政令、法令无不通过县得到具体贯彻落实。因此,从整体与局部的关系看,县一级工作好坏,关系国家的兴衰安危。

——《摆脱贫困》习近平(1990)

"郡县治,则天下安。"中国行政区划的历次调整,有时是适应经济发展的被动调整过程,有时是主动调整经济结构的过程,其中体现了政府的"无为而治"和"治而有序"的辩证过程。随着改革开放40多年画卷的展开,中国呈现出一幅"农业—工业—服务业"发展的产业结构升级景象,一条"乡村—城镇—街道办"过渡的城镇化发展路径,一个"村工业小区—镇工业园区—省级开发区—国家级高新区"演变的创新驱动过程。譬如人体全身70多个骨关节,完成了连接骨骼、传递应力、减少摩擦、缓冲压力等功能,使得人能够灵活运动;人体12对脑神经,完成了视听嗅味触等信号的转化、知识的存储和语言文字的信息传递,使得人体作为一个完整的机体,可以积极应对外界的刺激,并主动调整机体内部环境。中国的制造业集群就是分布在全国各县市的"骨关节"和"神经节",撑起了东方巨龙自信的头颅,挺住了祖国大地不屈的脊梁,发出了中华民族复兴的呐喊。

40多年来,中国的制造业蓬勃发展,从1978年近万家制造企业(企业总数

20余万家),增加到2022年约700万家,形成了大小不等约655个制造业地理集群(注:根据天眼查数据库分析统计)。这些集群大多数位于区县级行政区划内,部分已然突破县域范围,向着地区性、全国性甚至全球性制造业集群演变。40多年来,这些制造业集群经历了20世纪八九十年代的企业潮涌和2001年加入WTO的再度繁荣,也经历了1997年亚洲金融风暴的局部波及,以及2008年全球金融海啸的全面洗礼,更熬过了2020年突发新冠疫情的持续拖累,彰显出较高韧性和较强活力。制造业集群是中国引进外资的重要载体,是产品出口的重要基地,是科技创新的重要发祥地,是产业链不断攀升和巩固的重要工具,更是当前疏通国内国际双循环的重要节点。制造业集群的发展对中国经济腾飞发挥了重要的历史作用,并将继续发挥积极和建设性作用。

在制造业集群发展的历史长河中,我们目睹了许多产业集群的兴衰往事,也发现许多产业集群主动寻求转变的端倪。通过对40多年壮美画卷的赏析,可以从中吸取一些宝贵的经验教训,更希望为中国制造业集群当前和将来的可持续发展做足增强韧性的准备工作,并找到具体的可实现路径,从而为构建中国式现代化产业体系铺设道路。

第一节 问题的提出

各国经济总会不可避免地受到周期性或偶发性因素的冲击,全球化时代的经济相互依赖性和相对脆弱性变得更大。中国制造业集群承受住了各类风险的冲击,当国内需求不足时积极拓展国际市场,当国际市场萎缩时则"出口转内销",凭借在全球价值链上的稳固地位和国内巨大的市场规模,不断破解国内国外双重压力困境。近几年,贸易保护主义使世界经济发展环境严重恶化;新冠疫情危及全球产业链、价值链和供应链。在中国新旧动能转换的关键时期,这些风险因素所带来的负面影响可能被放大。不断提升中国经济韧性水平,持续增强经济应对各种不确定性的能力,是推进国家治理能力现代化的关键途径,是中国构建新发展格局的一个重要议题。制造业集群韧性是塑造中国参与国际合作和竞争新优势的主攻方向,在实现高水平的自立自强和中国崛起中扮演重要角色。

制造业集群应对冲击的研究成果比较丰富，集中在外部冲击的性质、深度和持续时间，集群先前的增长路径和决定因素，以及各级政府采取的支持性措施等方面。但由于国内外压力的反应渠道不清晰等问题，制造业集群韧性的潜在领域未能得到有效识别。因此，无法从经济波动中预测制造业集群增长路径，更不能提供有效的制造业集群治理策略。本研究借鉴复杂系统理论和产业组织理论所共同遵循的刺激—反应模式，既能分析不同产业间的相互作用，又能明确压力的传导途径，对研究制造业集群韧性的提升具有重要的学术和应用价值。研究的理论综合框架如图 1-1 所示。

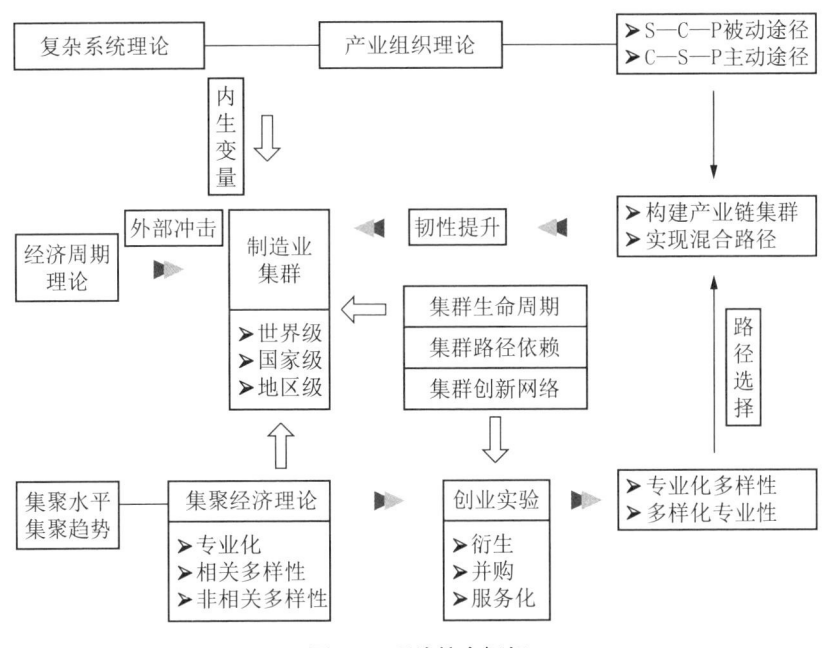

图 1-1　理论综合框架

在全球化和信息化背景下，制造业集群"双重嵌入"全球价值链，而地理空间和历史条件依然发挥重要作用。制造业集群作为一个复杂系统和产业组织形式，面临外部冲击的不确定性（真实经济周期理论），基于主体的模型中，各种行为主体内生变量（包括企业家、企业、行业、协会和政府）发生自组织自适应。根据集群生命周期理论、集群路径依赖理论和集群创新网络理论，各种类型集群的发展结局不一样。但制造业集群作为一个创新系统，集聚经济的两种外部性，即专业化 MAR 外部性和 Jacobs 外部性（包括相关多样性和非相关多样性）一直发挥重要作用。在微观层面，熊彼特式企业家精神启动创业实验（衍生、并购和服务化等形式）在创新系统中，通过创造技术—选择技术—扩大创新规模，启动整个集群系统的创新，进一步强化集聚经济的专业化和多样性，并在地理空间组合形成"专业化多样性"和"多样化专业性"的经济景观。而产业组织理论也已经从传统 S—C—P 模式的被动途径转化为 C—S—P 模式的主动途径。在理论上支持经济主体的积极参与，包括"政府有为"，通过"制度创业"和预见性产业结构调整，构建具有多种专业化且具有上下游关系的产业链集群，以及通过多样化实现跨产业部门的混合路径（Jacobian 集群），从而提升制造业集群的韧性。本研究关于制造业集群韧性增强所依赖的三大具体路径，包括：①创业实验的衍生（如硅谷半导体集群和慈溪家电集群等案例），②企业并购重组（如鲁尔制造业集群和中国医药制造业集群），③服务化和服务型制造（如安哈尔特机械制造业集群和江阴制造业集群等）。整体上来看，制造业集群通过不同生命周期阶段的动态叠加，通过在"缓慢燃烧"时期的重组和重新定位，不断提升危机时期的适应能力，充分发挥既有路径扩展、发展行业新分支和整体结构升级三种方式的综合作用，并逐步培育三个层次（地区级、国家级和世界级）的制造业集群，实现中国制造业的可持续发展。

第二节　相关理论与概念界定

一、制造业集群韧性的理论基础

（一）韧性理论

传统经济周期的讨论隐含着韧性研究的性质。韧性研究的流行是由于世界各地普遍的不安全感和不确定性（Christopherson et al., 2010），当前（全球）复杂网络中经济和环境危机之间相互联系而造成的不确定性是对韧性日益关注的决定性因素（Modica et al., 2015）。尤其是 2008—2009 年的经济大衰退暴露出长期以来全球化的副作用，各地区越来越受到全球化世界经济波澜起伏的影响。韧性概念越来越受欢迎的两个主要原因是：第一，可以解释各地区在危机期间和危机后的表现差异（Lagarde，2017；Dijkstra et al.，2015）；第二，为解释危机的突然影响促使人们寻找不同的概念框架，以克服常用均衡分析方法的弱点（Boschma，2015）。综合来看，韧性文献主要研究以下五个问题。①定义：韧性概念或定义是什么？②规模、系统和时间：在多大范围内衡量韧性？为哪些系统和部门设计框架？如何考虑时间维度？③成分：建立韧性的组成成分是什么？④功能：如何衡量干预措施而产生的韧性变化，或通过诊断韧性的系统要素来规划韧性？⑤能力：如何从能力角度将韧性概念化？

1. 韧性定义及发展

"韧性"一词源于拉丁语 resiliere 或 resiliō，通常表示实体或系统在发生扰动事件后能够恢复正常状态。韧性的最初解释侧重于应对外部变化和冲击，近年来，韧性从一个与"反弹"（bouncing back）相关的概念发展到"反弹前进"（bouncing forward），从而将基于均衡的韧性与演化韧性区分开来，并将变化视为韧性的内在因素，越来越多地涉及适应性和转型。韧性概念最初出现在数学和物理中，以及20世纪40年代的心理学研究中，旨在确定均衡的特点。物理学的"工程韧性"，指的是系统在冲击或干扰后恢复某种均衡的能力（Pimm，1984）。霍林（Holling，1973）将韧性引入生态学，定义为"衡量系统的持久性及其吸收变化和干扰的能力，并在种群或状态变量之间保持相同的关系"。其他学者强调韧性系统"为保持相同特性而进行变革的能力"（Folke et al.，2010），为"系统吸收扰动并保留其基本功能和结构的能力"（Walker, Salt，2006）。但生态观点与工程观点的定义，看待韧性依然"太窄"（Pisano，2012）。雷贾尼（Reggiani，2002）将韧性引入空间经济学的研究范畴，以解释为什么一些经济体在冲击后恢复活力，而另一些经济体则陷入衰退，强调经济部门、企业或家庭承受冲击，或者从冲击中恢复的能力。基于新古典经济理论和均衡分析方法"提供了很抽象和简化的框架，解释面临动荡和不确定变化的地理差异和韧性的非均衡性"（Pike et al.，2010），经济均衡方法将韧性定义为冲击后恢复均衡的能力（Hill et al.，2010），意味着系统的韧性越大，它随时间的变化就越小。达沃迪（Davoudi，2012）将社会—生态均衡韧性拓展为演化韧性。马丁（Martin，2012）创造了"适应性韧性"（adaptive resilience）一词，借鉴复杂的自适应系统理论，指实现重组（事件前和事件后）系统结构的能力，以减少干扰的影响程度，或利用冲击实现系统的更新。现在韧性概念适用于工程学、生态学、材料学、心理学和经济学等领域，存在多个跨学科的韧性定义。韧性概念的普遍使用也容易造成歧义。因此，马丁（Martin，2012）将韧性区分为生态韧性、工程韧性和适应性韧性这三种解释，以及细分韧性的四个维度（4R）：抵抗（对冲击的敏感性或反应深度）、恢复（从冲击中复苏的速度和程度）、重新定位（应对冲击的调整和适应的程度）、更新（更新其增长路径的程度，无论是衰退前路径还是转向新路径）。抵抗和恢复被解释为短期"工程韧性"的维度，更新和重新定位强调演化的角度来表示中长期韧性。派克（Pike et al.，2010）、西米和马丁（Simmie，Martin，2010）强调韧性与"适应能力"有关，并区分"适应"和"适应能力"。其中，适应关系到原路径内的变化，而适应能力关系到发展新的路径（Boschma，2015）。

在建模方面，理解区域经济韧性的经济方法，可确定三种不同的模式：采摘模型（plucking model）、磁滞（hysteresis）、适应演化（adaptive evolution）。①采摘模型将一个经济体的发展道路比作一条紧绳连接在向上倾斜的板的底部，它被衰退的冲击向下拉（Martin，2012）。该模型假设冲击是短暂的，不会对经济的长期增长上限或增长趋势产生永久影响。由此，韧性被定义为经济对其冲击前增长路径的"反弹"。②磁滞概念源于对金属和材料的磁性和韧性特性的研究。由克罗斯（Cross，1993）和塞特菲尔德（Setterfield，2010）等引入经济学。磁滞概念被用来描述经济由于重大外部冲击而从一个均衡位置或稳定领域转移到另一个均衡位置。罗默（Romer，2001）将磁滞定义为"一次性扰动永久影响经济路径"，这涉及经济的结构变化（Setterfield，2010）。由此，韧性被定义为经济对特定外部冲击的反应，以及经济在冲击的直接影响后突破路径依赖发展新轨迹的性质。③适应演化概念源于复杂自适应系统理论。系统自我组织行为由系统组成成分和要素之间的共同演化相互作用驱动，以及一种适应性能力，使系统能自发地重新组合其内部结构，无论是对外部冲击的反应，还是对内部紧急机制的反应，或是"自我组织临界性"（Martin，Sunley，2007）。由此，韧性被定义为"能力，即调整其结构（企业、行业、技术和制度），以便在产出、就业和财富等方面长期保持可接受的增长道路"（Martin，2012）。

随着经济韧性研究的发展，学界认识到行为主体适应不断变化环境的能力和经济体系本身转变的重要性，韧性概念化为具有动态性和适应性的多重稳态系统。迪卡罗（Di Caro，2017）将经济韧性定义为"特定地区抵御冲击、从意外事件中恢复和维持长期发展增长道路的能力"。"韧性是系统的一种特性,在特定时间尺度上从特定观察者的角度来描述系统对特定规模特定扰动的响应"(Helfgott,2018)。这些方法利用了经济演化理论和复杂自适应系统的模型。根据马丁等(Martin et al.,2016)的说法,衡量区域经济韧性可被视为包括四个连续(和递归)步骤:公司、行业、工人和机构对冲击的风险(或脆弱性);对冲击影响的阻力;是否有能力或进行必要调整,以恢复核心功能和业绩,称之为(适应性)调整;对冲击的韧性程度和性质。许多韧性定义与其他概念存在重叠,如稳健性(robustness)、容错性(fault-tolerance)、灵活性(flexibility)、生存性(survivability)和敏捷性(agility)。韧性定义及其对应的系统、衡量方法和典型特征如表1-1所示。

表1-1 三种系统中的韧性方法和特征

	复杂系统	生态系统	工程系统
韧性	演化韧性	生态韧性	工程韧性
理论	复杂适应系统	动态系统	网络理论
衡量	① 冲击后的结果 ② 吸收能力	① 恢复到之前状态的速度 ② 能吸收的最大干扰幅度	节点/链接被删除后的脆弱性
机制	适应能力 吸收能力	多样性 冗余性	拓扑结构 冗余性

注:作者整理。

2.韧性的空间维度(水平/规模)和时间维度

对空间经济韧性的研究存在如何处理时间和空间相关定义的困境,出现两个不同的框架(Cristophorson et al.,2010)。第一种将区域/空间视为行为容器,而时间就是时刻(冲击前、冲击时和冲击后)。第二种认为区域/空间是人类行为(社会互动)的结果,是持续的过渡过程,时间则是一种流。韧性侧重于不同层次的分析,包括企业、产业部门以及国家和区域等(Modica,Reggiani,2014)。不同规模尺度的衡量会影响指标的选择,并最终影响结果。大多数韧性衡量区域维度,区域经济韧性概念化说明了共性的地方,特别是经济韧性的演化,但还存在差异性的地方。从韧性结果的分布维度提出"韧性为谁"有助于形成新的范式,对哪些政策目标是可取的,采取更长期和更全面的观点。要理解"谁的韧性"问题,就需要研究衡量的维度。这些尺度是相互关联的,并且每个层面的韧性不同。需要探讨不同维度韧性之间的相互作用以及韧性建设的权衡。为更好地了解区域韧性的决定因素，应该研究时间（多个适应过程）、空间（多个区域维度），或同时研究。

(1) 空间维度

国家视角。阿比亚德等（Abiad et al.，2015）研究新兴市场和发展中国家应对经济衰退的韧性。通过衡量经济衰退后的恢复速度，结果表明，经济冲击发生率较低和国家治理较好，这两个原因使得在过去60年间国家的韧性提高。类似马丁和森利（Martin, Sunley, 2015）提出的第二个定义，吉安诺内等（Giannone et al.，2011）将韧性定义为国家吸收冲击的能力，发现国家的信贷市场自由化与危机期间的韧性呈负相关。松德尔曼（Sondermann, 2018）将韧性定义为国家通过最小化对经济活动的影响来抵御重大不利冲击的能力，发现健全的劳动力和产品市场以及营商环境提高了应对不利冲击的韧性，并普遍减少了危机的发生。

城市视角。城市韧性关注城市空间的服务供给和监管功能。奥雅纳（Arup）的城市韧性框架和指数（CRFI）将质量定义为反思性、稳健性、冗余性、机智性、包容性和综合性（Arup, 2015）。社会和环境转型研究所（ISET）的城市韧性框架（URF）侧重于灵活性和多样性、冗余性、模块化和安全性（Tyler et al.，2010；Moench, 2014）。《城市报告框架》增加了对治理和社会进程的重视，例如，城市系统在严重危机期间依赖电力、通信、运输的可靠性，以及维护和运行这些系统所需的治理结构（Moench, 2014）。同样，维持就业或收入是抵御冲击和压力的关键。CRFI衡量包容性劳动力政策、支持性金融机制和地方商业发展（Arup, 2015）。ISET城市框架将韧性特性进一步分解为系统、主体和机构的特性。

企业视角。许多文章研究企业对经济冲击的反应和适应，即使大多数没有使用"韧性"一词。比如，企业增加创新，以应对加剧的低工资竞争，企业调整产品组合（Mayer et al.，2014），集团企业为应对日益激烈的竞争，关闭最脆弱的子公司，企业提高产品质量来适应进口竞争（Amiti, Khandelwal, 2013）。大量文献研究2008—2009年金融危机期间出口企业的韧性。总体发现金融危机是一次巨大的需求冲击，对大多数企业的出口和国内市场都造成了影响。使用比利时微观数据，贝伦斯（Behrens et al.，2013）发现，几乎所有出口企业对需求冲击的调整都发生在密集边界：企业的产品目的地组合（以及单价）保持稳定，但交易数量则大幅下降。使用不同的数据集和方法，伊顿等（Eaton et al., 2013）得出类似结论：企业主要以密集边界签约，在宽度边界和全球供应链方面的作用有限，在信贷限制或贸易壁垒方面几乎没有作用。贝姆斯（Bems et al., 2011）解释危机期间世界贸易减少的原因，发现全球价值链受到破坏的问题。

地理集群视角。地理集群对产业和企业韧性的影响不是广泛的研究课题。德尔加多等（Delgado et al., 2016）评估集群在美国大衰退期间对区域产业韧性的作用，利用2003—2011年各区域行业就业增长率的差异，表明在经济衰退期间和之后，位于强大区域集群的行业（根据就业和企业数量）经历较高的就业增长。这一发现被解释为活跃在强大集群中的区域产业的脆弱性较低，恢复较快。马丁等（Martin et al., 2013）利用微观数据分析集群企业是否更好地抵御经济冲击，并将韧性定义为2008—2009年金融危机后企业留在出口市场的概率。研究表明，位于邻近其他出口商或受集群政策影响的企业比其他企业表现更好：在出口市场保持活跃的可能性更高，其出口增长也更高。然而，该优势在经济动荡中消失。结果表明，集群企业并不比孤立企业能抵御总体经济冲击。如果它们位于"领导者"（即集群主导企业）表现较差的集群中，其韧性甚至可能会降低。这表明，集群的累积效益可能采取其中一种方式：在好的时期，集群提高生产率，并为企业产生累积效益；在坏的时期，集群降低生产率，累积效益很快被侵蚀。

多尺度视角。一些韧性测量方法承认不同尺度间内在相互作用的方式（如Choularton et al., 2015）。在不同尺度观察韧性有助于在韧性动态中的权衡。复杂系统中的韧性承认不同尺度之间的动态；孤立的评估方法将不能发现对某个层次的韧性有很大影响，但存在于另一个层次的重要因素。莫克等（Mock et al., 2015）强调从"多层次和多维度视角"分析韧性、脆弱性和福祉的过程，原因包括反馈循环和系统成分之间的复杂交互。贝内和弗兰肯伯格（Bene, Frankenberger, 2015）补充说，需要一种多尺度、多层次的方法来测量对扰动的"响应"。在多个维度衡量整体韧性成为一项极其复杂的任务（Choularton et al., 2015）。有些规模尺度比其他尺度更为重要，这些尺度反映部门间的趋势。此外，很少涉及尺度之间的反馈循环和权衡。

（2）时间维度

经济韧性的重点研究问题之一就是：经济体系如何在短期、中期和长期的角度应对外部冲击（Martin，Sunley，2015；Martin et al.，2016）？抵抗和恢复描述应对冲击事件的即时反应和速度，而重组和重新定位的能力描述经济在冲击事件之后的长期发展和持续适应。抵抗和恢复被解释为短期"工程韧性"的维度，更新和重新定位表示中长期韧性（Martin，2012）。工程韧性体现短期视角，并通过抵抗和恢复阶段进行建模（Martin，2012），韧性以从冲击引起的低迷中反弹和回到冲击前均衡增长路径的能力来定义。恢复越快、越全面，经济就越有韧性（Simmie，Martin，2010）。韧性的中期和长期视角体现在适应性韧性的概念（Hassink，2010），侧重于区域应对宏观经济、社会和体制环境变化的能力，这些变化不一定是突然的，可以来自连续的、增量的过程。按照适应性的方法，如果一个经济体在适应不断变化的同时保持繁荣、创造性和竞争力，那么就可以被认为是有韧性的。

韧性测量的时间方面，有三个关键问题：①定期测量以确保有足够时间来显示韧性结果；②测量韧性的相关时间尺度取决于冲击或压力，并可能重叠；③一些韧性建设活动在短期内有益但长期有害，反之亦然，因此有必要跟踪非预期的结果。比如，卡彭特等（Carpenter et al.，2001）强调"韧性可以在一段时间内实现，但是牺牲了随后一段时期的韧性"。目前，大多数实证分析集中在短期内的组成部分，即抵抗和复苏阶段。由于危机后的时期相对较短，尚缺乏进一步分析长期能力、重组和重新定位的数据。

3. 韧性的决定因素

为什么经济在抵抗、恢复和适应能力方面存在差异？指的就是韧性的可能决定因素。这些因素主要分为五大类（Martin，Sunley，2015）：工业和商业结构、劳动力市场状况、主体和决策、财政安排、治理安排。其中，主体和决策主要是与微观层面参与者有关的决定因素，工业和商业结构、劳动力市场状况是地方/区域层面的决定因素。财政安排和治理安排并没有明显的空间指向，它们可以包括来自地方和国家，甚至是国际层面的因素。马丁和森利（Martin，Sunley，2015）还区分了固有因素和适应性因素，发现在大多数情况下是相同的，包括部门结构、出口、生产力、技术、政策制度和对外关系等。由此，抵抗和恢复并不一定受到不同因素的影响，而是受到一组相似决定因素的影响，只是这些因素的影响因阶段而异，固有因素和适应性韧性决定因素的影响具有阶段性（Martin，Sunley，2015）。简而言之，韧性被认为是一个多阶段的过程，受层次结构和与阶段相关的决定因素影响。

经济韧性关键取决于给定的产业结构及其相关的外部性（Martin，2012；Martin，Sunley，2014）。相关文献区分了马歇尔（Marshall，1890）、阿罗（Arrow，1962）、罗默（Romer，1986）等提出的基于专业化的 MAR 外部性和基于多样性的 Jacobs 外部性（Jacobs，1969），以及源自非相关或相关多样性的外部性（Frenken et al.，2004，2007）。大量研究探讨了外部性对区域经济绩效的影响（如 Boschma，Iammarino，2009；Bishop，Gripaios，2010，Hartog et al.，2012，Brachert et al.，2015，van Oort et al.，2015），但关于外部性与经济韧性之间具体关系的实证证据非常稀少。只有杜什尔（Duschl，2014）和塞迪塔等（Sedita et al.，2015）明确分析外部性—韧性关系，但这两项研究得出不同的实证结果。杜什尔（Duschl，2014）调查德国地区的韧性，发现非相关多样性对韧性没有影响，而相关多样性有部分负面影响；塞迪塔等（Sedita et al.，2015）则证实，非相关和相关多样性对意大利地区的韧性都有积极影响。这些相反结论部分是由于不同的区域样本，另一个原因是没有区别抵抗和恢复阶段，即短期韧性的两个组成部分，可能掩盖了重要的阶段属性导致不正确的结论。

MAR 外部性是企业的外部性，而非地区的外部性。雅各布斯（Jacobs，1969）提出，地区的外部性也可能是一个产业的外部性。MAR 外部性强调相关或准相关行业的知识溢出，雅各布斯（Jacobs）提出了知识在区域不同行业传播的理由，城市内多样化的产业结构允许主体将不同的知识和信息结合起来，以实现新的创新突破，这些突破不一定来自单一行业。实验的环境可以说是创新的先决条件。Jacobs 外部性要通过"桥梁"来实现，通常是城市中大学和学术形式的科学基础。比如，硅谷在半导体领域起步，长期以来拥有基于大学（斯坦福大学、伯克利分校）的知识网络，以及不那么正式的学习交流（例如，有组织的技术社交聚会）。这种多样化的经济不仅是推动发展已有领域的渠道，而且是推动新领域出现的渠道。因此，MAR 外部性将专业化视为增长的因素，Jacobs 外部性则强调多样性。此外，MAR 外部性意味着地方垄断更有利于地方经济增长，而城市化经济中的关键因素 Jacobs 外部性则意味着相反的结论，即竞争推动企业创新。

波特（1990）的论点与雅各布斯（Jacobs，1969）的观点相似，即竞争才有利于增长。企业为了生存而创新，创新速度的提高通过生产率形式提高了经济增长率。因此，企业将相当一部分利润花在研发上，可以将这视为其在竞争市场中生存的一种手段。但波特指出，知识溢出效应在垂直一体化的产业中最为普遍。从该角度看，波特的外部性更符合马歇尔的外部性，因为这种溢出效应发生在一个产业内部，而不是像Jacobs外部性那样发生在产业之间。

将MAR外部性、Jacobs外部性和波特外部性统一在一起的是经济外部性的地理效应。分歧始于行业集中如何影响知识溢出，从而导致最终的地理性质。关于专业化的影响方面，波特与MAR观点类似（不像Jacobs）；关于竞争的影响和好处方面，波特与Jacobs观点类似（不像MAR）。此外，MAR和波特对多样性的影响存在分歧，而Jacobs则要促进多样性的作用。虽然MAR、Jacobs和波特外部性之间有不同的观点，但它们不应该是完全相互排斥的。三种类型的外部性都可能是正确的，也许同等重要，它们的影响取决于具体地理位置。由于主题是高度异质的（很难想象有两个区域在工业类型和外部性权衡方面是相同的），而且不同的行业在人力资本、制造、供应链和通信方面表现出不同的机制和动态，使用一种通用模型来理解所有地理区域是有问题的。

但许多经济体因不断发展的专业化集群而陷入短期困境。美国硅谷等地区的本地化经济，必须与底特律、克利夫兰和扬斯敦等城市的警示故事相平衡。专业化和多样性都有优点和缺点，这两种外部性的结合既有可能，也是有成效的（Wagner, Deller, 1998），因此不需要在多样性和专业化发展之间进行权衡。

(1) 专业化的外部性（MAR）

关于产业集群内部知识流动的讨论始于马歇尔（1890）。斯密（Smith, 1776）专注于规模报酬递增，马歇尔在斯密的基础上扩展，将规模报酬递增引入具有规模经济特征的行业，或"安全的许多小型企业集中在特定地区：或者，通常说，工业的本地化"（马歇尔，1890）。这些因素被称为马歇尔外部性，具有地理性质，但可能是金钱、社会和其他经济力量作用的结果。马歇尔表明，工业本土化促进了一个更高效的当地劳动力市场发展，并降低了运输成本。地理上邻近也能使（自愿或非自愿）共享特定行业的知识，被称为"知识溢出"。阿罗（Arrow, 1962）的研究涉及"通过实践学习"，即生产力提高是实践、自我完善和小的、渐进创新的结果。罗默（Romer, 1986）等内生增长理论认为创新、人力资本和知识是经济增长的主要贡献者。格莱泽等（Glaeser et al., 1992）将马歇尔的论点与阿罗和罗默的论点相结合，通常称为马歇尔—阿罗—罗默（MAR）外部性。MAR外部性意味着产业集中有助于增加知识的溢出效应，知识溢出反过来通过创新的扩散促进发展。地方专业化导致思想和知识的传播和交流，这些思想和知识既可以是隐性的，也可以是编纂的，通过企业间的互动、贸易，以及熟练和专业劳动力的流动而传播。需要注意的是，MAR外部性仅限于相同或类似的行业。由于当地工业的集中，或也被称为本地化经济，一个被解雇的工人在其专业领域有更多的就业机会。

集聚经济使企业享有规模经济和获得共享的专门投入和相关市场（Markusen，1996），还允许企业更好地分享专业知识，由于当地竞争而保持敏锐，并从共享产出市场中受益（Porter，1990）。这一观点与MAR（Marshall、Arrow和Romer）模型相关联，强调选址的重要性及规模经济和知识溢出的作用（Glaeser，1999）。部分研究发现，产业专业化对希腊（Palaskas et al.，2015）和西班牙（Cuadrado-Roura et al.，2016）的区域韧性有积极影响。其中，产业专业化水平是韧性的关键驱动因素（Brakman et al.，2015；Capello et al.，2015）。

只有一个或极少数部门占主导地位的区域经济容易受到伤害。由于主导产业的冲击事件直接影响其国内经济的大部分地区，从而引发地区衰退（Augustine et al.，2013；Martin，Sunley，2014），这种情况被称为"支配效应"（dominance effect）。支配效应尤其适用于知识密集型行业，该行业在国际市场所占份额较大，因此严重依赖全球经济发展及其周期性波动（如Gehrke et al.，2009；Gehrke，Schiersch，2016），产业专业化导致了对外源性冲击的抵抗降低。而非知识密集型部门对国际市场和全球经济周期的依赖程度较小（如Gehrke et al.，2009），由于世界市场的一体化程度较低，非知识密集型产业也较少受到全球经济动荡的影响。部门专业化以市场外部性的形式促进溢出效应，支持企业创造和实施增量创新（如Frenken et al.，2004）。这些创新是针对产品和过程的逐步改进，会导致生产率提高。由此，企业能够迅速应对传统目标市场的周期性波动，从而促进区域层面的复苏。温克（Wink，2015）同样认为创新是区域经济快速复苏的一个基本标准。简言之，专业化在知识密集型产业是把双刃剑：它降低冲击对区域核心行业的经济敏感性，但也通过MAR外部性降低了复苏的速度（Martin，Sunley，2014）。甚至，专业化驱动对经济韧性的影响可归因于专业化的制造业，而不是专业化本身（Pudelko，Hundt，2017）。

(2) 多样性的外部性 (Jacobs)

多样性可以降低特定产业冲击的风险，并减轻危机对就业的短期影响 (Essletzbichler, 2015; Boschma, 2015)。一些研究探讨"相关多样性"或"非相关多样性"是否影响区域韧性 (Frenken et al., 2007; Balland et al., 2015; Xiao et al., 2017)。相关多样性在部门内观察差异，非相关多样性在部门间观察差异 (Frenken et al., 2007)。①研究表明，相关多样性对区域吸收扰动和开展新活动的能力有积极影响。强调多样性作为结构变革产出的作用，因为区域的多样化能力在很大程度上取决于现有活动。相关多样性产生新就业，而非相关多样性缓冲外部冲击 (Frenken et al., 2007)。现有活动是开发新活动的知识基础，多样化是成本低、风险小的区域战略 (Boschma, 2018)。②多样性降低了摩擦失业率和不稳定性 (Simon, 1988)，并促进了人均资本收入的增长 (Pede, 2013)。这些作用在不同地理层面进行分析：国家 (Pede, 2013)、区域 (Fingleton et al., 2012)、各州 (Izraeli, Murphy, 2003) 和大都市区 (Augustine et al., 2013)。迪卡罗 (Di Caro, 2014, 2017) 研究意大利就业方面的区域韧性，发现韧性地区具有高水平的产业多样性，以及较高的人力和社会资本禀赋。此外，当互补产业位于同一地区时，知识溢出的可能性更大 (Glaeser et al., 1991)，支持多样性文献中发现城市化的价值。王鹏等 (2021) 将产业结构多样化与产业相关多样性作为集群韧性的影响因素进行实证研究，发现产业相关多样性在吸收期起正向作用，产业结构多样性在适应期与恢复更新期起正向作用；而产业集聚程度越高，所体现的产业间网络结构对冲击的吸收作用就越强，但在结构崩溃后也越容易加剧风险传导，该研究结论基本与以往研究类似。

经济抵抗受到多样性但非相关产业结构的积极影响 (如 Frenken et al., 2007; Boschma, 2014)。因为多样化区域将为特定产业的冲击开辟更广泛的进入途径，伴随着更多可能受到影响的行业。但非相关产业之间的脱节，定义为在共享知识库、工作技能、技术或产品特征方面缺乏互补性 (Boschma, Iammarino, 2009; Brachert, Titze, 2015)，有助于将冲击导致的衰退限制在直接受影响的产业，同时保护整体经济。因此，如果某个产业受到特定产业危机的影响，与该产业相关的冲击波就不会扩散到区域经济中其他非相关的部门。专门从事密集知识活动的区域经济容易适应不断变化的环境，并具有更强的韧性 (Martin et al., 2016)。而高度多样性很难影响增长率的可持续性 (Eraydin,

2016),特定部门的冲击可能对多样化区域造成影响,因为多样性在不同部门之间有传播风险(Boschma,2015)。

如果产业与共享或互补能力(如知识库、技术)相关,则会出现相关变化(Brachert,Titze,2015),由此构成一种多样性的专业化(Frenken et al.,2007)。多样性和专业化之间的交叉,使相关多样性对经济抵抗的影响变得复杂。相关多样性降低了区域抵抗,因为特定部门的冲击会直接影响所有相关分支的相互联系(Martin,Sunley,2014)。由于冲击会扩散到相关渠道,这种情况被称为"传染效应"(contagion effect)。另一方面,相关性可能将与冲击相关的干扰更均匀地分布到所连接的部门,因此对每个部门单元的平均影响会降低。这有助于稳定受影响的产业,并通过积极的溢出效应,稳定整个区域经济。这种情况称为"分布效应"(distribution effect)。目前尚不清楚是"传染效应"还是"分布效应"占主导地位。

具有高度相关多样性特征的地区为确保总体经济韧性提供良好的先决条件(Sedita et al.,2015)。对于知识密集型产业和技术密集型产业之间的相互关系尤其如此,这些产业增强了部门间知识溢出效应和知识扩散。同时,这些产业的企业具有较高的吸收能力,能产生有效的学习效果,有助于通过产品创新开拓新的销售市场(Hartog et al.,2012)。然而,通过溢出效应实现的产品创新不可能一蹴而就,因为与专业化的 MAR 外部性不同,从相关行业获得溢出效应的企业通常需要跨越轻微的技术距离(Boschma,Frenken,2011a)。因此,相关多样性的增长提升效应将是长期的,而不是短期的。这同样适用于"技能相关"的影响(Otto et al.,2014),提供机会吸收和重新分配相关行业受冲击释放的劳动力。总之,相关多样性不会对短期快速复苏有重大贡献。然而,通过创造新的增长路径和避免技术或认知锁定的威胁,将对区域经济的更新和重新定位产生积极的长期影响(Martin,2012)。在非知识密集型产业中,区域相关多样性不会产生显著影响——无论是短期还是长期。出于知识密集型的同样原因,它既不会有助于区域快速复苏,也没有产生支持经济更新或重新定位所必需的知识溢出效应(Gehrke,Schiersch,2014)。

(二)产业组织理论

产业组织是经济机制研究的特殊领域,其主题是市场和企业的组织及其战略，还有市场监管的公共政策工具。产业组织理论是20世纪50年代发展起来的，但经济的产业思维可追溯到19世纪米尔（Mill，1848）和马歇尔（Marshall，1879）的文献。产业组织理论通过两种方法来研究市场与其参与者之间的相互行为。第一种是传统的产业组织，涵盖20世纪30—70年代这段时期，基于哈佛学派（Mason，1939；Bain，1959）提出的SCP模式。第二种方法被称为新产业组织（Tirol，1988），在1980—1990年发展起来，基于博弈论和计量经济学模型。基于新古典主义理论的结构—行为—绩效（SCP；Structure—Conduct—Performance）方法长期以来是产业经济学研究的中心，常被用来为产业政策提供理论依据。SCP模型源自20世纪30年代哈佛大学经济学家梅森（Mason，1939）及其博士生贝恩（Bain）在20世纪50年代的开创性工作，SCP模型由贝恩（Bain）、谢勒（Scherer）等建立。该模型提供了既能深入具体环节，又有系统逻辑体系，具有市场结构—市场行为—市场绩效的因果关系产业分析框架。20世纪30年代是经济危机时期，显示了大型工业的脆弱性，在此背景下产生的SCP模型可分析行业或者企业受到冲击时，可能的战略调整及行为变化。

结构、行为和绩效之间的关系比最初设想的要复杂得多。有人认为，该方法是从其理论基础上衍生出来的，因此过于松散，试图将SCP更严格地与新古典主义理论联系起来。另有人则认为SCP方法对市场运作的看法有限，对政策制定具有误导性。SCP模式最初被美国政府用于制定反垄断政策，但当波特（竞争战略，1980）将其作为企业市场竞争的分析工具时，获得了企业战略家的欢迎。20世纪80年代，麦肯锡将其扩展为动态框架，表明结构、行为和绩效之间的关系不是单向的，也会朝着相反的方向流动，使得企业可以考虑自身行为对产业结构的影响，并最终影响自身业绩。传统SCP模型纯粹是结构主义的，新产业组织理论认为企业有机动的战略空间，所以战略行为会影响行业的结构，从而影响行业的绩效，在这种情况下，SCP模型变成了CSP。

1. 传统产业组织理论

梅森（Mason，1939，1959）和贝恩（Bain，1956）开创性地应用SCP模型来解释市场结构、企业行为和企业绩效之间的关系。实证主要通过市场结构的两个基本变量：工业企业的集中度和进入壁垒，来解释企业的利润率。梅森确定了市场结构的类似客观条件：产品的经济性质、过程和生产成本的特殊性、企业数量和规模、进入壁垒的程度。贝恩描述了一个SCP序列。其中，结构（S）

包括：买家的集中程度、产品分化和进入市场的条件。企业行为（C）难以描述，但可以理解为两种行为：企业定价和生产策略、适应市场竞争的联合策略。在贝恩最初的模式中，公司没有战略行为。企业绩效（P）的主要维度包括：利润规模、生产效率、商业化成本在总成本中的份额、产品和工艺创新的进展。最后，SCP 关系得到一个简单的结果：在相同的市场结构中，两个不同行业的企业应该有相同的业绩。SCP 方法通过激发美国反垄断政策而获得了显著认可。反垄断政策直接作用于市场结构和企业行为，以修改竞争过程和表现。

SCP 模型从对特定行业结构、企业行为和经营绩效三个角度来分析外部冲击的影响。其中，外部冲击主要指企业外部经济环境、政治、技术、文化变迁、消费习惯等因素的变化。行业结构（S）指外部各种环境的变化对企业所在行业可能造成的影响，包括行业竞争、产品需求、细分市场、营销模式的变化等。"结构"描述经济中市场和行业的特征和组成，如第一产业、第二产业和第三产业的相对规模和趋势，也可以指企业在整体经济中的数量和规模分布。或者如服装、食品等个别市场，考虑买卖双方的数量和规模分布、产品分化程度、企业进入市场的难易程度，以及企业整合或多样化的程度。企业行为（C）指企业针对外部冲击和行业结构变化，可能采取的应对措施，包括企业对相关业务单元的整合、业务扩张与收缩、运营方式转变、管理变革等一系列变动。"行为"是企业做出的决定，以及做决定的方式，如企业如何定价产品（独立或串通），如何决定广告和研究及其财务预算。经营绩效（P）是指在外部环境发生变化的情况下，企业在经营利润、产品成本、市场份额等方面的变化趋势。通常考虑企业满足消费者需求的程度，是否具有生产效率，在生产"正确"商品和数量方面是否具有分配效率。

逐渐地，最初的 SCP 模型被修改，引入了完全在 SCP 模型的上游，即确定市场的自然结构。这些因素包括生产和需求函数、规模经济和学习的影响。进入壁垒概念是 SCP 模型的核心，使其成为市场的结构性因素。贝恩提出三种壁垒：允许使用不断增长的生产力（规模经济）、绝对成本优势和产品差异。对于贝恩来说，进入壁垒是结构性的，直接来自基本条件，这些基本条件决定了在长期内才可变的结构。这种方法的一个缺点是，最初的 SCP 模型很快转变为 SP 模型，实际上忽略了企业行为变量，并专注于市场结构。根据 SCP 方法，绩效是结构及其行为的经济结果。它涉及在某些水平上的市场效率（职业、经济福祉、粮食供应、价格水平等），以及利润的分配方式。评估市场绩效的标准可以是价格、商业化成本和商业利润，还可以增加产品质量、生产效率、资源配置效率、技术进步和企业市场份额的演变（Uzunidis，2016）。

2. 传统 SCP 模型的修正和调整

对 SCP 模型的批评首先是芝加哥学派对市场外生结构特性，随后是可竞争市场理论对寡头垄断条件下企业边际利润，然后是演化论学派，以及新产业组织理论。

首先，芝加哥学派德姆塞茨（Demsetz，1973）第一个挑战 SCP 模型的市场结构外生性，指出企业盈利能力并不一定反映垄断租金的征收，但反映效率的差异，高效率企业往往以低效率企业为代价提高市场份额。因此，市场结构不能被视为外生变量（Cubbin，2001）。这扭转了市场结构（S）和绩效（P）之间的关系，并表明一些公司通过采用相关技术、管理和组织选择，通过更有效的行为而获得更好的业绩。因此，除了市场结构和企业行为外，影响绩效的因素还包括管理质量、组织选择和创新能力。芝加哥学派还强调潜在竞争的作用，潜在竞争者可以在市场上控制现有的企业。斯蒂格勒（Stigler，1968）提出"进入壁垒"的定义，认为进入壁垒代表了市场上占主导地位的企业的租金。

其次，可竞争市场理论（Baumol et al.，1982）表明，企业行为和市场绩效并不依赖于实际结构（市场上的主体数量），而是新建企业的可能性和取代能力对其他企业的挑战。因此，准备进入市场的企业的潜在存在，将足以挑战现有企业从租金中获得最大利益的愿望。可竞争市场理论定义的进入壁垒可以是监管壁垒，如作为创新激励而授予的专利，或公共当局颁发的许可证，也可以是对外国生产者的保护主义。生产或商业化的客观条件也会造成一些障碍，如绝对成本优势、规模经济、经验的影响和对分销网络的进入。

然后，演化论的方法（Nelson，Winter，1982）挑战 SCP 关系，考虑到其结构正与企业和产业一样不断演化，强调通过对基本条件、目标和专业知识不同认知而积累的企业行为的异质性，以及竞争过程的动态性质，以区分经典模型和 SCP 模型。

再次，新产业组织理论学派的拉丰和蒂罗尔（Laffont，Tirole，1993）强调了旨在修改结构的企业战略行为的重要性，从而扭转市场结构和企业行为之间的关系。批评 SCP 模型的数量指标用于描述行业结构的大小有限，研究参考

SCP方法不考虑重要的外部性（Cashian，2007）。新产业组织理论强调内生化市场结构的必要性，以及"市场力量"在内生化过程中的重要性，并强调市场中的行为和战略互动，强调市场结构和企业行为的相互作用，因此市场结构也将取决于选择区位的企业战略。在试图恢复SCP模式时，企业不再被动地忍受环境，而是能够至少部分地修改它，以改变它们发展的市场环境。通过这种方式，线性的S—C—P因果关系被反馈效应连接起来，特别是行为（企业策略）和结构之间。随着行为主义方法的兴起，一些研究采用博弈论，一些研究转向经验主义的衡量企业战略。另一些以纯粹定量的方法，试图从计量学上解释存在的联系，不再是S—C—P序列的不同元素之间，而是S—P链的元素之间。S—C—P分析的最后阶段是评估商业化系统性能的效率。市场绩效是个复杂的多维概念，分为经济标准和非经济标准。其中，经济标准对应技术效率、运营效率和贸易效率。非经济标准与发展背景有关：技术创新和其他创新（进步性）、公平的收入分配、粮食安全、就业、部门间的资源转移、协调的效率。

另外，产业经济在经济增长、资源分配方面，什么样的产业政策、竞争政策、部门法规或规划会有效等方面的研究不够。布尔斯等（Bourles et al.，2013）强调市场监管和企业内部组织，认为国家干预的内容应该包括监管市场结构（企业合并或收购）、企业行为（协议和网络活动、联盟、协议）和处于主导地位的企业（价格、与供应商的合同条款等）。尽管产业组织拒绝接受企业家的形象，但马歇尔非常关注"工业领袖"。企业的发展、对企业的认可、企业家作为一种社会功能、国家作为一种经济行为者，等等，破坏了构建"纯"新古典主义模型的假设（市场原子性、产品同质性、信息透明度、生产因素灵活性、自由市场进入和退出或流动性）。

SCP模型经多次批评和调整，但没有完全被推翻，SCP模型仍有追随者。该模型被认为总体上仍然是正确的（Cubbin，2001）：由于进入门槛高和企业高度集中，超额利润将会继续存在，因为企业行为仍然是一个主要因素。SCP模型仍然是对产业部门进行分析的有力工具。无论是芝加哥学派、可竞争市场理论，还是新产业组织理论，在现实中改变了SCP模型结构，然而并没有否定SCP的相关性。在将SCP模型应用于经济现实的演变过程中，最重要的是研究公共政策和企业战略选择对宏观、中观和微观经济水平影响的辩证关系（Uzunidis，Laperche，2011）。

本研究的贡献在于将产业组织理论与韧性理论结合，为研究集群韧性作出贡献。理论上，集群是否增强韧性尚不清楚（Delgado，Porter，2021）。一些研究认为，集群产生经济效益，从而增强企业对不利冲击的韧性。相反的观点是，集群使企业更容易受到不利冲击的影响。随着集群逐渐成熟，它们也成为组织惯性的来源，产生行为模仿，使企业不太容易适应环境变化（Pouder，John，1996；Martin，Sunley，2003）。此外，集群可能会接纳更容易受到冲击的企业。地理集群之外的企业可能专注于利基产品并满足当地需求，而集群企业直接在国际市场上通用产品的细分市场中竞争（Holmes，Stevens，2014），因此更容易受到不利经济冲击的影响。一些实证研究，评估了集群对美国大衰退期间区域产业韧性的作用，发现当行业位于较多其他相关行业的区域时，该行业具有更高的就业增长，表明活跃在集群中的区域产业的脆弱性较低，复苏速度较快（Delgado，Porter，2021）。从微观层面研究集群企业是否更好地抵御经济冲击，马丁等（Martin et al.，2013）将韧性定义为出口商在 2008 年贸易崩溃后在国外市场保持活跃的可能性。结果表明，位于其他出口商附近或以集群政策为目标的出口商比其他企业表现得更好，但这种集群优势在经济动荡期间消失了。

（三）复杂适应系统理论

复杂自适应系统理论将经济结构视为开放的系统，由于潜在主体的永久相互作用而处于持续的非均衡之中（Martin，Sunley，2006）。自组织导致一种内部秩序，可能会呈现均衡的外观。复杂性框架可以分析新古典综合主义未能解释的经济六大特征：①分散的互动，即许多异构主体并行交互；②没有全域控制者，即经济行动主体间的竞争和合作；③交叉的层次组织，即经济运行在许多层面的组织和互动，并且一个层次基于另一层次；④持续适应，即经济系统适应演化行为、策略和产品，反过来是主体经验变化的结果；⑤永恒的新奇，即新利基的持续出现；⑥非均衡动态，这是前五个特性的结果，即经济处于持续的非均衡状态，改善总是可能的，并且经常发生（Arthur et al.，1997）。

集群是开放的、不断发展的复杂系统（Garnsey，Longhi，2004），韧性概念也已演变成"了解复杂系统如何随着时间推移自我组织和变化的框架"（Anderies et al.，2013）。韧性概念存在于涉及企业、基础设施系统和生态系统等复杂系统的跨学科领域（Carpenter et al.，2001）。韧性引入了迟滞的可能性，在这种情况下，冲击会导致系统移动到新的路径，而不是返回到原来的路径（Cross，1993）。这种类型的韧性有时借鉴了复杂适应性系统（CAS）的文献，使用复杂适应性框架来分析系统对冲击或危机的反应和适应（Bristow，Healy，2015）。人们思考演化系统时，会有一个随机性的暗示。然而，随机性并不意味着无序，或者是一个混沌系统，而是暗示一个复杂自适应系统，一个动态的相互作用网络，其中系统作为一个整体的行为不是对其单个组成部分行为的综合预测。很明显，产业集群是某种程度秩序的结果，相关行业的企业距离很近，它们并非随机分散在空间。产业集群反而占据了混乱的边缘，在那里它们演化为一个在混乱和秩序边界附近的域。企业要适应和自我适应不断变化的经济格局。因此，演化经济地理学解释了不同地区经济变化的差异，驱动这些变化的潜在机制并不在空间均匀分布。演化经济地理还研究空间结构如何创造自己并反馈到总体经济体系。因此，演化经济地理学的核心问题涉及促进或阻碍经济景观适应的机制，以及根深蒂固的空间和历史背景如何与经济利益相互作用。换句话说，演化经济地理学的目标是展示"地理问题在决定经济系统的性质和轨迹的演化轨迹"（Boschma et al.，2010）。经济发展的过程，包括自组织、路径创建和路径依赖，往往是空间依赖的。因此，空间经济景观并非一个被动的结果，经济机制也并没有在整个空间中均匀地运作。演化经济地理学通过考察经济的适应性和韧性，以及技术、市场和政策的变化，分析"空间和历史偶然性如何与系统必然性相互作用"（Boschma et al.，2010）。

韧性定义与 Muller（2013）的定义高度一致，强调复杂系统的可持续性是通过在经济、技术和组织子系统中努力确保其可持续性来实现的。克鲁格曼在《自组织系统》（*The self-organization economic*）一书中提出"多中心空间自组织模型"，藤田、克鲁格曼和维纳布尔斯在《空间经济学》（1999）模拟了三地区和跑道经济（recetrack economy）的空间自组织过程。一般理论考虑了基于产业垂直联系的自组织，包括汽车轮胎和橡胶产业上下游的联系（Amiti，2005）、国家间垂直专业化（Hummels, et al.，1998，2001；Yi，2003），以及基于产业水平联系的自组织。制造业集群就是这样一种"多中心空间自组织"结构，并且多中心之间存在垂直或者水平的联系。而地方政府或者各国主动采取财政补贴、税收优惠、财政贴息或政府贷款担保的政策（Wilson，1986），尤其是底线竞争（race to the bottom）实际上能改变产业集群等空间自组织结构，沿着 S—C 路径从而导致空间自组织的行为和绩效的变化。鲍德温和克鲁格曼（Baldwin, Krugman, 2004）的两政府三阶段模型中，第三个阶段就是根据市场实现空间配置。

二、制造业集群韧性的其他相关理论

（一）经济周期理论：外部冲击

经济学家们早就意识到了经济演变的某些周期性特征（Smith, 1776; Ricardo, 1810）。有两种主要理论解释商业周期的原因和特征。第一种被称为真实商业周期（RBC）理论，假设经济波动来自外部冲击，否则经济体系是稳定的（如 Kydland, Prescott, 1982）。第二种是内源性商业周期（EBC）理论，提出经济波动是由内源性的内在过程破坏了经济体系的稳定（如 Samuelson, 1939; Chiarella et al., 2005）。EBC 模型中建模外源性冲击，以研究外源性和内源性动力学之间的相互作用。

1. 真实商业周期理论

雷贝洛（Rebelo, 2005）回顾了真实商业周期（RBC, real business cycle）理论的主要发现，该理论源于斯卢茨基（Slutsky, 1927）和弗里希（Frisch, 1933）的思想，基于完美市场和理性期望的假设。RBC 理论指出，商业周期对应的"真实"（即不是纯粹的货币）变量和变化过程（如技术变化、消费者偏好变化、油价或财政冲击），而经济系统可以建模为一个稳定的系统，在外生冲击后回到其稳定状态。基德兰和普雷斯科特（Kydland, Prescott, 1982）的理论突破是：①第一个提出能够重现经济波动的 RBC 数学模型；②超越了模型属性与程式化事实的定性比较。当使用索洛（Solow, 1956）残余建立的生产力冲击进行适当校准和补充时，该 RBC 模型很好地再现经济统计特性。但再现变量之间的共同运动和相关性方面遇到重大困难（如 King, Rebelo, 2000; Ireland, 2003）。此外，RBC 模型的轨迹几乎完全依赖于外生生产力冲击，使得它不适合经济预测（如 Rotemberg, Woodford, 1996）。

修正的 RBC 模型，通过引入创新机制和新凯恩斯主义特征或货币过程，解释额外的程式化事实和纠正基本模型的一些缺陷：①不同资本利用复制现实周期振幅与生产力变化（King, Rebelo, 2000）；②引入资本约束来解释周期不对称（如 Hansen, Prescott, 2005）；③依靠垄断竞争、价格黏性和货币政策来解释商业周期持久性，以及名义和实际变量的相关性（如 Ireland, 2003; Christiano et al., 2005); ④匹配劳动力市场的摩擦和工资黏性, 以解释生产力微小变化及其伴随着产出和工资变动所导致就业的大反应 (Hall, 2005)。

2. 内源性商业周期理论

外生的真实冲击在商业周期中起作用, 但否认经济体系内部的不稳定和非线性反馈造成内生波动的作用, 似乎也不现实。在新古典主义传统的模型中, 内生波动来自储蓄行为、财富效应和利率运动、重叠世代之间的相互作用或不同部门间的相互作用(如 Grandmont, 1985)。一旦出现市场摩擦、预期中的不完全合理性或集聚偏差, 就会在经济体系中出现强烈的不稳定过程。在卡尔多 (Kaldor, 1940)、希克斯 (Hicks, 1950) 和古德温 (Goodwin, 1951, 1967) 的商业周期模型中, 不稳定过程仍是凯恩斯主义的 "加速—乘数" 原理导致, 而稳定过程是财政约束、收入分配或后备劳动力的作用。在哈恩和索洛 (Hahn, Solow, 1995) 的模型中, 经济波动源于不完善的商品市场、劳动力市场的摩擦以及不可逆转的投资和垄断竞争的相互作用。自基德兰和普雷斯科特 (Kydland, Prescott, 1982) 的完美市场和理性期望开始, 后续 RBC 模型也开始纳入市场摩擦和期望的不完善, 但仍然主要由外源冲击驱动。

哈恩和索洛 (Hahn, Solow, 1995) 认为引入摩擦和不完善导致宏观经济波动是由内在不稳定性产生的, 导致内源性商业周期 (EBC, endogenous business cycles) 理论出现。对 EBC 理论的探索在 20 世纪中期非常活跃, 而后几乎中断, 目前正在复兴, 并基于更成熟的动态系统理论(如 Chiarella et al., 2005; Hallegatte et al., 2008)。这些模型重现了更具现实特征的商业周期, 并源于经济总量之间的非线性关系。目前, EBC 模型还不能像 RBC 模型那样紧密再现历史数据。因为 EBC 校准涉及的内部参数数量要少得多, 而 RBC 模型使用长时间序列作为可调参数。此外, EBC 只有几个国家变量的模型, 无法重现历史细节, 包括明确在经济模型之外的过程 (如地缘政治紧张局势)。考虑到外部冲击, 只能改善历史数据与扩展 EBC 模型之间的匹配。

RBC 和 EBC 模型各有优缺点, 因此保持 RBC 框架, 但调整模型中作为输入的外生冲击, 并重新解释它们的特征。研究技术进步和创新属于这一策略(如 Rotemberg, Woodford, 1994)。然后, 根据 EBC 理论, 假设商业周期起源于经济体系内部, 因为内在的不稳定过程, 同时也不断受到额外的外生冲击的干扰。这两种方法是互补的, 结合起来有助于解释实际的商业周期过程, 但本文将重点关注第二种方法，借鉴 EBC 模型中引入的外生冲击。

3. 外部冲击在经济的传播

经济结构正在发生变化，各区域与全球经济之间的相互联系日益密切，使许多区域比以往更容易受到外部冲击（Ringwood et al.，2019），然而主体具有不同预测和应对能力导致冲击的影响存在差异。韧性都是表现出来的（Davoudi，2012），只有当系统面临冲击或危机时，才有可能确定一个经济正在进行的演化适应在多大程度上充满了韧性（Martin，Sunley，2014）。在萨缪尔森基于乘数—加速数的商业周期模型中，可以感知到生态韧性的一些元素。

尽管冲击的来源和强度不同，但它们的影响都会反映到国家和地区的经济表现上，并且可以通过各种"传染"渠道传播。小型冲击如何在经济中被放大和传播，从而导致大规模波动，是许多宏观经济研究的核心。潜在机制从真实商业周期模型中的投资和资本积累反应（如 Kydland，Prescott，1982）到凯恩斯乘数（如 Hall，2009，Christiano et al.，2011），再到公司、家庭或银行面临的信贷市场摩擦（如 Mian，Sufi，2014）、真实和名义上的僵化及其相互作用（Ball，Romer，1990）以及货币政策（潜在的）后果（如 Eggertsson，Woodford，2003；Farhi，Werning，2013）。然而，基于企业或行业分类的经济和与经济中其他部门联系的方法通常被忽视。如果一家企业（或部门）的冲击不仅降低该企业（或部门）的产出，而且会降低通过投入—产出网络连接的其他企业的产出，那么这个冲击将对宏观经济产生更大的影响。如果冲击特定的企业或行业类型，大数定律冲击可能会消失（卢卡斯，1977）。但是，当企业规模分布具有胖尾结构，受冲击较大的企业不能平衡那些受冲击较小的企业，大数定律就不适用了，特殊企业的水平冲击就变成巨大的宏观经济波动（Gabaix，2011）。阿西莫格鲁（Acemoglu et al.，2010，2014）和巴卡伊（Baqaee，2015）基于隆格和普洛塞（Long，Plosser，1983）的多部门框架，进一步展示投入—产出联系也能抵消大数定律，因为冲击其他部门特别重要的供应商时，冲击不会消失，可转化为宏观经济波动。

在宏观经济学中研究冲击如何在整个经济中传播的文献关注投入—产出网络（如 Acemoglu et al.，2016；Barrot，Sauvagnat，2016）、金融网络（如 Acemoglu et al.，2012）和社会网络（Bailey et al.，2016）。企业如何应对本地经济冲击？是否将资源从受影响严重的地区重新分配到受影响较小的地区？或者，它们是否将其影响分散到多个生产单元,从而有效地跨越地区,来消除当地的经济冲击?这些问题的答案会提高我们对跨地区分担风险的理解。虽然因素流动性原则上可以减轻当地经济冲击的影响,但越来越多的证据表明,冲击后各地区的资本和劳动力的流动是缓慢的,充其量是不完整的。人们广泛关注公共政策在减轻地方经济冲击不利影响方面的作用,包括区域转移、再分配税收和针对弱势地区的"基于地点"政策;对于企业在提供区域风险分担方面的作用,以及局部冲击如何通过企业内部网络跨地区传播,进而如何影响宏观经济总量知之甚少。企业可提供有价值的抗冲击保险,特别是当冲击是短暂的(如 Guiso et al., 2005; Ellul et al., 2018)。研究表明,企业提供保障的一个特殊机制是区域多样化(Giroud et al., 2019),企业可以将冲击的不利影响传播到多个生产单位,从而有效地跨越多个地区。

(二) 产业集聚理论:本地化经济与产业动态

"集聚经济"为研究经济活动的地理集中提供了静态的框架,演化经济地理学在处理知识溢出的存在和本质、竞争的作用、历史和路径依赖的作用时,提出了动态的框架(Nathan, Overman, 2013)。人们普遍认为,同一行业的企业在空间集中(也被称为集群)将有助于企业建立(企业进入)、扩大其产出(企业成长)、避免企业倒闭(企业退出),这种同一行业中企业共同定位的优势通常被称为本地化经济。大多数研究估计本地化和产业动态(企业进入、企业成长或企业退出)之间是否存在关联,即是否可以确定本地化经济,而较少进一步探索企业异质性的潜在机制或来源(Rigby, Brown, 2013)。此外,很难评估是集群提高了企业绩效,还是业绩好的企业通过衍生等形式创建了集群(Boschma, Wenting, 2007; Klepper, 2007)。

1. 企业进入

创业行动总是相对有限的,企业家会把注意力集中在自己熟悉的领域。大多数企业家作为曾经的员工积累了相关行业经验,并表现出"行业惯性"(sectoral inertia),他们创立的企业是他们已经熟悉行业的衍生品(如 Vivarelli, 1991)。无论行业竞争的程度和增长前景如何,在行业内工作的人总比没有任何行业经验的人更有可能发现市场差距(Klepper, 2009)。如果企业家在创办企业时通常建立在以往经验之上,那么现有的经济结构极大地影响了他们在一个地区的进入率。也就是说，企业在特定地区的特定行业中越活跃，在同一行业和同一地区创建的新企业就会越多。现有企业数量对新企业进入的积极影响被称为"社会合法化效应"（social legitimation effect），合法化通常被简单定义为"社会理所当然"（Hannan et al., 1995），并随着"企业密度"（firm density）即产业中现有人员的数量而增加。当在区域层面上测量时，企业密度是一个表明集聚程度的变量，它衡量了企业的空间集中。社会合法化的背后有两个主要的过程。①认知合法性（cognitive legitimacy），当前企业产生的商业信息扩散到潜在的企业家，促使他们开展同类业务（Aldrich, Fiol, 1994）。其主要机制是创建一个衍生企业之前，现任和新创企业家之间发生知识转移（Sorenson, Audia, 2000）。一个人更有可能成为一个企业家，如果一个人的同事已经是企业家，那么这个人更有可能成为一个企业家。因为身边的企业家能够反映更多的信息和资源，帮助别人识别创业机会，和影响别人创业的职业选择（Nanda, Sørenson, 2010）。②社会政治合法性（Socio-political legitimation）是指"在现有规范和法律下，关键利益相关者、公众、意见领袖或政府官员接受某创新行为的过程"（Aldrich, Fiol, 1994）。一个地区的企业家提供了社会榜样，形成一个文化环境，建立自己的企业是正常的，失败不是社会耻辱（Vaillant, Lafuente, 2007）。

从合法化过程可以预测，一个地区中特定行业的企业越多，该行业的地区进入率就越高（Van Wissen, 2004）。换句话说，企业进入率会随着集群规模的扩大而上升，其中集群被定义为同一行业中企业的空间集中。在一项涵盖超过50万家美国公司的所有部门的全面研究中，发现一个地区的企业数量越多，条目的数量越多。此外，许多行业研究发现，区域企业密度影响区域企业进入率，包括汽车（Bigelow et al., 1997）、计算机（Baptista, Swann, 1999）、鞋类（Sorenson, Audia, 2000）、生物技术（Stuart, Sorenson, 2003）、摩托车（Wezel, 2005）等行业。许多人将本地化和进入率之间的联系解释为本地化经济的证据，即企业通过与同一行业的企业合作而获得的利益。本地化经济包括专业劳动力市场、专业供应商和知识溢出效应的优势（马歇尔，1920），以及降低的实验成本（Duranton, Puga, 2001）。除了影响区位决策的传统区域成本条件（如交易成本、运输成本和共享的基础设施）之外，这些好处可能会吸引新企业进入集群。如果企业创始人已经位于一个集群中，集群和进入率之间的正相关可能只是反映了搬迁的高经济和社会成本（Stam, 2007）。对轮胎（Buenstorf, Klepper,

2009）和激光（Buenstorf，Geissler，2011a）的研究显示，一旦控制了企业的区域起源，没有证据表明进入者由于其他企业的存在而被吸引到集群中。大多数企业创始人更喜欢定位在他们所在的地区，这反映了搬迁的高成本（Figueiredo et al.，2002）以及社会关系（Dahl，Sorenson，2012）。

2. 企业增长

空间集聚和企业进入之间有很强的联系，但这种联系并没有提供本地化经济的明确证据。由于大多数企业家在创建企业时都不会选择搬迁，因此集群和企业进入之间的联系更能反映空间惯性。通过将集群直接与企业绩效指标相关联，包括企业增长和企业生存，可以更好地评估本地化经济的影响。

关于企业增长和本地化经济的研究，博德里和斯旺（Beaudry，Swann，2009）对英国56个行业（行业分类代码为两位数）的研究表明，大约50%的企业增长与本行业就业之间存在显著正关联。而企业增长与其他行业就业，以及总就业（城市化经济的指标）之间的正关联并不常见，甚至是负向的。集群效应在制造业和基础设施行业中最强，但在服务业中较弱。缅因等（Maine et al.，2010）研究地理距离对10个集群增长的影响，发现距离对企业增长的负向影响，但与企业是否位于集群内无关，表明位于集群内也可能导致本地化非经济，比如知识泄露（knowledge leakage）。罗森塔尔和斯特兰奇（Rosenthal，Strange，2005）调查纽约大都市区所有的新工厂，发现以区位商衡量的专业化与新企业创造就业机会呈正相关。温伯格和林德奎斯特（Wennberg，Lindqvist，2010）分析瑞典医疗设备、制药部门的新创企业，发现用区位商衡量本地化经济的证据较弱，而使用绝对数据（企业密度或员工数量）衡量本地化经济较强。提示衡量本土化经济最好是通过绝对计数而不是区位商，因为集群中共同定位的好处随着同一行业中共同定位企业的绝对数量而增加，而不管企业的全国分布如何。

3. 企业生存

研究企业生存通常基于生存或持续时间分析，其中涉及企业死亡/退出市场。企业退出在生存分析文献中被认为是一个事件，生存概率是退出概率和那些积极影响生存概率（即增加企业生存机会）因素的互补概率。一些实证研究分析了企业特征和行业特征对企业生存的影响。企业的生存概率和退出市场的概率，在不同行业部门的变化小于进入率（Audretsch et al.，2000）。这一事实被解释为生存障碍高于进入障碍：创办一家企业要比使一家企业生存下去更容易

(Geroski, 1995), 其中, 生存障碍与结构因素有关, 如企业的规模和年龄 (Sutton, 1997); 传统市场结构变量, 如规模经济的存在、现有企业的成本优势和部门特定需求的增长率 (Dunne et al., 1994)。一些研究强调行业技术条件作为企业生存决定因素的作用, 另一些则关注创新活动的作用, 分析研发支出的强度和创新绩效指标 (Cefis, Marsili, 2006)。

比较不同行业的研究只发现某些行业的本地化经济的证据。例如, 伦斯基 (Renski, 2011) 在被调查的 8 个行业中, 发现本地化经济对新企业生存有积极影响, 温伯格和林德奎斯特 (Wennberg, Lindqvist, 2010) 关于企业增长的研究也发现了同样证据。有研究发现, 在一些行业的集聚既没有积极影响, 也没有消极影响。包括美国汽车工业 (Klepper, 2007)、美国轮胎行业 (Buenstorf, Klepper, 2009)、美国半导体行业 (Klepper, 2010)、德国机床行业 (Buenstorf, Guenther, 2011b) 等, 集群内企业不比集群之外的企业存活更久。重要的是, 在所有这些研究中, 只有控制了企业进入前的经历后集群效应才变得明显。这意味着集群通常拥有更多成功的企业, 但这种成功并不是来自集群, 而是来自企业家在创业前作为员工所获得的经验。有研究表明, 集聚不利于企业的生存。比如, 斯特布尔 (Staber, 2001) 发现企业密度增加了在德国巴登-符腾堡的针织品企业的业务失败率, 但互补行业的多元化企业集群降低了失败率。斯图尔特和索伦森 (Stuart, Sorenson, 2003) 在美国生物技术公司中得到同样的结果, 尽管该研究中其他形式的集聚经济提高了存活率。在对英国汽车工业的长期研究中, 博施马和文婷 (Boschma, Wenting, 2007) 表明, 企业成立时的企业密度降低了存活率, 但在相关行业就业水平较高的地区的存活率较高。类似地, 在瑞典关于企业存活 (1970—2004) 的研究中, 内夫克等 (Neffke et al., 2012) 没有发现本地化经济的证据, 而当地技术相关产业的存在大幅提高了企业的存活率。因此衡量集群效应的一种更细致的方法是区分同行业效应和相关行业效应。由于许多集群由一组相关行业组成 (Porter, 1998), 因此可以分析同行业集中度和相关行业集中度是否对企业生存有不同的影响。企业可能与同行业的竞争对手合作, 但它们可能来自与垂直关系的相关行业合作或作为跨部门知识溢出的来源 (Frenken et al., 2007)。

总之, 关于集群和企业生存的研究, 只有部分证据支持 Marshallian 假说, 即共同定位带来了本地化经济。但如何理解许多集群能持续数十年, 而位于集群中的企业却没有享受任何好处，或其至遭受负面影响。对这个问题的答案可能来自企业空间集聚为新进入者创造了机会，让它们能够接触到"隐性知识和社会联系"（特别是衍生情况下）。这意味着，现有人口众多的地区享有"区域优势"，因为这些地区的创业率较高。然而，集群中企业的表现可能比集群外的企业更差，这反映了更高的竞争水平。因此，地方企业密度促进创业精神，但恶化了现有企业的业绩。索伦森等（Sorenson et al.，2000）得出结论，集群的持续存在不是由于本地化经济提高了企业绩效，而是由于现有企业创造了新进入的机会，从而弥补集群中较高的退出率。大多数研究认为生存是退出的对立面。然而，除了关闭这些标志着失败的企业活动和破产外，企业也可能选择与他人合并或出售来退出市场。企业家和风险资本家成立新企业的目的往往是将其卖给更大规模的企业。因此，退出并不一定等同于失败（Folta et al.，2006；Stam et al.，2008）。一些研究探讨了在产业集群背景下的不同退出模式。韦特林斯和马尔西利（Weterings，Marsili，2015）使用竞争风险模型，估计1994—1998年进入商业服务和制造业的荷兰新企业对这两种退出的影响，发现集群为新企业提供了更好的生存机会，但更重要的是，为潜在的成功退出提供了更好的选择。在某些情况下，更好生存和成功退出并存，同时伴随着超过地理集中门槛的挤出效应，以及新企业进入有吸引力集群的激烈竞争。

（三）集群生命周期理论

除了企业进入和退出等集群对产业动态的短期关系外，集群和产业动态的长期相互作用也一直是研究的对象。长期视角主要研究集群如何出现，以及如何随着时间推移而演变。下面讨论将生命周期方法应用于产业动力学和经济地理学的两类研究。其中，产品生命周期方法从创新模式中得出了产业的空间演变，产业动态遵循产品的生命周期，产品标准化导致规模经济和市场集中。产业生命周期方法解释如何由一个成功企业和随后的衍生企业产生整个集群（Klepper，2007）。这种方法关注企业进入和退出的动态，特别强调衍生企业。根据产业生命周期理论，集群来自母公司诞生的一系列衍生企业。这两种方法都利用生命周期的概念，但生命周期概念的确定性存在一定的问题，仿佛产业或集群"自然地"从一个阶段演化到下一个阶段（Martin，Sunley，2011）。与其将生命周期阶段视为预先确定的连续阶段，生命周期的概念被更好地理解为一种启发式装置，将经验案例组织成一个连贯的框架，而不否认过程的不确定的结果。例如，关于产品生命周期的概念，在一些行业，产品标准化并不发生或只发生在非常晚的阶段（Murmann, Frenken, 2006），而有些产业演变的模式可能遵循一个反生命周期，比如服务业。

1. 产品生命周期方法

产品生命周期理论可追溯到弗农（Vernon, 1966）、厄特巴克和阿伯内西（Utterback, Abernathy, 1975）的开创性研究。创新活动的模式对产业动态具有重要的影响。许多企业进入市场是为了利用新产品所提供的机会，企业学习如何扩大生产规模，从而提高新进入者的进入门槛。全行业产品标准的出现促进了规模，也被称为"主导设计"（Abernathy et al., 1978）。这些标准降低了产品创新，触发了过程创新，标志着从探索阶段到成熟阶段的过渡。因此，较高的进入门槛限制进一步的企业进入，而价格竞争迫使效率较低的企业退出。这种"摆脱出局"的现象导致进入企业数量迅速减少，该行业转变为高度集中的行业（Klepper, 1996）。当所有技术和市场机会耗尽，研发回报下降时，成熟阶段结束。曾有各项研究检验产品生命周期模型（见 Murmann, Frenken, 2006）。其中，格尔特和克莱珀（Gort, Klepper, 1982）对超过 42 种产品的生命周期动力学进行研究，发现企业净进入率先上升后下降，而进入也与创新率呈正相关。厄特巴克和苏亚雷斯（Utterback, Suarez, 1993）对 8 种技术的历史进行了研究，发现 6 个行业出现了主导设计。这些行业在产品标准化发生之前，企业数量迅速增加，此后，企业数量突然减少。

经济地理学对产品生命周期对地理影响的研究假设处于生命周期早期阶段的产业在大都市核心地区的比例较高，而成熟产业在周边地区的比例较高。新兴行业的集群将分布在资本、人才、早期用户和支持机构更加丰富的大都市区，拥有大企业的成熟产业更多地分散在周边小城镇，以受益于低工资、低地价和环境法规不严格的环境，企业可以更容易地以过程创新来扩大规模。随着从生命周期中的探索阶段走向成熟阶段，一个行业的主导位置将从核心区域转移到外围。因此，产品生命周期理论预测的企业迁移模式主要是从核心区域到外围。一些研究基于纵向数据验证空间离心和企业迁移的过程。布雷斯基（Breschi, 2000）利用 1987—1991 年期间的专利数据发现，服装、家具、农业、体育和玩具等传统产业显示出空间分散的模式，而化工和电子等仍然高度集中。皮曼等

(Pumain et al.，2006）使用法国城市就业数据发现，在1960—2000年期间，电子、化学品、纺织、金属产品、机械和设备、木材、纸浆和造纸工业都逐渐从大城市迁移到较小的城市，同时，大城市在研发方面变得越来越专业。类似地，杜兰特和普加（Duranton，Puga，2001）发现，大多数法国企业从多样性高于中位数的地区（大城市地区）迁移到相应部门专业化程度高于中位数的地区（多样性较小的城市）。他们还发现，高科技行业的重组比例要比成熟行业高得多。霍尔（Holl，2004）基于葡萄牙企业发现，初创企业被多元化的大城市所吸引，而搬迁的企业被拥有专业工业基地和良好的公路通道的位置所吸引。佩伦巴格和范斯蒂恩（Pellenbarg，Van Steen，2003）在关于荷兰搬迁企业的研究中发现，大多数跨地区的搬迁都涉及离开大都市核心地区的企业。所有这些研究所观察到的迁移模式与空间产品生命周期理论相一致。

对空间产品生命周期模式的另一种解释是基于不同类型的集聚经济，并认为大都市核心地区对小型创新企业具有吸引力，因为其他创新企业会产生知识溢出、专业支持服务与合作机会（Audretsch，Feldman，1996）。由于产品仍在开发中，行业间的溢出效应（Jacobs外部性）相对重要，因为核心地区经济的多元性提供了它。因此，许多产品生命周期早期阶段的小企业从核心地区产生的集聚经济中获益。而成熟行业的大企业更依赖内部研发，旨在进行流程创新，因此位于核心大都市地区的收益将更少。随着产品标准化和稳定价值链的创建，本地化经济（和企业内部经济）在核心地区之外的专门集群中变得更加重要（Duranton，Puga，2001）。内夫克等（Neffke et al.，2011）使用1974—2004年瑞典企业级数据集，并表明工业来自当地环境的效益与它们在产品生命周期中的阶段有关。本地化经济随着产业的成熟而增长，而Jacobs外部性则随着产业的成熟而下降。通过使用荷兰企业的所有规模和所有部门，卡帕索等（Capasso et al.，2011）发现信息和通信技术（ICT）等新兴产业，往往位于核心地区或半外围，而福特式成熟行业则位于外围地区。因此，可以根据空间产品的生命周期来很好地理解创新和成熟部门的位置模式。

2. 产业生命周期方法

产业生命周期理论研究行业特定因素的时间变化，如创新模式、企业增长、进入和洗牌。新产业通过激进创新而出现，进入率很高，新企业经常使现有行业多样化（Klepper，2006）。内夫克等（Neffke et al.，2008）已经表明，产业早期阶段比后期阶段更加依赖于其他行业的溢出效应。缺乏技术标准化和对研究以及创新的高需求，使得大学和研究机构在早期阶段有更高的影响力。在成熟和衰退阶段，高标准化率会导致类似的产品的价格急剧下降，并关注过程驱动的创新（Neffke et al.，2008）。创新需要非常专业的、行业特定的知识、技能和机械，以便使行业内部的溢出过程变得更加重要。通过衍生过程，早期的领先企业集群可以导致行业的非凡聚集（Klepper，2006）。布伦纳（Brenner，2004）看到了引爆点的存在，即集群创造了自我增强的过程，吸引了越来越多的企业。因此，随着时间的推移，行业本身在一个地区的存在对新企业创立的位置变得越来越有决定性。与产品生命周期研究相反，产业生命周期研究纯粹根据特定产品市场，即行业中竞争企业进出的潜在产业动态来分析行业演变。创新的动态不一定遵循某种模式，这在很大程度上是企业行为。产业生命周期研究明确地将企业性质，特别是能力作为关键变量，并作为行业演变的解释（Klepper，2002，2011）。通过活跃在一个行业中的企业数量来描述行业演变，这等于累计企业数量减去累计退出数量。产业的空间演变可以简单地通过跨地区企业的空间分布来分析。

空间集聚的动态来自新进入者的位置及其能力。从相关行业多元化扩张而来的企业被称为"有经验的企业"（Klepper，2002），"衍生企业"拥有相关的行业经验，因为设立衍生企业的企业家以前也在同一行业工作过。显然，在一个行业出现期间，衍生并不存在，因为潜在母公司还没有活跃在这个行业中。随着时间推移，衍生企业份额增加以牺牲其他类型进入者为代价，可以从现有企业造成日益增加的进入壁垒来理解。空间集聚动态的原因包括（Klepper，2007；Buenstorf，Klepper，2009）：企业的能力是不同的，部分是由于进入前经验形成的，部分是由于特殊因素形成的。拥有最适合交付满足市场需求的产品的企业将增长最快，并生产出大多数衍生企业。衍生企业（来自同一行业或相关行业）继承了母公司的大部分能力，这就解释了为什么成功企业会创造出成功的衍生产品。因此，成功企业生产更多、更成功的衍生产品（Boschma，Fenken，2003）。由于衍生企业往往与母公司位于同一地区（Klepper，2007；Dahl，Sorenson，2009），所以一旦成功企业开始创造许多成功的衍生企业，进而衍生企业也创造出成功的衍生企业，集群就会出现。企业层面规模经济的增长导致竞争水平上升，退出率开始上升，适应能力较差的企业将不得不退出。因此，集群出现在成功企业最初所在的区域中。比如，底特律汽车行业（Klepper，2007）、英国汽车行业（Boschma，Wenting，2007）、美国轮胎行业（Buenstorf，Klepper，2009）、美国半导体行业（Klepper，2010）、德国机床行业（Buenstorf，Guenther，2011b）等。

产业生命周期模型及其空间含义还解释了为什么存在"区域路径依赖"（Martin，Sunley，2006；Henning et al.，2013）：由于第一批进入新行业的企业不是由衍生企业组成的，而主要是由来自相关行业的经验丰富的企业组成，有更高的可能性创建这个新行业。然而，一个行业的区域成功并不会自动在下一个行业中重现，因为企业的成功只是部分取决于入职前的经验。新产业也依赖于新创造的知识，"区位机会窗口"（windows of locational opportunity）至少在一定程度上是开放的（Storper，Walker，1989；Boschma，1997）。拥有相关行业的地区显然享有优势，因为相关行业提供了大量潜在的经验丰富的企业和企业家。所以新产业出现在一个空间，很大程度上是一个机会事件，行业和知识结构与新兴产业有联系的区域更有机会发展新行业（Feldman，Francis，2003）。行业的第一代进入者包括相关行业多元化的企业、经验丰富的企业家和没有任何相关行业经验的新企业（Klepper，2002）。大多数第一代企业来自同一地区的相关行业，这一过程被称为演化分支过程（Boschma，Frenken，2011a）。特定行业的研究表明，这种演化分支过程的例子包括芝加哥的电视接收机行业（从无线电行业分支）（Klepper，2006）和德国鲁尔地区的新兴环境行业（从钢铁和煤炭行业分支）（Grabher，1993）。系统统计数据的研究也发现了区域演化分支的证据，包括1977—1997年美国（Essletzbichler，2015）、1988—2008年西班牙（Boschma et al.，2013）和1969—2002年瑞典（Neffke et al.，2011b）。因此，拥有相关行业的地区更有可能拥有更多有经验的企业和企业家，因此更有可能发展新产业（Feldman，Francis，2003），尽管这种新产业的出现是一个偶然事件。

下一代企业包括更多的衍生企业，即由在相关行业为企业工作的企业家建立的企业，通常被称为创业产生过程。员工离开企业创办新企业，可能涉及终身教职、缺乏未来晋升机会（Andersson，Klepper，2013；Tåg et al.，2013）或企业收购。然而，一个企业家决定离开现有企业并建立一家衍生企业的本质通常被认为是熊彼特主义的（Hvide，2009）。员工可能会因为一个新想法被拒绝而成为一名企业家（Garvin，1983）。Klepper（2007）在汽车行业中发现这一点的证据,尤其是在较大企业中。企业规模越大,在员工中识别人才的难度就越大。一个新想法可能不符合现有的产品或常规,而企业家可能认为非常有利可图,并激励自己去实现它。衍生企业比其他类型的进入者有优势,有更多的进入前经验。因此,衍生企业能够克服许多进入障碍,并与在位企业进行竞争(Frenken et al., 2015)。因此,产业生命周期方法纳入具有不同的进入之前经验而导致能力异构的企业。集群是一个或多个成功的第一代企业的历史区位选择的结果,是"区域路径依赖"的结果(Martin, 2006)。最有能力生产和满足当前市场需求的企业是那些生存、增长进而生产最成功的衍生企业的企业(Boschma, Frenken, 2003),这本质上是演化过程。产业集群的出现是继承衍生企业相对优越的能力的结果,产业集群中企业间的知识流动可以说是创业产生过程的结果。衍生企业从其母企业那里继承了特定行业的知识和惯例,但这不能被认为是 Marshallian 意义上的知识溢出效应。这个知识的传递更像是先天的,或嵌入式的。进一步的知识可能通过建立企业间关系流动,这些关系在认知上和地理上都是邻近的,可能通过揭示社会近似关系的网络来映射,这些关系是通过母企业衍生事件被动产生的。

根据 Boschma 和 Frenken(2011a)的研究,产业集群的区域专业化促进了当地的相关多样化,导致在母公司附近出现衍生企业和在现有企业内建立新的部门。此外,区域专业化作为当地企业的一种选择机制,为社会、认知和地理邻近的相关行业的企业提供了改进机会(Maskell, Malmberg, 1999),而它们不太可能追求新的非相关知识(Boschma, 2004),从而加强了社交网络对知识流动的本地偏见,也解释了拥有专业知识的员工如何在相同的当地劳动力市场中改变工作(Carias, Klepper, 2010)。研究表明,企业之间的知识溢出外部性,即那些从母公司到衍生企业的遗传知识流动无关的外部性,在更精细的地理尺度上运行,并随着距离的增加而急剧减弱。这源于个体间学习效应需要高度的地理邻近,任何区域效应实际上都可能是一些并行邻近效应的结果。Rosenthal 和 Strange(2008)在美国的工作场所周围绘制同心半径,发现半径大于 8 公里的溢出效应衰减非常大。类似地,范索斯特等(Van Soest et al., 2006)发现荷兰邮政编码内的聚集效应更强,平均面积为 6 平方公里。安德森等(Andersson et al., 2016)将分析扩展到斯德哥尔摩地区多个行业,发现不同微观基础在不同空间尺度上运行,并发现学习效应存在强烈的空间衰减。原则上,衍生企业也可以作为与母公司完全不同的产业部门的一部分，为更多样化的本地经济作出贡献。为突出建立一家新企业的潜在动机，可以进一步将衍生企业分为两种类型：拉衍生和推衍生（pulled and pushed spinoffs）。其中，拉衍生是那些在新企业创造后母公司存活的，推衍生则不然。推衍生通常是具有高创业才能和熊彼特动机的个人的结果。推衍生往往是必然的结果，即逃避现有企业关闭导致的失业（专业技能过剩）（Bruneel et al.，2013）。

（四）集群创新理论

集群与创新活动的联系与广义的创新有关，包括技术、商业和组织变革。人们一致认为，参与集群的企业更有可能进行创新。该论点主要与知识外部性或溢出效应有关。参与网络或集群，企业能够在更短的时间内利用技术发展、信息流和经验分享来促进解决问题的过程，以及通过"干中学"活动提高技能。沿着集群的两个维度上的集中企业，即信息和通信的流动，以及位于集群内的专门劳动力池，创建了一个由相关参与者使用的公共知识库。企业不断地合并和重组相似和非相似的资源，以产生新的知识和创新。而共同的专业化能力得到发展和被企业使用（Maskell et al.，2004）。如果一家企业位于其所在行业中企业实力强大的地区，那么它就更有可能进行创新。合作网络的发展，企业自发地形成集群，导致进一步发展。

1. 创新系统理论

"创新系统"（IS）是20世纪80年代中期迅速传播的概念（Landvall，1985）。传统的创新系统方法侧重于系统内部的组成部分，即组织和制度。组织是玩家或演员，而制度是游戏规则（Lundvall，1992；Malerba，2004）。这与诺斯（North，1990）提出的"玩家"和"游戏规则"概念相一致。"创新系统"的概念也可以用狭义和广义来理解（Lundvall，1992）。狭义概念集中于有意促进知识获取和传播的制度，广义概念认识到"狭窄"制度嵌入一个更广泛的社会经济体系中。"国家创新系统"（NIS）概念源于对日本创新的研究（Freeman，1987）。认为知识是经济中的一种基本资源，知识是通过嵌入在国家制度背景下的互动和累积的创新过程产生和积累的，因此，环境对创新结果很重要（Lundvall，1999）。国家创新系统文献强调国家制度的核心重要性，但一些人认为全球化已经大大削弱甚至消除了国家的重要性（Freeman，2002）。自20世纪90年代中期以来，"区域创新系统"（RIS）的研究发展迅速。马斯克尔与马姆伯格（Maskell，1999）和卡尔森（Carlsson，2006）表明，大多数关于创新系统的理论和实证分析都具有区域重点，通常在不同维度相互加强。

"技术创新系统"（TIS）考虑到知识领域所特有的因素。技术创新系统是在特定制度基础设施下，在特定经济/产业领域相互作用的主体网络，参与技术的产生、扩散和利用（Carlsson et al.，1991）。为了将知识转化为经济活动，需要进行创业活动（实验）。TIS是多维的组成部分，并与区域、国家和全球等空间层面相关。其组成部分包括行为主体（如企业或大学）、技术（如人工制品或编码和具体化的知识）、制度（法律和监管、文化和信仰）和网络（如政治或学习网络）。技术创新系统的结构因素，如金融等外部因素或环境危机，塑造了系统动力学，而TIS的"功能动力学"基于关键子流程（Bergek et al.，2008）。子流程包括（Bergek et al.，2008）：知识发展和扩散（不同的竞争技术、应用、市场、商业模式等）、创业实验、市场形成（实际市场发展和驱动市场形成）、合法化（社会接受和对相关制度的遵守）、资源动员（能力/人力资本、金融资本和补充资产）和正外部性的发展（集中劳动力市场、专门的中间商品和服务提供商、信息流和知识溢出）。贝尔盖克等（Bergek et al.，2008）认为，没有活力的实验，技术创新系统将停滞不前。应当指出的是，"创业"一词不仅指新企业或小企业，还指更普遍的熊彼特式的"创业功能"概念（即新的组合）。这一功能可以由任何类型的参与者来填补，包括转向新技术的大型成熟企业（Bergek et al.，2008）。

2. 创业精神与创业试验

创新文献受到熊彼特传统的影响，但由于注重结构，忽视了创业和个体在推动创新方面的作用（Acs et al.，2014，Bergek et al.，2008，Braunerhjelm et al.，2016）。大多数创新系统的文献，特别是"国家创新系统"中缺乏企业家和企业家精神。"国家创新系统"文献根植于熊彼特（Mark I）的传统，强调大企业在研发中的作用（Freeman，1997），但熊彼特早期关于企业家作为创造性破坏的主体的想法（Mark I）并没有被纳入总体框架（Acs et al.，2014）。缺乏对企业家个体讨论的一个原因是"国家创新系统"基于国家层面的全系统视角，即创新过程中的个体特征和行为几乎没有什么分量（Qian et al.，2013）。此外，也没有将新企业的形成作为创业活动的重要表现形式，主要研究现有企业和大学的研发与其他知识投资活动（Acs et al.，2014）。例外的是Carlsson和Stankiewicz

(1991)的技术创新系统文献，明确指出企业家有助于将主体网络转化为所谓的发展模块（development blocks），被理解为"产业或产业群体中企业和技术的协同集群"（Carlsson，1991）。

在创新系统中纳入企业家个体，可遵循三条途径。①创业生态系统（如Mason，Brown，2014；Stam，2015）将企业家视为建立和塑造该系统的核心参与者。企业家创业精神以新的高增长企业的形式出现。②国家创业系统（Acs et al.，2014）认识到创业从根本上是个人层面的行为，是通过创建新企业调动资源来追求机会，是由创业态度、抱负和能力之间复杂交互驱动的，嵌入多方面的经济、社会和制度背景。③创新系统的创业倾向（Radosevic，2013），将知识密集型创业（KIE）嵌入创新系统（IS）。它由异质行为主体和各种类型的网络组成，由制度（监管系统）塑造。该创新系统建立在技术系统的功能基础上，其中创业实验是该系统的关键功能。但是，Radosevic（2013）认为创业活动和创业倾向由创新系统的结构特征引起，也就是强调影响创业活动的宏观条件，与企业家精神和个人之间的联系有限。这三种途径认识到了个体企业家创新精神和创业实验的重要性，但很大程度上忽略了系统中知识创造和技术实验的过程。从某种意义上说，它们直接从个人层面进入宏观层面，并没有阐明将个体创业、创新和经济增长联系起来的产业动态过程。

结合国家创新系统、国家创业系统和创业生态系统的研究，林德霍尔姆—达尔斯特兰德等（Lindholm-Dahlstrand et al.，2016）进一步阐明创业精神和创业实验（Bergek et al.，2008）在创新系统和经济增长方面的作用。他们认为创业实验包括"技术"和"市场"实验，还主张应该将创业精神视为一种功能，类似于传统创新系统文献在考虑决定系统产生和科学发现，以及技术创新的能力的功能时对待组织和机构的方式。特别是基于明确的微观机制和过程，阐明企业家精神和企业家行为如何产生全系统的创业实验，从而促进创造、选择和扩大新技术和创新。典型的创业实验是以新技术为基础的创新企业，以技术、产品或服务的形式引入市场。研究表明，创业的积极影响很大程度上归因于那些长期生存的企业，即使它们的数量相对较少（Lindholm-Dahlstrand et al.，2014）。由于进入市场的新企业往往包含激进创新的特征（Henkel et al.，2015），新企业在创业实验中发挥着关键作用。

大企业作为创新的孵化器，可促进创业实验。员工离开大企业自己创业，围绕新知识或技术进行衍生，仍然需要充分发挥大企业作为激进创新和创新来源的潜力。大学衍生企业开始增长之前，还有一段时间滞后（Lindholm-Dahlstrand et al., 2014）。尽管大多数以技术为基础的新进入者都是企业衍生的，但大学衍生企业似乎在长期更新和变革方面发挥着更重要的作用。上述论点表明，创业精神可以被概念化为一种促进创造和选择的功能，衍生是知识和技术从现有组织向经济体系溢出的工具。

当建立新价值链和在国际市场上扩张的成本以及对补充资源的需求很高时，通过企业控制市场的商业化对初创企业来说是一个可行的选择（Norbäck, Persson, 2014；Andersson, Xiao, 2016）。并购被视为通过企业控制市场，实现技术和知识转移过程的一种形式（Lindholm-Dahlstrand et al., 2016）。年轻企业缺乏资源、权力、营销和分销来扩大自身的创新，可以"分包"业务给规模更大的企业，或者通过被大企业收购来实现。市场整合之后，大型现有企业可以在衍生企业提供的平台上建立一个新的大众市场业务（Markides, 2006）。威廉姆森（Williamson, 1975）提出的"经典专业化的系统解决方案"可能是有效的创新过程，即在小型技术创新进入者和现有大企业间存在一种"共生关系"，收购是实现这种共生关系和扩大规模的重要机制。霍尔蒂万格（Haltiwanger, 2013）基于"小与大与年轻"企业在美国创造就业机会作用的实证分析，表明年轻企业的规模波动性和创业实验，对开发新产品和新流程至关重要，而新产品和新流程由占大部分经济活动的大型和成熟企业使用（也许通过并购）。卡尔森和埃利亚森（Carlsson, Eliasson, 2003）的实验性组织经济理论（EOE, theory of the experimentally organized economy）基于微观的内生增长模型，经济增长是实验性的项目创建（技术）、动态市场和等级制度中选择的结果，以及经济体系捕获成功企业和创新能力，同时放弃失败企业。该模型有两个重点：①创造各种新技术和新想法；②选择和保留在新技术商业化中的"获胜"创新。选择过程被认为是一种排序或过滤过程，可行的、创新的、高影响力的企业和创新被市场力量选择并扩大规模。基于实验性组织经济理论（EOE）框架，创业实验可以被认为是系统内吸收能力的一部分，包括对新技术的接受能力，以及对新技术进行行动和实验的能力。简言之，衍生与并购构成了产业动态的微观机制和过程，导致全系统的创业实验，促进新技术和创新的创造、选择和扩大规模。企业家精神将这些"来源"中发展起来的知识和技术带到市场，使新技术和新思想得到被选择的机会。当现有企业通过扩大业务线和创建新业务线，或者当员工离开雇主（企业衍生），根据在企业获得的知识和想法建立一家新技术企业时，就发生了商业化。

上述研究并没有解决系统（规模）边界的问题，因为其研究重点是阐明创业实验的功能。类似于技术创新系统的文献（Carlsson et al., 1991）表明存在多个系统边界。地方特定的衍生企业往往定位接近母公司，新企业创始人可能受到当地制度、创业文化和法规的影响（Andersson, Henrekson, 2015; Andersson, Larsson, 2016）。当涉及熟练工人和资源供应时，地方规模也非常重要（Glaeser, 2007），相关的边界可能是产业集群、城市或全球性的，这些边界会随着工业和大型老牌企业的组织以及区位模式发展而发生变化。本文进一步解决创业实验在不同部门和不同时间点的作用是否不同，为什么不同，还有什么影响，分析这些问题包括研究所有权在不同技术部门的长期变化（收购和不同类型的衍生）的作用。

（五）路径依赖理论

经济随时间演变的一个关键问题是路径依赖对其发展模式的影响。产业生命周期模型已经解释了为什么存在区域路径依赖：第一代进入者在一个新行业几乎不包含衍生，同时，只有那些拥有地区主导行业相关经验的企业才有更高的概率创建新行业。尽管新产业的位置可能对带来许多代衍生企业的杰出企业家的随机位置很敏感，但机会仍然有利于与新兴产业相关的地区。这些描述具有继承的特性，然而，挑战是协调随机或机会事件的重要性，使一个区域具有其特定的产业结构和体制能力，同时允许个人和集体在更广泛的体制结构和发展战略中发挥后续变化的作用。

1. 路径依赖的内源性

经济体系随着时间的推移而变化，但经济体系的形成受过去的决策、随机事件和历史事件的制约。路径依赖理论（Simon, 1955; Arthur, 1989）认为经济体系不倾向于某种预先注定的状态或平衡点，但一定是系统在过去开发某一路径的结果。这些发展路径的可能性是无限的，因为塑造它们的变量在数量和规模上都是无限的。其中，企业的竞争成功取决于独特的、本地化的能力，这些能力就来自区域特有的资产（Maskell, Malmberg, 1999），包括区域的基础设施、自然资源禀赋、区域特定制度以及现有知识和技能集合。区域制度架构累积并递增地改变，并且随时间积累的各种成分之间的相互作用，因此制度成为区域不可复制资产的关键部分，增强了区域难以模仿、持久的本地竞争优势，正是区域独特的制度禀赋才能将知识嵌入其中，并允许知识的创造。这种本地化能力的路径依赖性质使它们难以被模仿，从而为可持续竞争优势奠定基础（Maskell，Malmberg，1999）。演化几乎可以肯定是一个依赖于路径的过程，人们不禁要思考新的路径是如何形成的？是否存在多条路径？马丁和森利（Martin，Sunley，2006）表明，路径依赖的过程可能会内源性地产生和下降，而不是由于系统的外部冲击，新的路径可能会从旧的道路中形成。弗伦肯和博施马（Frenken，Boschma，2007b）扩展了以往的路径依赖性研究，将经济发展视为产品创新的演化分支过程，同时克服了用空间实体作为分析单元的问题。分析的单位不仅仅是企业，还包括企业和城市内部的多样性提供的创新范围，从而导致了经济增长的演化过程。经济发展的路径依赖性质，涉及新路径的形成和现有体制组合瓦解的过程。区域韧性问题的核心是，这些制度组合如何适应作为本区域产业结构核心的主要产业和技术的变化。关键问题涉及特定区域的企业、产业和制度是否有能力使现有知识库和本地化能力适应产生新知识的来源。"新途径不是在真空中出现的，而总是在现有结构和技术、产业和制度安排的道路上出现"（Martin，Simmie，2008）。有韧性的集群是善于从衰退的产业中过渡，同时利用当地的知识基础设施来培育新的、潜在的增长领域，地方和区域制度的支持对这些能力至关重要。

2. 路径依赖的适应性

关于区域韧性的文献广泛地从路径依赖的角度出发。演变方法非常重视韧性的制度基础，以及政治和民间机构可在多大程度上约束不同区域应对自然、经济和社会破坏所采取的措施。演化方法也认识到区域在多大程度上嵌入了更广泛的政治地理，这些"嵌套尺度"塑造并制约了它们应对外部冲击的潜力和实际方式（Pike et al.，2010）。比如，派克等（Pike et al.，2010）区分了适应（adaptation）和适应性（adaptability）两个概念。"适应"被视为一种短期现象，涉及回到冲击前的发展道路，其基础是行为主体与区域经济的体制基础之间的牢固联系。而"适应性"涉及将区域的增长道路转向多种和替代发展轨迹的能力，其基础是在行为主体与替代或新出现的制度结构之间建立崭新联系的能力。适应涉及区域适应全球经济全新竞争动态的能力，以保持以前成功的增长模式，而"通过适应性产生的韧性是决定离开一条可能在过去证明是成功的、新的、相关的或替代的轨道而产生的"（Pike et al.，2010；Simmie，Martin，2010）。从长期来看，适应性意味着有能力改变其产业结构、劳动力市场、生产技术和辅助制度，以应对外部压力并利用新的经济机会。

三、集群边界的界定

梳理相关理论和文献，为本课题的研究提供了可行的思路。在以往的文献中，对产业集群、产业组织、创新系统等方面的理论和实践研究相当丰富，关于韧性的相关概念和论述也散见于经济周期、生命周期、路径依赖等理论之中。在当前的研究中，大量存在从国家、城市、区域、企业、社区以及产业链等层面和角度研究经济韧性，但明确以制造业集群韧性为研究对象的很少见（如罗黎平，2018；俞国军等，2020），其中一个关键的问题就是集群的边界难以衡量。另一方面，较少归纳韧性的一般特征，韧性范畴界定不清，尚未形成公认的韧性衡量指标（如本研究中关于韧性理论的分析）。这两大问题相互叠加，导致无法搞清集群韧性的一般过程、变化结果和调节机制，对提升集群韧性的路径存在不少争议。并且，现有研究较少考虑韧性的长期演化，多数聚焦于某类冲击（如1997亚洲金融危机和2008年全球金融危机等）所造成的中短期影响。集群韧性是将企业、产业和区域"韧性"联系起来的有效维度，也是解释冲击影响与经济地理结构相互作用的关键环节。

集群的概念需要从地理角度和参与者的角度来定义。地理角度精确定义的例子是梅等（May et al.，2001）将集群定义为"50英里范围内"的产业集聚（Martin，Sunley，2001）。但集群中的企业也可以受到遥远地区的环境、事件和决定的高度影响（Maskell，2001）。组成集群的参与者也是一个重要的问题。除了水平和垂直层面的业务外，还涉及复杂的制度体系，影响企业在这两个层面的活动。制度与集群的经济结构有着紧密的联系，并参与知识生产的过程，定义学习如何发生，而企业则定义需求和研发活动（Maskell，2001）。因此，集群的边界由两个维度定义：首先是由一系列商业活动，其次是通过时间为支持这些活动而发展的制度环境。最突出的观点是，集群不应该在地理大小或规模上预先定义。根据波特的说法，集群在"规模、广度和发展阶段"上有所不同（Martin，Sunley，2001）。一些集群由中小企业组成，一些由中小企业和大企业组成,其他以大学为中心,而另一些与学术界没有联系,还有新兴的、成熟的和潜在的集群(Martin, Sunley, 2001)。

此外,随着新企业的出现或衰落和地方制度的发展,集群应被视为不断变化边界的实体。技术发展可以导致市场的发展,导致新产业出现或现有产业萎缩,建立新的联系,以及服务市场的转变(Porter, 2000)。集群可以在广泛的地理层次上找到,从地方网络到国家甚至国际集群。罗兰特等(Roelandt et al., 1997)提出了一系列可能的分析层次的类型学,将集群分为三个层次:国家(macro 宏观)、分支或产业(meso 中观)和企业(micro 微观)。国家层面的集群被理解为与整体宏观经济相联系的广泛行业集团。在国家或"超级集群"层面上的分析包括对产业专业化模式的研究和对一般创新过程的审查,以及采用更一般的生产和管理技术(Feser, 1998)。中观层面的集群是指单一最终产品的整个生产链中的联系,分析最佳实践基准和集群特定技术采用和创新过程的研究(Feser, 1998)。微观层面的集群被理解为一组合作和竞争企业以及它们的专业供应商。

第三节 逻辑框架

一、基本思路

随着全球产业变革的加速、贸易保护主义目标锁定中国制造,以及新冠疫情期间国内经济恢复基础尚不牢固,中国制造业集群赖以生存和发展的优势被严重削弱。基于此,本研究以内外双重压力下制造业集群韧性提升为研究对象,对集群韧性提升的机理、路径与策略进行深入探讨与分析。以供应链产业链的"耦合"要素组成驱动框架,分析韧性驱动因素和韧性强弱水平,研究集群韧性系统的功能变化过程和结果。本研究依据"文献研究—理论研究—调研与数据采集—实证分析—对策研究"的思路展开,以内外双重压力为背景,沿着"制造企业—制造业集群—产业链集群"的逻辑进行分析。

本研究采用的主要研究方法包括五种。①运用文献研究法。基于产业组织理论和复杂系统理论,并结合经济周期、产业集聚、集群生命周期、集群创新和路径依赖等其他相关理论,准确把握制造业集群韧性的内涵、本质,主要体现在第一章和第三章。②运用问卷调查法。分析中国部分制造业集群遭受负向冲击的现实困境和影响集群成长因素,以及获得动态模拟所需的供应链风险权重和惯性权重等数据,主要体现在第二章、第三章和第五章。③运用案例分析法。基于 SCP 理论,探究制造业集群韧性提升的驱动机理,以及国内外典型模式的经验借鉴,主要体现在第四章和第五章。④运用统计分析法。包括研究企业特征的久期分析,以及区分时段的分仓散点图和结构中断分析等,构建韧性指标,评估集群韧性强弱水平和敏感程度,主要体现在第四章和第五章。⑤运用模拟方法。包括脆弱性路径和可持续路径的系统动力学模拟,以及适应性路径的例子群优化算法模拟。基于演化韧性理论,设计中国制造业集群韧性增强的新路径,主要体现在第五章和第六章。

基于前面的典型事实描述、理论分析、实证研究和动态模拟,结合路径选择和经验借鉴,探讨增强中国制造业集群韧性的优化政策。本研究的框架思路如图 1-2 所示。

二、研究内容

本课题在内外双重压力背景下,主要对中国制造业集群的韧性进行评价,并根据韧性评价探讨如何实现制造业集群的韧性提升。基于此,首先,梳理集群韧性与产业组织之间的内在逻辑,构建复杂适应性系统理论;其次,分析中国制造业集群的发展现状和外部压力变化情况;再次,从产业链和集群演化等角度对韧性提升的路径进行实证分析,比较借鉴国内外经验;最后,从宏观、中观和微观层面构建适合中国国情的韧性提升策略。鉴于本研究目标与具体思路,课题的研究内容共分为六个部分。

第一章是前言。本章介绍研究背景与意义、相关理论与概念界定、研究内容。主要是将韧性和产业组织在复杂适应系统的框架下进行整合,构建出制造业集群韧性作为分析对象。在关注韧性概念直接关联的外部冲击及其风险传播的同时,基于复杂系统内生性强调经济变量之间非线性关系引致的内生商业周期;并将企业家个体纳入创新系统中,强调创业精神和创业试验的作用,结合与集群企业生存相关的产业集聚,以及集群本身的生命周期和路径依赖,旨在为阐明个体创业、集群创新和制造业发展的产业动态研究奠定理论基础。

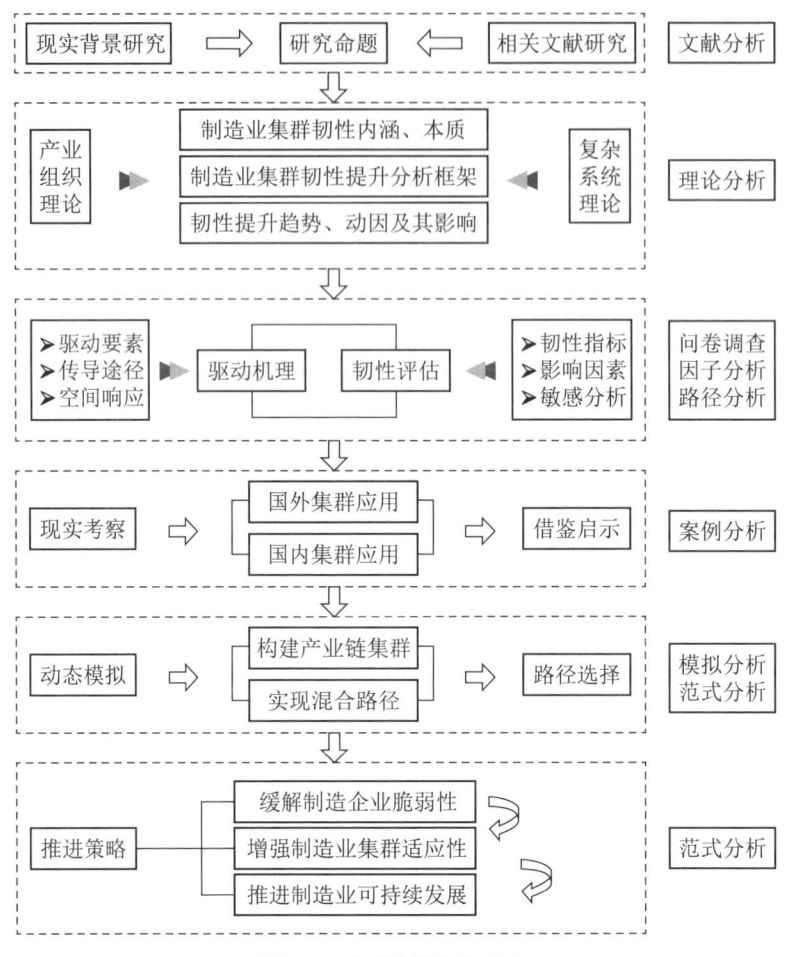

图 1-2 本研究的框架思路

第二章描述中国制造业集群的发展现状以及压力变化的影响情况。首先，从地域分布和行业分布两个方面分析发展现状。然后，对国内外压力进行界定，从国内市场、国际市场和地方政府产业调整三个角度区分压力类型；在此基础上继续分析压力的变化和对制造业集群发展的阶段性影响。最后，根据新形势下市场和结构的变化情况，阐明中国制造业集群面临的挑战和新发展机遇，关键是积极应对冲击和把握时机成功实现转型升级。

第三章分析双重压力作用下，中国制造业集群韧性提升的驱动机理。首先，对"集群韧性"进行了概念界定，并在此基础上确定基于行为主体的集群识别方法。其次，对韧性系统的关键要素和主要特征，以及韧性驱动要素的脆弱性、适应性和可持续性进行理论分析，阐明韧性与这"三性"之间的关系。然后，从产业集群外部性角度出发建立集群动态演化模型和空间响应框架，并确定产业动态的基本特征和集群动态的衡量方法。最后，从韧性能力对应的冲击类型等方面分析韧性提升的内部和外部驱动机制，确定重组和重新定位机制的不同层次。

第四章对双重压力背景下制造业集群的韧性进行评估。首先，根据1978—2022年的企业注册和注销等数据对全国制造业历年进退总企业数，以及区分纺织业和医药制造业等四大行业进行统计分析，在此基础上对企业投资主体、多样化经营和种群密度等四个关键企业特征进行生存模型分析。然后，采用企业生存的区间数据进行分仓散点图等统计分析，并比较不同时空和行业的差异性。

第五章研究双重压力下制造业集群韧性提升的实现路径。与制造业韧性的理论分析相对应，本章从集聚化、服务化和多样化三个角度对增强韧性的路径进行理论分析，然后基于结构中断分析确定集群的动态集聚阶段和集聚趋势，并用多维面板数据模型明晰韧性提升的路径。其次，采用三种模拟方式分别对脆弱性、适应性和可持续性路径进行模拟。第一种是基于国际资本流动的影响，采用系统动力学方法，对供应链中断进行动态模拟，明确需求风险、物流风险、供应风险综合作用情况下的连锁效应。第二种是基于集群韧性提升路径实证研究的回归系数，采用粒子群优化算法，对适应性演化曲线进行模拟，明确惯性权重和学习因子对企业选址收敛的影响作用。第三种是基于企业生存数据，采用系统动力学方法，对集群生命周期和集聚度进行动态模拟，明确集聚化的非线性特征，并验证"图5-7国际资本流动与产业链的潜在关系"所示的因果模型。最后，将落脚点放在集群韧性提升的典型模式上，对美国（底特律、硅谷和西雅图）和德国（鲁尔、沃格特兰和安哈尔特），以及国内（慈溪市、宝安区和江阴市）典型集群的企业衍生、新路径形成和产业链集群展开分析，对实践经验进行比较总结，并给出重要启示。

第六章提出有关策略提升制造业集群的韧性，与第五章动态模拟的三个层次相对应。首先，阐述了从微观层面推动企业成长和做大做强的有效手段。其次，阐述了中观层面增强集群适应性的建设路径，包括进一步加强链接力度、促进集群协同、增进相关多样性。最后，阐述了宏观层面构建制造业可持续发展的支持系统。

第二章 中国制造业集群的发展现状以及压力变化的影响

第一节 中国制造业集群的发展现状

一、制造业集群的地域分布及特征

截至 2022 年底,全国 31 个省份(即不包含香港、澳门特别行政区和台湾地区数据)共有 655 个制造业集群,从集群空间分布看,呈现"东密西疏、南多北少"的现状,制造业集群的生产力布局主要在沿海经济带的三大城市群,从一个侧面验证了工业化和城市化"两个车轮"的伴生作用。其中,东部地区有 440 个,占 67.18%;中部地区有 114 个,占 17.40%;西部地区有 58 个,占 8.85%;东北地区有 43 个,占 6.56%,如表 2-1 所示。全国拥有制造业集群最多的省份是浙江(120 个)、广东(93 个)和江苏(82 个),这三个省份的制造业就是以产业集群形式存在的。中部地区的安徽(39 个)、湖北(27 个)也比较典型,东北地区则以辽宁为主(31 个)。地理集群空间分布与王缉慈(2003)描述的基本吻合。不同点是经过近 20 年的发展,先进制造尤其是高端装备制造业集群的综合实力、协同创新能力,以及对外开放程度都大大提高。科技部创新型集群第一批到第四批试点和培育对象共 152 个,其中制造业集群 145 个。2019 年国家发改委发布第一批 66 个国家级战略性新兴产业集群建设名单,其中制造业集群 60 个。同年,工信部实施"先进制造业集群发展专项行动",遴选出 25 个作为世界级集群的重点培育对象。2022 年工信部又遴选出 45 个国家先进制造业集群名单，涉及 19 个省份，涵盖高端装备、高端医疗器械和生物医药、新一代信息技术、新材料、新能源和智能网联汽车等制造业强国建设的重点领域。

表 2-1　全国制造业集群的省份分布

地区	包含省份及集群数	小计	占比
东部地区	北京 9 个、天津 10 个、河北 55 个、山东 26 个、上海 9 个、江苏 82 个、浙江 120 个、福建 35 个、广东 93 个、海南 1 个	440 个	67.18%
中部地区	山西 5 个、河南 19 个、安徽 39 个、江西 12 个、湖北 27 个、湖南 12 个	114 个	17.40%
西部地区	内蒙古 11 个、广西 2 个、重庆 4 个、四川 11 个、贵州 3 个、云南 5 个、西藏 0 个、陕西 7 个、甘肃 1 个、青海 4 个、宁夏 4 个、新疆 6 个	58 个	8.85%
东北地区	辽宁 31 个、吉林 4 个、黑龙江 8 个	43 个	6.56%

进一步细分地域，中国的制造业集群呈现典型的"一县一品""一镇一品"产业格局。655 个制造业集群中，以区县命名的集群多达 283 个（占 43.21%，包括省直管县中山市 4 个、东莞市 3 个），以乡镇街道命名的有 104 个（占 15.88%），以开发区或高新区命名的有 61 个（占 9.31%），以城市命名的有 196 个（占 29.92%，包括直辖市有 8 个），以省命名的有 11 个（占 1.68%，不包括直辖市）。这种产业格局与中国的行政区划设置，以及各地政府长期以来培育扶持当地支柱产业或主导产业是密不可分的。从发展历程来看，我们也发现产业集群不断突破乡镇街道、区县甚至城市的辖区范围。许多地方日益表现出"一县多品"产业的格局，比如常熟市有梅李经编产业集群、沙家浜休闲服装产业集群、海虞休闲服装产业集群、新港毛衫产业集群、辛庄针织服装产业集群、古里羽绒服装产业集群、虞山防寒服产业集群和支塘非织造布产业集群；杭州萧山区有新塘羽绒家纺产业集群、党山化纤织造产业集群、衙前化纤产业集群。一些地方表现出"一镇多品"产业的格局，比如中山市小榄半导体智能照明产业集群、小榄内衣产业集群、小榄五金制品产业集群。

二、制造业集群的行业分布及特征

传统制造业大多属于劳动力密集和资金密集型产业，而高端制造业是指具有高技术含量、高附加值的行业，属于技术、知识密集型产业，处于某个产业链的高端环节。根据国民经济行业分类，在31个行业大类中，传统制造业集群与高端制造业集群呈现齐头并进的局面。如表2-2所示，665个制造业集群中既有纺织业（占11.88%），纺织服装服饰业（占7.97%），皮革、毛皮、羽毛及其制品和制鞋业（占4.81%）等传统制造业；也有医药制造业（占6.62%），专用设备制造业（占6.47%），汽车制造业（占3.76%），铁路、船舶、航空航天和其他运输设备制造业（占2.56%），电气机械和器材制造业（占7.67%），计算机、通信和其他电子设备制造业（占9.47%）等高端制造业。从发展的角度来看，高端制造业集群的数量有赶超传统制造业集群的趋势。

表2-2 全国制造业集群的行业分布

代码	行业大类	集群数	代码	行业大类	集群数
13	农副食品加工	9	29	橡胶和塑料制品业	4
14	食品制造业	5	30	非金属矿物制品业	26
15	酒、饮料和精制茶制造业	7	31	黑色金属冶炼和压延加工业	9
16	烟草制品业	1	32	有色金属冶炼和压延加工业	6
17	纺织业	79	33	金属制品业	35
18	纺织服装、服饰业	53	34	通用设备制造业	37
19	皮革、毛皮、羽毛及其制品和制鞋业	32	35	专用设备制造业	43
20	木材加工和木、竹、藤、棕、草制品业	11	36	汽车制造业	25
21	家具制造业	6	37	铁路、船舶、航空航天和其他运输设备制造业	18
22	造纸和纸制品业	4	38	电气机械和器材制造业	51
23	印刷和记录媒介复制业	1	39	计算机、通信和其他电子设备制造业	62
24	文教、工美、体育和娱乐用品制造业	21	40	仪器仪表制造业	5
25	石油、煤炭及其他燃料加工业	7	41	其他制造业	4
26	化学原料和化学制品制造业	16	42	废弃资源综合利用业	5
27	医药制造业	44	43	金属制品、机械和设备修理业	0
28	化学纤维制造业	12	—	—	—

进一步细分行业中类，传统制造业和高端制造业集群的行业分布都呈偏态。传统制造业有79个纺织业集群，其中，家用纺织制成品制造22个（占

27.85%)、化纤织造及印染精加工 21 个（占 26.58%）、棉纺织及印染精加工 14 个（占 17.72%）、产业用纺织制成品制造 8 个（占 10.12%）、针织或钩针编织物及其制品制造 6 个（占 7.6%）、麻纺织及染整精加工 5 个（占 6.33%）、丝绢纺织及印染精加工 3 个（占 3.80%）、毛纺织及染整精加工 0 个。其中，毛纺织和丝绢纺织受原材料来源的影响较大，集聚区位于养蚕地或畜牧区。高端制造业有 62 个计算机、通信和其他电子设备制造业集群，其中，电子器件制造 25 个（占 40.32%）、计算机制造 15 个（占 24.20%）、电子元件及电子专用材料制造 11 个（占 17.74%）、通信设备制造 8 个（占 12.90%）、广播电视设备制造 3 个（占 4.84%）、雷达及配套设备制造、非专业视听设备制造、智能消费设备制造和其他电子设备制造均为 0 个。

将国民经济行业中类与乡镇街道地域空间进一步组合，发现多地形成了比较完整的产业类型和产业链结构，在传统制造业领域体现得较为明显。比如，苏州的纺织业拥有金港镇氨纶纱产业集群（化纤织造）、梅李镇经编产业集群（针织）、支塘镇非织造布产业集群（产业用纺织）、盛泽镇丝绸纺织产业集群（丝绢纺织）、震泽镇亚麻绢纺产业集群（麻纺织）。而纺织业又与纺织服装服饰业有着典型的上下游关系。比如，佛山形成了西樵面料、张槎针织、盐步内衣、里水袜业、九江服装、环市童装、均安牛仔等相关的制造业集群。

第二节　单重压力与双重压力对中国制造业集群的影响

亚当·斯密曾经在《国富论》中提出"劳动分工取决于市场范围"的论断，他预见到，现代工业的发展依赖于其产品销售的广泛市场。生产系统由于贸易而发展起来，当面对一个更大的全球市场，生产系统将补充人力，随后应用科学技术，在不断加速的螺旋中产生了现代工业的范围和复杂性。中国的改革开放，就是通过"改革"把国内市场的潜力挖掘出来，通过"开放"进入更大的外部国际市场。其中，广阔的国内市场是中国实现工业化的巨大优势，是减少国际经济波动对国内经济冲击的重要基础。制造业集群是产业布局和区域发展的重要模式，在中国崛起和参与全球竞争中扮演重要的角色。中国制造业集群承受住了 2008 年全球金融危机等各类风险的冲击，当国内需求不足时积极拓展国际市场,当国际市场萎缩时则通过"出口转内销"来破解外部压力困境。本章内容将直观中国制造业集群传统竞争力有所下降、新的竞争优势尚未被充分激活等典型问题,并考察其产业规模效应和空间溢出效应。

一、内外部压力的界定

中国制造业集群面临的压力包括国内市场或国外市场的压力,以及国内地方政府产业结构调整的压力,表现出产业升级、行政区划调整的变化。可以根据贸易方式把市场分成三类:内销市场、出口市场和纯出口市场。平新乔和黄昕(2018)根据四类企业(国有、民营、港澳台、外资)在三类市场的表现,发现接受国际竞争会明显降低异质性。

(一)国内市场的压力

1. 内需不足、产能过剩的问题

1978年改革开放之后,中国内需市场主要围绕"吃、穿、用"开始释放,大量民生类轻工制造企业开始创立。1997年亚洲金融危机之后,内需不足开始显现,政策也支持房地产、外贸企业和"铁公基",带动相关行业快速发展。2001年入世之后外需占比迅速提升。2008年全球金融危机之后,外需不足也开始显现,4万亿元大规模刺激计划实际上只是沿用了过去的政策,也因此导致2012年左右产能过剩达到高峰。2013年国家出台《关于化解产能严重过剩矛盾的指导意见》(国发〔2013〕41号)就指出"盲目投资、产业集中度低、过分倚重投资拉动、要素价格扭曲等"是产能过剩的主要原因。2013年国家提出"一带一路"建设,既有地缘政治的考虑,也有消化国内过剩产能的原因。因此,结构性需求不足与结构性产能过剩成为国内制造业发展的一种压力。产能过剩严重行业既有传统的非金属矿物制品业(平板玻璃、水泥),有色金属冶炼和压延加工业(电解铝),石油、煤炭及其他燃料加工业(石化);也有高端的铁路、船舶、航空航天和其他运输设备制造业(船舶)、专用设备制造业(光伏、风电设备)。这些行业的部分龙头企业因为产能过剩而破产,对当地制造业集群的发展造成长期的不利影响。比如,2012年宝利光伏科技破产,打乱了绥化市硅基材料基地建设规划;安迪光电破产影响了余姚市兰江街道工业功能区布局。2013年尚德电力破产对无锡高新区,恒基光伏破产对湖州练市工业园区的不利影响,以及2014年淄博铝厂与关联企业和兴铝业破产对张店区的负面冲击。近年来，在锂电等新兴领域的产能过剩问题开始浮现，比如2022年，锂电池产量已达到国内电池装机量的1.9倍。

2. 国内市场分割严重

传统计划经济体制下的不合理工业布局，阻碍了地区间的分工发展。"唯GDP论"也导致了"以邻为壑"的地方保护主义和国内市场的分割。目前，中国商品市场分割状况有所缓解，全国范围内商品价格逐步收敛（赵奇伟，熊性美，2009；王许亮，2020），但资本、劳动力市场分割问题依然严峻（苏剑等，2021）。国内商品市场的分割的具体手段包括：①对本地有冲击的外地产品采取禁止或数量限制；②要求本地消费者和政府部门消费本地产品，还美其名曰"某×商用某×货"；③对外地商品设定歧视性收费项目和收费标准；④对外地同类商品实行不同的技术要求、检验标准。国内市场分割、重复建设与产能过剩交织，形成了一个恶性循环链。《中共中央 国务院关于加快建设全国统一大市场的意见》（2022）从一个侧面证实了国内市场被分割导致的压力。市场分割不利于劳动力等经济资源的合理流动，不利于企业跨区域建立联系，不利于龙头企业跨行政区划兼并重组，供应链产业链被人为割裂。分割导致的市场规模缩小，意味着劳动分工受限、产业集中度下降，规模经济和外部经济无法正常发挥作用，阻碍了产业集群的形成与发展。

3. 国内市场被跨国公司挤占

中国打开国门扩大外需的同时，也面临内需市场被占领的风险。在改革开放之前，中国处于相对封闭的状态，国内企业感受不到国际竞争的压力。对外开放把国际竞争引进了国内市场，使中国企业面临巨大的竞争压力。这种压力通过两种方式传递到国内市场，一是进口产品种类和数量的增多，对传统制造业造成了严重打击，许多传统中国品牌的消失就是很好的例子。二是跨国公司以直接投资的方式，控制生产活动并在国内市场进行销售（熊贤良，1996）。国产民族品牌一个个被收购，比如中华牙膏被荷兰联合利华控股，苏泊尔电器被法国SEB控股，统一润滑油被荷兰壳牌控股，双汇集团被美国高盛并购，南孚电池被美国吉列集团并购，等等。根据商务部的数据，世界500强企业已经有约490家在华投资。国家工商总局《在华跨国公司限制竞争行为表现及对策》（2004）指出，跨国公司在中国的市场占有率，手机行业为70%、感光材料行业达80%以上（其中，柯达公司超过50%，富士公司超过25%），利乐公司（瑞典）更是控制95%无菌软包装市场。根据全球化智库（CCG）发布的《新发展格局下的中国国际经贸合作与前瞻》（2021），跨国公司在某些领域的市场占有率不断提高，比如电子、汽车、机械等行业占1/3以上，汽车零部件占比达49%。对国内同类制造企业形成巨大外源性压力的同时，不能否定跨国公司投资集群化对中国制造业集群形成和发展所起到的推动作用。但跨国公司最常见的是把中国作为出口加工基地，其"两头在外"的经营模式，不利于国内产业集群的升级，低端的产业链环节也容易被跨国公司进一步转移到成本更低的国家和地区。

（二）国际市场的压力

1. 逆全球化和国家保护主义

2008年金融危机使得西方发达国家受到重创，甚至一些传统优势产业也受到发展中国家和新兴经济体的竞争。因此，贸易保护主义、逆全球化作为发达国家的一种遏制手段。特朗普执政期间为了鼓励制造业回流美国，启动中美贸易战，使双边经贸规模遭到损害。根据商务部数据，2021年初，美国对中国商品的贸易加权平均关税为19.3%，而中国对美国产品的关税约为20.7%，而在2018年中美贸易战之前关税水平较低，分别为3.1%和8%。受所谓"平等"贸易的主张影响，拜登政府更是联合其他贸易伙伴，从边境后贸易规则入手对中国对外贸易发难，并借助原产地规则、知识产权规则等手段促进相关产业链回流美国，使得中国对美贸易条件恶化。加征关税和进口配额的结果会引起中国产品价格上涨、降低出口竞争力，部分行业还面临关键零部件"卡脖子"问题和产业链断裂风险，使国内企业减产、停产，可能导致产业集群的衰落。

2. 金融危机和新冠疫情影响

近年来贸易环境变化剧烈，出口始终面临高度不确定性。自2007年以来，全球性事件频发，包括2007年爆发于美国的国际金融危机、2009年希腊的欧洲主权债务危机、2015年英国公投脱欧、2018年中美贸易摩擦、2020年新冠疫情蔓延全球等，全球供应链难以有效协调、原材料价格和运输成本大幅攀升，使得中国出口增速阶梯式下滑。相比2000—2007年中国出口年均26%的高增长，2012—2020年的年均增长率仅为4%左右。尤其是疫情具有常态化抑制世界经济发展的态势，对实体经济具有毁灭性打击，全球经济增长放缓，致使世界各国很多人面临失业，进一步抑制国外需求。疫情也对国内外相关供应链和产业链的稳定性造成影响，使得中国制造业集群无法有效运转，目前仍处于恢复期。

3. 国内跨国公司"走出去"的困境

国内跨国公司"走出去"可以通过公司内贸易扩大出口，但根据历年的中国百大跨国公司名单，可发现入榜公司基本上属于资源和能源类型，对出口带动作用较弱。中国制造业主要是通过中间品参与全球价值链的，通过对中国装备制造业各产业部门出口增加值分解，显示 2000—2008 年各产业部门垂直专业化所占比重大幅提升，但 2008 年后均下降，证实了中国通过产业链节点参与全球价值链的广度不够。另外，以"进口带动出口"又缺乏高科技产品作为后盾，关键核心技术和零部件总是被发达国家"卡脖子"，2017 年以来，美国"301 调查"，瞄准中国的高新技术产业进行打压。中国"出料加工"的规模过小，2019 年仅占进出口贸易总额的 0.011％。通过龙头企业"走出去"获取全球资源的权利、降低进入新行业的壁垒、释放集群效应，带动国内产业集群转型升级的路阻且长。

（三）地方政府产业结构调整的压力

1. 对传统产业盲目关停

产业政策是一种结构性政策，在实施过程中容易采取"一刀切"的方式。一种不正确的观念经常把传统产业与低技术、低质量混为一谈。因此地方政府在流行发展新兴产业的时候，习惯性地关停传统产业，制造业领域极容易出现"一哄而散"的局面。另外，传统制造业往往呈现"低、小、散"的状态，且有许多属于环境污染型企业，在《环境保护法》（2015）要求下，以及在税收收入和政绩目标等指标的作用下，加剧了这种"简单粗暴"的调整过程。比如，2019 年河南直接关停了 15 家电解铝企业。在推进经济绿色低碳转型的过程中，能耗总量和强度"双控"目标被摊派指标逐级分解，部分地方甚至将限电限产作为重要抓手。此举波及一些能耗行业的正常生产，造成原材料价格上升，严重影响企业的生存，部分处于产业链关键环节、涉及产业链全局的重点企业被迫退出。比如，2021 年 9 月 22—30 日绍兴柯桥所有电厂、印染厂、化工厂、化纤厂被全部关停，吴江、常熟、桐乡等地多家印染厂因类似原因紧急调整染费，来应对不断上涨的成本。

2. 对高新技术产业盲目建设

理论界一直存在实现竞争优势的路径之争。在"面子工程"的瞎指挥下，制造业领域极容易出现"一哄而上"的局面。各地区不顾本地资源、优势产业和市场状况，希望快速提高本地竞争力，盲目投资和引进贴上标签的"高新技术产业"。此举不仅没达到预期目标，还导致各地产业结构趋同，加剧了全国的重复建设和产能过剩。高科技改变不了传统产业仍然是市场主体产品提供者的现实，民生相关产业的市场空间在新冠疫情中已经体现得淋漓尽致。各地的"腾笼换鸟"政策，旨在用高新技术产业替代传统产业，但2012年3月25日，吴敬琏在岭南论坛上就当时的"腾笼换鸟"政策表示了质疑，他说"之前浙江在这方面有过实践，但是并不成功"。有很多的例子证明引进来的鸟不是金凤凰，没法实现"凤凰涅槃"，因此"腾笼换鸟"作为政府主导的产业升级政策，可能会压缩民营企业的生存空间，破坏制造业集群赖以生存的土壤。

双重压力是以上三种单重压力在一定时间段的两两组合，由于政府产业结构调整是内在伴生的，故仅从来源将双重压力界定为同时受到来自国内和国外的压力，并按历史时期和产业集群成熟度分阶段。

二、内外部压力影响的阶段性

（一）没有需求压力的短缺经济阶段（1978—1989年）

改革开放将短缺经济时代长期被抑制的物质需求释放出来，这时候需求很旺盛，主要面临供给不足的问题。比如，被称为"企业元年"的1984年出现大量企业。1985年，缝纫机、自行车、手表等耐用消费品进入人们的生活，电视机和洗衣机等家用电器也随之而来。农副产品加工基地和小商品市场随之出现，以本土农民企业家主导的制造业集群进入萌芽阶段。国内供给逐步适应国内需求，逐渐从卖方市场转向买方市场。

（二）单重压力显现的消费结构升级阶段（1990—1996年）

加入世贸组织之前国内需求依然相对旺盛。彩电、冰箱、洗衣机等家电已经普及，摩托车、电话、空调、电脑等开始成为消费热点，消费还继续向汽车、住房等领域延伸。国营企业主导、集体经济本地化衍生的制造业集群进入快速成长期。但1990年，中国大幅降低关税、取消计算机产品进出口批文，国外的286、386电脑如潮水般涌入，1991年由美国英特尔和AMD掀起的"黑色降价风暴"，使得长城、浪潮和联想等电脑整机厂商元气大伤。国内微电子集成电路生产企业在20世纪90年代纷纷倒闭，国内集成电路等工业变为三资企业主导制造业集群的局面。

（三）双重压力显现的结构性需求不足阶段（1997—2007年）

改革开放以来，集中投资于少数几个领域的"潮涌现象"（林毅夫，2007，2010），促进了产业集群的形成与发展，也伴生着产能过剩。1996年之后国内工业品开始出现"结构性过剩"，1997年亚洲金融危机给东南亚带来较大冲击，中国出口也受到影响。这也是中国第一次受到国际市场的冲击，国际国内两大因素的相互作用开始显现。1998年福利分房制度的结束和房地产业的大力发展，直接带动了钢筋、水泥等相关制造行业发展，以及随着汽车、电脑、手机等产品大幅度降价，居民对汽车及电子产品的消费逐渐扩大。这时显现的国内外双重压力被扩大的国内需求成功化解。传统优势产业，包括纺织、服装、皮革制品、家具、金属制品、家电等行业需求历史峰值在20世纪90年代出现，也因此形成诸多产业集群。随后通过淘汰落后产能、兼并重组、设备升级等结构调整，行业集中度适中，传统产业集群仍然具备核心竞争力。

（四）双重压力交织的结构性需求不足阶段（2008年至今）

2007年全球金融危机导致中国出口严重下滑，据东莞市外经贸局的统计，2007年东莞全市关停代工外资企业就有909家。许多发展较早且相当成熟的产业集群受到经济危机的冲击也很大，比如，浙江绍兴的纺织业和纺织服装业集群、温州瑞安的汽摩配产业集群。国家4万亿元的投资计划及"家电下乡""以旧换新"等相关配套政策，使得国内农村市场的潜力被释放出来，暂时改善了国内消费低迷的现状，某些地方政府顺势打造各种产业集聚区。2012年出现传统制造业普遍产能过剩之后，内需不足成为常态。2014年下半年开始，沿海制造业出口大省又不断传来龙头企业倒闭的消息，对传统行业的打击很大。比如，曾占全球1/4的自行车产量的天津自行车产业集群（武清区王庆坨镇），从2015年开始整车企业和自行车配件企业大量减少，集群已经衰落。类似情况涉及普通电子产品，比如 2014 年 12 月苹果公司供应商、手机零部件代工企业苏州联建及其位于东莞的两家兄弟公司万事达和联胜倒闭。几乎同时，位于苏州胥口镇的诺基亚手机零部件供应商闵晖科技也宣布停产。而高端制造业，包括医药、仪器仪表、运输设备、专用设备等行业的需求空间开始展现，逐渐成长为新的主导产业集群，从表 2-2 的分析和国家部委的集群培养对象主要围绕新一代信息技术、智能装备、新材料、生物医药等重点领域，也能验证这一结论。由于创新进展缓慢，发达国家的潜在增长放缓，外需不足将呈现长期趋势，而中美贸易战和新冠疫情只是国内外市场压力的新插曲，但跟其他因素交织变得日益复杂。

从四个阶段发展历程可以看出不同的冲击类型，比如紧急情况可对应于 2008 年发生的金融危机；宏观经济波动对应于各地区受衰退的影响，以及"四万亿计划"如何使得经济从衰退中恢复过来；"缓慢燃烧"的结构变化对应于传统行业竞争地位的削弱、新技术和新消费模式的推陈出新。

第三节　中国制造业集群面临的挑战与机遇

一、中国制造业集群面临的挑战

（一）经济结构转型和"产业空心化"的矛盾

类似于发达国家向服务型经济转型过程中出现的"产业空心化"问题，是中国在今后几十年内需要重点考虑的。国内一些地区盲目追求服务业高比重，借产业结构调整的口号，行驱逐打压制造业的手段。试想尚未实现产业结构合理化，何谈产业结构高级化。2003 年以来，随着中国的人口红利逐渐消退，中低端劳动密集型制造业的竞争优势弱化。资本逐利的本性决定了很多制造行业必然会向劳动力成本更低的国家转移。由于即时生产体系和溢出效应的影响，相关产业链环节也会随之流失。欧美国家对中国的围堵也会导致部分企业向周边国家转移。"产业空心化"将导致国家更依赖于进口，在国内产业结构尚未完全合理化、高端产业链尚未形成，国际政治格局又日益动荡的当下，对国内经济结构转型升级和产业集群价值链攀升一定具有负面效应。

(二) 自由贸易协定和出口市场被压缩的矛盾

自由贸易协定的签署具有双向作用，就如当初中国加入WTO，一方面带动中国产品出口，另一方面又让国外企业占领了国内市场。2022年《区域全面经济伙伴关系协定》（RCEP）生效也意味着部分国内产业链加速迁出"下南洋"，东盟供给能力增加反过来会对中国出口产生"替代效应"。另外，中国还面临来自RCEP的更高标准、更严规则和日韩高端产品的竞争。比如，多届韩国政府提倡旨在扩大东南亚市场的"南方政策"，东盟已经是仅次于中国的韩国第二大贸易伙伴。丰田、大发、铃木、本田和三菱等日本品牌汽车已经占领了印尼95%的市场份额，中国汽车制造企业想要突破重围，必将面临一场血战。在欧美发达国家的"再工业化"、对新疆棉禁令升级等事件综合作用下，必然对中国这个全球最大的制造业大国造成巨大冲击。在中国制造业转型升级的关键节点，制造业集群如何进一步发展面临挑战。

二、中国制造业集群面临的机遇

(一) 产业转移的风口期

"制造业转移"是个动态的过程，是历史阶段的产物，普遍遵循"从发达地区向不发达地区转移"的范式。中国幅员辽阔的大地为沿海经济带制造业、三大城市群制造业集群向中西部地区转移，使制造业集群继续发挥潜力，为"飞地集群"和"飞地供应链"提供了发展机遇。中国"十四五"规划和2035年远景目标纲要提出，要"优化区域产业链布局，引导产业链关键环节留在国内，强化中西部和东北地区承接产业转移能力建设"，这是新形势下国家的新部署，预示着下一个风口期。2021年十部门联合发布《关于促进制造业有序转移的指导意见》（工信部联政法〔2021〕215号），明确创新区域间产业转移合作模式，可采取托管、共建等形式。这些部署将进一步优化中国产业集群的空间布局，维护产业链供应链的自主可控性，拓展制造业集群发展的新空间。

(二) 消费升级的风口期

随着罗斯托（Rostow）高额的大众消费阶段基本结束，过去依靠工业品消费快速增长引致制造业生产和投资扩大、分工与协作不断加强、制造业集群不断涌现的时代成为过去。中国进入技术升级、产业升级和消费升级的叠加期，消费结构和消费方式升级倒逼产业供给侧带来改变。中高端产品的需求增加和消费方式的个性化，使得相关设备不断升级，人口红利消退也催生设备智能自动化的趋势。消费对供给的"创造效应"不断显现，消费升级可能带来许多制造业集群的新生，在全国逐步形成一批新兴的、具有特色和优势的高端制造业集群。

第四节　本章小结

本章第一节从历史和现实的角度，通过简单的统计分析，发现中国制造业集群呈现"东密西疏、南多北少"的总体空间分布和典型的"一县一品""一镇一品"，以及部分"一县多品""一镇多品"的产业格局。高端制造业集群发展与传统制造业集群逐渐呈现齐头并进，甚至赶超的局面，而在行业大类之间和行业中类等内部则呈偏态分布。在全国制造业集群整体发展态势良好的基本情况下，发现了存在的结构性问题，尤其是国内外市场需求压力较大的时候。本章第二节通过国内市场、国际市场以及政府产业调整来区分压力的阶段性特征，指明了不同发展时期制造业集群主要矛盾的阶段性变化。本章第三节根据新形势下市场和结构的变化情况，阐明了面临的挑战和新发展机遇。要应对环境不确定性和把握风口期，需要积极发挥制造业集群的发展潜力，不断提升制造业集群的韧性，这是实现新型工业化和构建现代化产业体系的必然要求。

第三章　双重压力下制造业集群韧性提升的驱动机理

第一节　"集群韧性"概念的内涵和外延

基于第一章的韧性理论和其他相关理论分析，本研究认为，集群韧性需要从复杂适应系统的演化角度去界定。"集群"本身是一个空间概念，"韧性"隐含着时间概念，将这两者组合，就需要同时解决多大空间和多长时间范围的韧性问题，以及如何运用吸收、适应、自组织和转换能力这些重要机制去解释韧性。虽然集群的空间范围会随着时间流逝而发生变化，但在一定时间段内的空间稳定性（包括行政区划的稳定性）使得地理集群的识别和韧性估计成为可能，显示了韧性系统空间维度的重要性。集群韧性首先是一个空间概念，同时需要从时间角度和比较视角去分析。借鉴迪卡罗（Di Caro，2017）对经济韧性的定义可以将集群韧性界定为：特定集群抵御冲击、从意外事件中恢复，并维持长期增长和发展新道路的能力。韧性有两个方向维度上的表现：第一，垂直方向上的弹性，是指在一定压力区间内不发生质变，通过进出集群（空间）的微观企业数量来平衡，甚至使地理集群变得更强大；第二，水平方向上的旋转扭曲度，是指通过集群的中观整体业务转换或者行业转换（空间不变，时间变化）或者区位调整（空间变化，但行业未变）而实现。从比较视角可以是相同集群的现在与过去相比较，也可以是不同空间相同行业的集群比较，甚至可以是相同空间范围不同行业集群的比较。

一、区位空间的重要性

20世纪以来,发生了巨大的经济和社会变化。受全球化趋势的影响,经济结构向全球一体化经济转变。全球化建立一个资本高流动性的国际市场,以及向信息密切相关的经济过渡,使现代经济的区位因素显得不重要。另一方面,全球化使地理位置显得越来越重要,区域经济成为"财富创造和世界贸易的突出焦点"(Martin, Sunley, 2001)。

集群作为一个空间组织,是"专业知识、技能、基础设施和支持行业在提高生产力方面作用的自然表现"(Porter, Ketels, 2009)。有关文献解释了集群成功的原因(MacKinnon et al., 2002)、集群的起源和演化(Human, Provan, 2000),以及扩散的决定因素(Lazzeretti et al., 2014)。但很少采用演化视角来解释集群生命周期的可持续性(Nadvi, 1999),其中大多数是基于特定环境的。

在经济危机时期,全球化提供了一种向上或向下的方式,通过在新领域扩张和在全球价值链内定位以确保不丧失竞争力(De Marchi et al., 2014)。许多学者也将注意力集中在中小企业和产业集群的全球化进程(Bacchiocchi et al., 2014)。其中,出口是最普遍的全球化形式,它显然对增长和竞争力具有积极影响。然而,这些研究都没有分析全球化对集群竞争力的长期影响,仅仅提供了国际竞争如何使得集群衰落的外源性解释。

将集群内部与集群之间行为主体连接起来的竞争和商业过程的相互作用是集群衰落的内源性解释,马拉菲奥蒂等(Marafioti et al., 2021)将这种现象命名为"去集群化"(declusterization)。集群衰退的这种内生机制,涉及一个具体的研究问题:去集群化受集群企业全球化还是国外竞争的影响大?研究表明,由于集群企业的全球化,可能为去集群化提供一个内生解释。集群企业通过三种方式相互联系:垂直、横向和交叉(Bellandi, 1982)。比如,服装行业,垂直连接发生在纺纱、编织,当不同的子加工进料装配线。水平联系是指男装和女装之间的联系。诸如修理、交易、收集等活动是交叉连接的生产过程。产业集群可以替代垂直一体化和多样化。有效替代需要机制来协调集群企业之间的知识交换。空间集聚为这种协调机制的出现提供了基础。地理邻近有助于相互信任的建立(Lazzeretti, Capone, 2016)和促进共同专业的学习与合作(Dyer, Singh,

1998)。学者们已经确定了在产业集群范围内进行知识空间转移的三种机制：企业间的劳动力流动，用户和制造商、供应商和客户之间的互动，以及集群组织的衍生（Keeble，Wilkinson，1999）。

二、集群的识别方法

识别集群对研究集群的出现、演化和特征都是必要的。新经济地理学模型（Krugman，1991；Fujita et al.，2003）解释了特定经济活动在空间中的非均衡分布，Bottazzi 等详细研究了企业区位的动态变化和经济活动的空间分布（Bottazzi et al.，2015），但都不是为了确定集群。目前尚未建立统一方法来识别集群，一定程度上是由于存在多种集群定义，而且定义相当模糊，包括集群最常用的定义是指"某一特定领域中相互关联企业和机构的地理集中"（Porter，1990）。集群的定义还未明确四个关键的问题：①相关空间单元的界定；②相关经济活动的定义；③集聚阈值的界定；④连接性的定义。因此，识别集群的各种方法在这些方面也有所不同。文献中使用的许多识别集群的方法，可以区分为两种类型：自上而下和自下而上的方法（Cortright，2006）。其中，自下而上的方法（Bottom-up approaches）通常集中在单个集群，并定性地分析集群的发展和特征。该方法基于案例识别集群和所涉及的主体。自上而下的方法（Top-down approaches）通常是确定一个国家、地区和/或行业中的所有集群，基于二手数据定量地识别集群（Cortright，2006）。但大多数识别集群的方法并不是用理论推导出来的，而是以情境和实际的方式实现的。最常见的是考虑在行政区域和行业（根据 NACE 代码）的就业（上述关键问题①和②）。关于问题③和问题④，可以区分两种方法（Cortright，2006）：第一种是基于地理集中和专业化确定集群；第二种是基于投入—产出关系确定集群。定性分析不是本研究的重点，故首先概述现有自上而下地识别集群的方法。其次，介绍基于行为主体的集群方法（Scholl，Brenner，2016）。

本研究初步根据全国 2986 个区县（包括经济技术开发区、高新区和独立设置区划的工业园区），结合 655 个制造业集群，以及表 2-2 所对应不同制造行业的比例来反推，取不同行业的前 3%。即某个区县—行业聚集了某行业企业数排序居前 3% 的，则认为某区县存在该行业的制造业集群。

(一) 自上而下的集群识别方法

1. 地理集中指数

产业并非在空间中平摊,而是在某些地点集聚,集群的发生与产业地理集中有关。衡量产业地理集中程度的最简单的方法是空间基尼系数(Krugman,1991),更详细的是 EG 指数(Ellison, Glaeser, 1997)。EG 指数考虑了企业规模,并将行业的空间分布与"自然"分布进行比较,以确定该行业是否在空间上集中。基尼系数和 EG 指数都存在 Openshaw(1984)提出的可调整面积单位问题(MAUP):当使用预设区域的数据时,区域的界定会对指标计算结果有影响。一种解决方法是使用地理位置数据的 DO 指数(Duranton, Overman, 2005a)。空间基尼系数、EG 指数和 DO 指数都只是研究产业是否地理集中,提供信息预测可能形成集群的产业,但是并不能识别集群。

2. 区位商

区位商(*LQ*)是区域专业化的一个衡量指标,经常被用来衡量产业集中的强度。

$$LQ_{ind,reg} = \frac{v_{ind,reg}/v_{ind,sp}}{v_{ec,reg}/v_{ec,sp}} \quad (式3-1)$$

其中,v 是要研究集群的变量(比如,就业等),*ind* 表示整个经济的特定行业(*ec*),而 *reg* 表示研究空间内的特定区域(*sp*)。

区位商被用于识别一个国家所有集群(如 Sternberg et al., 2004; Brenner, 2006),或特定地区的集群研究(如 Crawley et al., 2013)。区位商也是 European Cluster Observatory 和 US Cluster Mapping 识别集群的主要指标。使用区位商识别集群需要注意三个问题:第一是必须定义一个阈值。计算出每个地区—行业组合的区位商,如果某个地区—行业组合的区位商超过阈值,则假定存在相应的集群。文献中的阈值范围从 1 到 3。European Cluster Observatory 使用的阈值为 2,而 US Cluster Mapping 将每个行业组中区位商排名前 25% 的区域定义为集群,通过这样对每个行业组定义不同的阈值。阈值的选择取决于区域规模、行业分类以及研究目的(Sternberg, Litzenberger, 2004),这也导致定义不同行业和不同空间单元就产生不同阈值。第二是使用区位商时,当某个行业中活动相对较少时,才能在较小地区达到较高的 *LQ* 值(Caroll et al., 2008)。而使用就业绝对数值而不是区位商，会在较大地区得到较高的 LQ 值。因此，有些研究在定义集群时结合了就业绝对值和区位商（如 Isaksen，1996；European Cluster Observatory）。第三是产业的定义对于使用区位商来识别集群至关重要。Porter（2003）通过研究就业的共同地点来研究行业间的相关性，由那些紧密共存的集聚行业，构建工业综合体（波特称之为产业集群）。然后，计算这些工业综合体的区位商，并在这些行业水平上确定集群。US Cluster Mapping 和 European Cluster Observatory 采取同样的方法，德尔加托等（Delgato et al.，2016）进一步发展了构建工业综合体的方法。

3. 空间统计

另一种衡量空间活动集中的方法是使用空间相关性，例如，使用局域 Moran I 指数找出哪些工业综合体占主导地位（Moral，2009），使用由格蒂斯和奥德（Getis，Ord，1992）开发的 G 统计量来识别集群（如 Feser et al.，2005）。其中，G 统计量测量每个区域本身和周围区域是显示活动 x 的高值还是低值，用周围区域活动来估计一个区域的集聚强度。考虑到周围区域的数量和强度取决于空间权重的不同定义（如 Caroll et al.，2008），G 统计量表示如下。

$$G_r = \frac{\sum_s \left[w_{r,s} \left(x_s - \frac{\sum_q x_q}{n-1} \right) \right]}{\left(\frac{\sum_q x_q^2}{n-1} - \frac{(\sum_q x_q)^2}{(n-1)^2} \right) \sqrt{\frac{n \sum_q w_{r,q}^2 - (\sum_q w_{r,q})^2}{n-1}}} \quad \text{（式 3-2）}$$

其中，r 表示所考虑的区域，$w_{r,s}$ 表示区域 r 和 s 之间的空间权重，$x_{q/s}$ 表示区域 q/s 中所考虑的活动，n 是区域的数量。

4. 投入—产出关系

地理集中指数、区位商和空间统计量侧重于集群定义中的集聚，没有考虑集群中参与者之间的交互，因此忽略了社会、制度和关系方面。实际上，集群中存在多种形式的交互，比如供应商—买家的互动。费泽和伯格曼（Feser，Bergman，2000）将国家投入—产出表用来考虑行业之间的联系，具有强投入产出联系的工业聚集在一起，形成工业综合体，并用国家层面的数据，研究这些综合体在区域经济中的相关性。蒂策等（Titze et al.，2011）进一步发展这种方法，以确定德国是否存在水平和垂直集群。沈体雁等（2021）进行中国国家标准产业集群识别时所采用的产业联系矩阵，就是将投入—产出表的完全消耗系数映射到四位数行业分类上。

（二）基于行为主体的集群识别方法

1. 研究方法描述

基于行为主体的集群指数（Scholl, Brenner, 2016）与自上向下的集群识别方法的主要区别在于分析单元。基于行为者的集群指数使用个体行为者，及其确切的地理位置作为基本分析单位，使得为每个行为者分配一个值，表示该参与者是否位于集群中以及位于集群中的程度。集群指数不仅取值为 1（作为集群的一部分）或 0（位于集群之外），而且提供了从高值（位于集群中心）到低值（远离集群中心）的详细情况。它可以作为实证研究的一个变量，分析位于集群或接近集群的程度是否会影响其他特征或过程。虽然肖勒和布伦纳（Scholl, Brenner, 2016）基于就业数据开发针对企业的集群指数，但该指数可以被推广到适用于各种行为者和活动。

计算基于行为者的集群指数，必须定义两个基本单元。①分析单位：定义集群指数的参与者集合，即 $a \in A$。通常的参与者是活跃在某一行业或领域的企业和个人，也可以是所有其他类型的行为者。②活动单位：衡量区位中存在活动的变量 v。通常是特定行业的就业，也可以是各种可测量的活动，如销售或专利，以及使用变量或比例的组合。此外，还需要两种数据。①位置：所有参与者的地理位置。必须知道所有位置的变量 v 的值。如果变量 v 是参与者的特征，则数据由参与者 $a \in A$，它们的位置 l_a 和对应值 v_a 组成。数据可以用于变量 v，但必须定义一组位置 $l \in L$，对于每个位置 l，必须知道变量 v_l。这一组位置必须包含所有行为者的位置 l_a。②距离：需要一个距离矩阵 D，包含所有位置对之间的距离 $d_{l,m}$，其中 $l, m \in L$。距离 $d_{l,m}$ 可以被定义为欧几里得距离，也可以是其他类型的距离，如旅行时间、社交距离。

知道一组位置（L）、位置间的距离（d）、活动变量（v）及其每个位置上的值（v_l）、参与者（a）及其位置（l_a）。集群指数就可以定义为：

$$C_a = \sum_{l \in L} [v_l f(d_{l,\ l_a})] \tag{式 3-3}$$

其中，$f(d)$ 必须是一个随距离 d 递减的函数。常见的距离衰减函数 $f(d)$ 包括四种类型。

幂衰减函数：假设与其他地点的相关性随着距离增大而不断减少。其数学公式用一个幂衰减函数表示：

$$f(d) = 1/d^a \qquad (式 3\text{-}4)$$

最简单的幂衰减函数是 $a=1$，也可以使用其他值。但如果距离趋于零，所有 $f(d)$ 函数都会变得无穷大。一种解决方法是从式 3-3 中排除行动者 a 位置的所有活动 v_l。但是，在同一地点进行的活动非常有影响力。另一种方法是定义一个最小距离 $d_{\min}$，低于该距离 $f(d)$ 的值不会再改变。

指数衰减函数：通过使用指数函数，可以避免定义最小距离：

$$f(d) = \exp(-a \cdot d) \qquad (式 3\text{-}5)$$

其中，a 是定义相关性随距离而减小的速度参数。该函数也假设参与者的活动相关性随距离增加而不断减少。

半径衰减函数：考虑所有发生在参与者周围的特定半径内的所有活动，在低于阈值距离内的所有活动对行动者来说都很重要，而较远的所有活动并不重要。该函数 $f(d)$ 表示为：

$$f(d) = \begin{cases} 1 & \text{if } d \leqslant r \\ 0 & \text{if } d > r \end{cases} \qquad (式 3\text{-}6)$$

其中，r 表示定义相关性范围的阈值。

对数逻辑衰减函数：可包含（近似）上述两种函数作为极端情况的是 S 型对数逻辑衰减函数：

$$f(d) = \frac{1}{1+\exp[s \cdot \log(d/r)]} = \frac{1}{1+(d/r)^{-s}} \qquad (式 3\text{-}7)$$

其中，r 是定义相关性下降到 $\frac{1}{2}$ 的距离参数，而 s 是定义函数形状的参数。当 $s \to 0$，函数呈指数递减，当 $s \to \infty$，函数收敛于半径衰减函数（4c）。对数逻辑函数比其他函数更灵活，但它需要确定两个参数 r 和 s。

给定必要的数据（L、D、v_l、A 和 l_a）和距离衰减函数，可以计算每个因子的集群指数（式3-3）。这导致每个参与者的 C_a 表示在该参与者周围给出多少活动 v。为了检测集群，必须定义一个阈值 T_d，以将集群内的参与者（$C_a > T_d$）与集群外的参与者（$C_a < T_d$）分开。有多种方法可以确定这个阈值。①理论方法：依赖于活动变量 v 的定义，但迄今为止还没有提供推断阈值 T_d 的理论。然而，可能用特定目标表示一定阈值的最强集群。②文献方法：其中可借鉴的大多数是基于经验确定的阈值。根据相应的文献来选择活动变量 v，以便应用相同的阈值。③统计方法：集群指数 C_a 的分布可用来确定阈值 T_d。可以对 C_a 值进行排序，例如，用前5%的值表示为集群，也可以使用其他的百分位数，或者为随机选择的基准情况计算集群指数，阈值可以定义为结果分布的90、95或99百分位（Scholl，Brenner，2016）。④独立于阈值 T_d 的定义，是通过计算每个参与者是否是集群的一部分来定义集群。一个集群是由它所组成的参与者定义的，集群范围不是由区域边界所预定义的，而是遵循被归类为其一部分的行动者的空间分布。

2. 确定集群的步骤

表3-1总结了基于行为主体的集群指数识别集群所需的数据内容，下面将详细解释。

表3-1 基于参与者的集群识别的数据和定义

变量	内容	描述
A, I_a	参与主体 a 集合	包含集群的所有参与者。所有主体的位置都必须被知道
v	活动水平	描述集群内高和外部低的活动的变量
L	位置 I 集合	包括参与者的位置和相关活动的所有位置
D	距离矩阵	提供每对位置之间的距离
$f(d)$	距离衰减函数	活动 v 的相关性随行为者间距离衰减的数学函数
T_d	集群门槛	集群 C_a 的阈值，以确定参与者 a 是否属于集群（$C_a > T_d$）

（1）行动主体集合

行为主体集合的定义要考虑对该集合选择只影响到计算它是否存在集群的位置。该方法也可以在不确定任何行动者而只查看地点的情况下进行，但该方法背后的理论考虑是基于识别属于集群的行为者的想法。行为者是集群的一部分，而不是地点。该方法在这个意义上是相当灵活的，因为对于集群识别的结果,为什么要考虑一个位置并不重要。重要的是只有一组位置的 l_a,以计算集群指数,并最终决定它们是否属于一个集群。因此,对行为者集合的定义没有限制,而且所选择的行为者的类型也与结果相关(只有位置重要)。

集群中通常的参与者是企业 A,集群通常是在行业层面上定义的。这意味着属于一个行业的企业可以组成一组参与者。集合 A 也可能包括一些相关行业中的所有企业。通常,大学、研究机构、中介机构和公共组织也在集群中发挥作用。所有这些行为者都可以包括在集合 A 中。行动者集合也可以建立在个人而不是组织的基础上。比如,工人、创新者、研究人员或类似的参与者。也可以考虑一个行业或一个特定的行业群体。行动主体只是定义位置的一种手段,因为只有当行动者是集群的一部分时,位置才是集群的一部分。主体—位置是否是集群的一部分的问题主要取决于活动变量 v 的选择,部分取决于下面讨论的所有其他选择。

(2) 活动变量

活动变量 v 的选择是集群识别的最核心因素。在文献中就业是最常用的指标,并在大多数方法中使用了区位商。将这种方法直接转移到基于行为者的集群识别上是不可能的。使用区位商作为活动变量 $v=LQ$,将需要在每个位置的总经济活动的值。例如,将公司定义为一个地点,那么在这个位置就没有其他的经济活动,而总经济活动将等于特定行业的活动。即使更明确地定义位置,例如一个直辖市,也会遇到另一个问题:特定行业少、总经济活动少的较小区位的总和与经济活动多的区位相同。如 LQ 值,在总体活动较少的区位变化远远大于在总体活动较多的区位。因为,集群指数是根据式 3-3 计算的:

$$C_a = \sum_{l \in L} [v_l f(d_{l, l_a})]$$

因此,如果将活动变量定义为一个比率,则应在汇总所有位置后取该比率。例如,基于 LQ 作为活动度量的集群指数将被写为:

$$C_a = \frac{\sum_{l \in L}[v_l f(d_{l, l_a})] / \sum_{l \in L}[w_l f(d_{l, l_a})]}{\sum_{l \in L}(v_l) / \sum_{l \in L}(w_l)} \qquad (式 3-8)$$

其中,w_l 表示位置 l 处的总活动。式 3-8 提供了集群指数的另一种定义,如果集群检查应该基于商,该定义更充分。对于式 3-8 中的 v 和 w,可以使用各种变量建立所有类型的区位商。

(3) 距离和距离衰减函数

最简单的是欧几里得距离,正交距离是另一种选择,只要知道地理坐标,就可以计算出这些距离。为了考虑交通基础设施,旅行时间可以用作距离(Duschl et al., 2014)。对于一个行动者来说,在其他地点的活动的相关性是由于不同地点之间发生的相互作用。这种互动是由人进行的。还考虑社会、文化、机构和组织方面的互动,由于这些方面很难衡量,不同地点之间的真正相互作用可以用通勤连接、迁移、合作活动等来衡量,将这些测量距离的方法与基于行动者的集群识别相结合。最后,将不同的距离度量结合起来。在某些方面的邻近性补偿了在其他方面的距离(Agrawal et al., 2008)。特别是信任和长期的合作以及组织上的邻近性能够跨越地理距离。鉴于本研究主要的方法是基于行动者的,对于地理距离和合作活动或属于同一组织的方法,可以与距离度量相结合。在定义了距离度量后,必须选择一个距离衰减函数。对数逻辑衰减函数和半径衰减函数是目前最常用的。然而,距离衰减函数的选择也应该取决于所考虑的活动 v,不同的活动可能有不同的影响范围。

(4) 阈值和集群识别

每个集群的地理形状、围绕集群中心的行为主体,被认为是集群的一部分。基于行为主体的集群识别方法对于每个参与者,都计算一个集群指数。因此,可以通过使用不同的阈值来识别不同程度的集群。使用传统的方法,发现不同程度集群的区域可能在空间中相当分散。集群指数的数值非常高的区域可以被称为集群的核心,而集群指数值不是很高的位于核心的周围可以称为连接外围。对于每个参与者,都可以确定它是否位于核心、外围或不属于集群。使用包括社会、制度或其他类型关系的距离,该方法可以远远超越集群的地理识别。

基于行为主体的集群识别的第一个主要优点是避免可调整区域单元问题(MAUP)。其他方法都适用于预定义的区域,其识别将检查该区域是否属于集群的一部分。这些集群识别方法的结果取决于所使用的区域级别,所检测到的集群空间范围在一定程度上是由所研究的区域预先确定的。基于行为者的方法分别对待每个行为者,可以检测出一个集群的确切形状,还可发现相邻的区域来构建集群。此外,集群识别的结果可以用于区分集群的核心和外围。第二个主要优点是在识别方法中包括集群内的连接。基于投入—产出关系的方法以供方—买方关系为中心要素，但其投入—产出关系不是来自集群内部，而是在国家层面进行衡量。基于行为者的方法考虑到集群内参与者之间（如公司、组织、机构和个人）的交互和联系。不同类型的邻近（如社会、制度、组织和认知）可以转移到基于行为者的方法中，或结合在距离的定义中，也可以使用关于实际连接和交互的数据，如共同专利或研发合作。因此，基于行为主体的方法能够在识别集群时考虑集聚、空间集聚和连通性这两个方面。

第二节　韧性的驱动变量选择和要素间交互关系

一、韧性驱动要素的具体内涵

（一）韧性系统的关键要素

关于韧性的定义虽然并不统一，但关键要素显示相似之处，包括以下内容。①系统或单位：包括个人、社会组织（家庭、社区、城市、国家等）、自然环境、物理实体（基础设施网）等具有韧性的实体或单元（OECD，2014；Van der Vegt et al.，2015），本研究指的是制造业集群。②干扰：破坏性的外部冲击和压力，可检验系统或单元主体应对冲击的反应和能力。③事前行为：应对冲击和压力需要采取的行动，包括围绕预期和风险管理的行动（Frankenberger et al.，2013）。④损害限制：限制扰动的损害，包括恢复、反弹或吸收冲击（如 Bene，2013；UNDP，2014）。⑤管理变化：从学习、重组、适应和演化方面框定了变化的深度和广度，也包括自组织转变（如 Cabell，Oelofse，2012；FAO，2014）。

（二）韧性系统的主要特征

关键要素中最关注对干扰及压力的吸收和适应变化（Adrrn，2010），而改变结构以建立韧性往往被忽视。社会经济系统是一种复杂的自适应系统，并非是以可预测的、线性或增量的方式改变（Walter，Salt，2006）。我们面临的挑战是确定适当的政策干预措施，以增强系统吸收和承受冲击、适应和改变结构的能力。建立韧性系统的要点是发展系统吸收和适应变化的能力，并在更高层面采用新的结构和机制使其更有效地运作，从而转变为更具韧性的系统。社会经济系统可以被视为"在许多相互联系的时间和空间尺度"运行（Pisano，2012），系统响应变化或干扰、适应，并根据系统韧性的质量和状态进行转换。因此，韧性系统需要同时具备四种能力：①吸收变化的能力；②学习和适应的能力（Carpenter et al.，2001）；③自组织的能力；④转换的能力。通过学习能力来吸收、适应变化，甚至转化为更有韧性的系统。社会结构和机制的转变，将使经济主体能够承受未来的冲击和压力（Mitchell，2013）。根据这四种能力可归纳出韧性系统的两个主要特征：①从冲击中恢复的能力；②准备程度。根据特征也可以区分前言部分已经讨论的三类韧性，如表 3-2 所示。工程韧性：从冲击中恢复的能力（Pimm，1984）；生态韧性：抵御冲击的能力（Holling，1973）；适应性韧性：在冲击后适应的能力（Martin，2012）或发展新的增长路径（Boschma，2015）。工程韧性考查系统在不稳定冲击后反弹的能力（Fingleton et al.，2012；Rose，2004），生态韧性的重点是系统在不稳定和达到新的平衡状态之前可以吸收多少冲击或干扰（Holling，1973；Reggiani et al.，2002；Martin，Sunley，2007），适应性韧性涉及系统适应外部冲击或应对内部挑战的内部结构的能力（Martin，Sunley，2007）。

表 3-2 韧性分类和区别

韧性类型	主要特征	重点（要素性质）	内容
工程韧性（engineering）	恢复时间和效率；无准备	恢复或不变（脆弱性）	单个稳态系统
生态韧性（ecological）	承受冲击、维护功能；有/无准备	缓冲（适应性）	多重稳态系统
适应性韧性（adaptive resilience）	重组和持续发展；提前准备	转换和创新（适应性和可持续性）	多维动态系统

资料来源：借鉴 Box 2.1 in Pisano（2012）。

如果在冲击后没有反弹的系统将是脆弱的，工程韧性对应的是脆弱性。均衡间的转变，以及维持功能也是一种适应，故生态韧性对应适应性。虽然马丁（Martin，2012）提出适应性韧性概念，但他所指的是冲击后适应的能力，本研究趋于博施马（Boschma，2015）所指发展新的增长路径，因此对应可持续性。

二、驱动要素性质的相互关系

(一) 脆弱性

脆弱性（Vulnerability）指系统容易受到伤害的程度，"脆弱性是关于系统或其任何成分对有害外部压力的敏感性"（Seeliger，Turok，2013），或描述"物理和社会系统面对伤害的无力和边际敏感程度"（Adger，2006；O'Brien et al.，2007）。脆弱性是系统的固有特征，而不论发生任何冲击（Sarewitz et al.，2003）。任何程度的脆弱性都可能是长期历史趋势的结果（Mendez et al.，2015），并不依赖于一次发生冲击的概率（Smit et al.，1999），脆弱性并不被视为与韧性相反的状态（Seeliger，Turok，2013）。比如，韧性可以指网络在受到冲击后恢复平衡的速度和冲击被吸收的速度，而脆弱性是指冲击在网络内的传播（Reggiani，2013）。

(二) 适应性

外部冲击导致现有资源的重组，以创造新的知识或发展新的非相关轨迹（Grabher，1993）。根据这一观点，韧性被视为经济在面对扰动时能够适应的能力（Martin，2012），因此韧性与适应密切联系。这一适应过程可以从"适应"和"适应性"两个方面来讨论（Grabher，Stark，1997；Pike et al.，2010；Boschma，2015）。适应是一个路径依赖过程，涉及基于现有结构的区域路径的非自由转换。适应可能导致路径依赖的经济轨迹，并最终导致历史上过时的技术、产业、机构和组织的锁定。适应性涉及区域经济的长期变化，可能通过产业道路的转变而发生。这两个进程之间通常存在权衡，因为资源必须侧重于适应或适应性（Boschma，2015）。适应和适应性之间的互惠涉及现有产业与新兴轨迹之间一定程度上的关联（Boschma，2017）。管理脆弱性是为了管理风险，管理适应性是为了创造新的增长路径。适应是经济中发生的处理不可预见变化的实际过程，而韧性是经济中应对普遍干扰的潜在能力（Yamamoto，2011），经济韧性实际上不能被直接观察到，必须从实际的适应过程和影响适应的潜在因素中推断出来。适应过程的本质是偶然性，是关于经济如何在特定时间应对特定的冲击。研究经济如何适应变化是一个持久的主题（如 Cooke，1989；Hobor，2007；Power et al.，2010）。韧性是一种更持续的存在属性，即更普遍地参与和应对变化。适应与系统通过路径扩展维护其现有功能的能力有关，而适应性描述转向新发展路径的能力（Hu，Hassink，2020），非平衡的区域韧性可以用适应—适应性关系的变化来解释，特别是与缓慢燃烧冲击有关。艾文辉斯（Evenhuis，2020）强调适应能力对塑造区域经济韧性的重要性，但许多潜在的韧性能力只能从现有数据中推断出来。

（三）可持续性

韧性和可持续性之间存在着强烈的关系（Ulanowicz et al.，2009；Derissen et al.，2011）。韧性被认为是可持续性的组成部分，甚至是先决条件。有时两个概念是同义词，有时韧性适合分析风险性和不确定性（Derissen et al.，2011）。产业生态可以帮助阐明可持续性—韧性的关系，相应的生命周期评估可以用来研究生态效率与韧性之间的协同作用和权衡。韧性所包含的冗余性和灵活性，是以牺牲资源使用效率为代价的。降低效率在短期内看起来不可持续，但从长期来看，承受一系列扰动而使系统更具可持续性（Zhu，Ruth，2013；Walker，Salt，2006）。

三、韧性与脆弱性、适应性、可持续性的关系

（一）韧性与脆弱性的关系

脆弱性和韧性被视为相关概念，脆弱性是事前特征，韧性是事后响应的结果（Adger，2000；Cutter et al.，2008；Pendall et al.，2012）。因此，韧性通常被视为一种减少脆弱性的方法，通过减少脆弱性子系统使整个系统变得更具有韧性（Pendall et al.，2012）。两个概念都关注社会经济条件，特别是分析对象的宏观经济特征。"具有共同的利益要素—社会生态系统所经历的冲击和压力、系统的反应和适应行动的能力"（Adger，2006）。研究者构建各种脆弱性—韧性模型（Rose，2004；Briguglio et al.，2006；Seth，Ragab，2012；Rose，Krausmann，2013），但它们之间的联系尚未得到充分证实（Cutter et al.，2008；Reggiani，2013；Modica，Reggiani，2015；Caschili et al.，2015）。少数网络韧性研究对系统的脆弱性进行分析，并利用网络理论指标进行测量（Zhu，Ruth 2013；Chopra，Khanna，2014；Li，Shi，2015）。脆弱性和韧性之间的一个基本差异是"韧性适用于保存系统的行为，如其状态保持在吸引力领域内，而脆弱性是指可能超出单

一领域的转换"（Gallopin，2006）。可以将脆弱性作为暴露于外生冲击的一种条件，而韧性涉及恢复或改善的能力，这反过来需要个体行为者或政策制定者采取行动（Briguglio et al.，2009）。在寻找应对复杂风险环境和不同冲击的方法时，政策已经从减少脆弱性，转向构建韧性系统，使经济能够吸收冲击、适应并转变为现代、多元化的产业或后工业经济。

（二）韧性与适应性、脆弱性和可持续性的关系

韧性和脆弱性是相互嵌套和互补的（Serfilippi et al.，2018）。在缺乏足够的韧性能力的情况下，系统有可能采取"脆弱性路径"而不是"安全路径"。如贝内等（Béné et al.，2014）所讨论的，韧性在两个重要方面超越了脆弱性。首先，对韧性的分析确定了潜在能力（吸收能力、适应能力和变革能力）以及行为主体面对冲击和压力的反应。这些在脆弱性分析中基本上是不存在的。其次，韧性概念意识到个人做出明智的决定，这将使得在面对冲击时从"被动"接受者转变为"主动"行为主体者。建立韧性系统意味着有前瞻性的政策选择来应对经济受各种冲击的脆弱性。为系统建立韧性，是处理不确定性、意外和未知风险变化的有效方法（Berkes，2007）。

第三节 "压力—传导途径—空间响应"的结构模型

一、压力传导与空间响应的结构框架

图 3-1 描述"压力传导与空间响应"的框架，显示冲击暴露、空间经济系统、脆弱性和韧性之间的动态关系。其中，外部冲击（压力）起着核心作用，当空间经济系统（制造业集群）受到冲击时，无论是整体或其中部分，造成的经济损益（绩效 P）根据系统的脆弱性和韧性特征而体现出来。这种损益将改变空间经济体系的初始结构，并产生一种新的均衡。新均衡可能是决策者引入"适应性"战略目标（例如，减轻经济损失的政策措施等）的结果。一个好的"预防"行动将是主动增强韧性（或减少脆弱性）的政策，该行动基本上属于结构性政策，通过产业组织 C—S 途径，进一步提高空间经济系统的适应性，重新

参与集群的演化动态，呈现持续发展的状态，而制造业集群的演化始终受到外部性的影响。

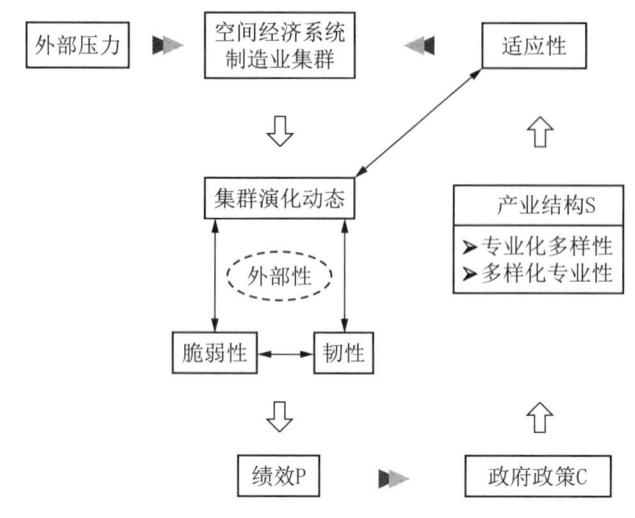

图 3-1　压力传导与空间响应

(一) 产业集群的外部性

许多文献研究产业集群外部性如何影响企业，特别是企业的生存和创建。集群企业的高存活率和成立率被认为是产业集群持续存在的主要机制（McCann，Folta，2008；Wang et al.，2014）。研究表明，地理集中的外部性使集群企业表现得比孤立地区更好，因此生存时间更长。例如，集群活动促进知识溢出，产生更多企业创新（Bell，2005；Delgado et al.，2014；Funk，2014），使得集群中企业比集群外企业有更好的经济表现（Beadry，Swann，2001；Tallman et al.，2004）。企业的成立率也受到了集聚的影响，企业更有可能分布在类似行业活动水平较高的地区（Kalnins et al.，2004）。特别是，企业家倾向于在集群中创建企业，因为他们更容易在集群中获得和利用社会关系（Sorenson，Audia，2000；Stuart，Sorenson，2003）。

空间集中对企业生存和创立有积极影响，但集群并不一定能提高企业业绩或提高企业创立率（Alcácer et al.，2007）。因为集聚也会产生负外部性，意味着集聚产生的竞争和其他因素会给集群企业带来挑战。由于正外部性和负外部性都存在，绩效和创建率可能因企业的异质性而不同。例如，拥有技术或人力资本等优势资源的企业不太可能在集群中，因为它们在促进外部性的同时获益较少（Alcácer et al.，2007）。甚至有实证发现，集群企业的生存率较低（例如，Folta et al.，2006）。研究者也探索了克服负外部性的方法。例如，有凝聚力的内部网络可以帮助集群企业处理来自共同定位企业的大量知识流入（Funk，2014），因为个人能够在同事的帮助下识别知识的价值。同时，拥有强大的内部网络将减少知识泄露给集群中竞争对手的风险，因为他们可以密切监测和控制本地创新（Alcácer，Zhao，2012）。

以往文献分析了通过集群成员影响企业的机制。然而，这些都倾向于关注特定时间点的集群规模（即集群集聚程度），而不是集群运动或集群时间动力学（即集聚程度随时间的变化），即集群是面临上升还是下降的趋势。许多实证研究依赖于横截面数据来检验集群效应，用集群间规模差异解释异质性（如 Bell，2005）。在某种程度上控制了集群异质性，并隔离了集群规模对企业的影响（Alcácer，Chung，2014；Pe'er et al.，2016）。即使利用时间面板数据，也大多是为了研究变量（集群规模）的差异，而不是明确地检验时间过程（集群运动）（Certo，Semadeni，2006）。

（二）产业集群的动态研究

主流研究倾向于关注集群规模的影响，少数研究考虑了集群的时间变化，比如企业的衍生率如何因集聚程度的变化模式而不同（Klepper，2007；Cheyre et al.，2015）。克莱珀（Klepper，2007）将底特律汽车工业集群的时间序列分为两个不同的趋势，一是集聚度增长的趋势，二是集聚度下降的趋势。波德和约翰（Pouder，John，1996）提出一个集群演化阶段的概念模型，集群演化遵循产生、收敛、衰落等一系列阶段。当集群产生时，由于集聚经济，集群企业的增长速度将快于整个行业的增长速度。当集群进入收敛和衰落阶段，由于拥挤成本和同质的宏观文化，企业的边际效益减少。王等（Wang et al.，2014）运用该模型将安大略葡萄酒行业分为两个时间阶段（产生阶段和收敛阶段），发现这些阶段与企业的建立率和生存率有关。此外，福尔塔等（Folta et al.，2006）证明，在美国生物技术产业中，集群的演化阶段对企业业绩有影响。

经济地理学家也研究集群动力学，但主要关注集群本身，对集群之于企业的影响不那么感兴趣。可以将经济地理学中的集群动力学研究分为三种：第一种认为，产业集群具有路径依赖的性质，这意味着集群会随着年份的增长而被锁定（如 Boschma，2004；Hassink，2005）；第二种表明，集群经历生命周期阶段，包括出生、成长、成熟和衰退阶段（Enright，2003；Menzel，Fornahl，2009）；第三种与生命周期模型相反，表明集群由于嵌套系统的相互作用而有不同演化路径（Isaksen，2015；Martin，Sunley，2011）。总的来说，都强调集群随着时间推移而变化，集群的变化模式可以相同或不同。

二、集群演化动态的衡量

产业地理集聚度的变化来自四个不同的组合：企业成立增加就业、企业扩张增加就业、企业退出导致就业减少、企业收缩导致就业减少。关注企业生命周期对地理集聚度变化的影响，如果将集聚度变化分解为不同生命周期阶段的部分，企业的 Herfindhal 等变化就不能被忽略，即使企业大小的总体分布没有太大变化，像企业成立等事件显然倾向于降低赫芬达尔等集聚度指数，而企业死亡倾向于提高该指数。

（一）产业动态的基本特征

集群时间动态具有四个基本特征。这些特征有助于衡量指标的开发；有效的度量应该能够捕获研究已经发现的动力学的核心特性。第一，单个集群的时间序列（即集聚度如何随时间变化）可以被分割成多个不同的趋势。生命周期方法的学者认为集群遵循多个生命周期阶段（Pouder，John，1996），适应性周期理论家认为集聚度变化模式会随着时间推移而显著变化（Klepper，2007）。这两项研究的论点表明，单个集群中存在一个或多个趋势。第二，产业集群有独特的路径，因此，相同行业的不同地理区域可能经历不同的集中趋势序列。换句话说，在一个行业中，并非所有地区都遵循相同的变化模式（Klepper，2007；Saxenian，1994；Delgado et al.，2010）。例如，萨克森（Saxenian，1994）比较了波士顿和硅谷这两个地区的计算机产业的发展方式，并描述为什么它们的发展方式有所不同。第三，产业集群可能会受到质性变化（集聚度随着时间的推移而增加、减少还是稳定）的影响。例如，克莱珀（Klepper，2007）确定了集中度增加和减少的趋势，并发现底特律的公司根据这些趋势表现出不同的衍生率。第四，产业集群在数量上可能会发生变化（即根据集聚度增加或减少的程度）。

例如，谢尔（Cheyre et al.，2015）比较1975年前后企业的衍生率，这一年硅谷半导体行业的增长趋势从逐渐增长转向快速增长。同样，王等（Wang et al.，2014）也发现一种逐渐和快速的增长，并发现这两种类型的增长表现出不同的生存率。

（二）集群动态的衡量方法

集群动态的测量包括三个步骤：①测量集群的集聚程度；②识别集聚度的趋势；③量化趋势的特征。

1. 使用蒙特卡罗模拟来识别集群

第一步是测量局部集中度并识别集群。根据经济活动的类型、地理单位和将一个位置标记为集群所需的集中阈值来确定集群（Alcacer，Zhao，2016）。当一个行业中的某种经济活动（如企业数量）集中在地理边界（如都市统计区域）的程度超过阈值时，该位置被确定为一个产业集群。

通过采用Ellison和Glaeser（1997）的飞镖板方法（dartboard approach）计算阈值。该方法的逻辑是，在没有集聚的情况下，经济活动的地理集中就像随机向地图上投掷飞镖来确定。每个地理区域的大小可以根据分析的需要，通过不同的标准（如人口多少、面积）进行权衡。经济活动超过这个飞镖板阈值的位置被认为是集群，而实际活动和阈值之间的差异程度被认为是集聚度。因为集聚度要在不同年份和地点之间进行比较，所以使用蒙特卡罗模拟的 z 值归一化方法。

具体步骤如下：①按行业和年度将所有地区的经济活动的值（如企业数量）相加，得到行业年度水平的总额；②在一张地图上随机分配行业年度水平的总额，并检查分配给每个地区的值；这个过程（即随机抛出）是通过蒙特卡罗模拟创建和重复的；③计算从综合实例中获得的分配值（如，分配到某个区域的企业数量）的区域—行业—年份的平均值和标准偏差；④利用平均值和分布，计算一个 z 值：

$$z = (obs - exp)/\sigma \qquad \text{（式3-9）}$$

其中，obs 是从数据中得到给定区域—行业—年份的经济活动的值。exp 和 σ 分别为由随机模拟得到的平均值和标准差。按照上面的步骤，获得地区—行业—年份的 z 值，表示超过一个阈值的程度。

2. 使用 Bai-Perron 检验进行时间序列分割

为识别每个集群（潜在的多个）不同的趋势，通过使用结构中断分析，在集聚度的时间序列（即 z 值）中发现中断。结构中断分析估计时间序列中的结构变化或意外变化的线性回归模型。结构中断的检验使用 Bai-Perron test 检验，该检验估计中断的数量（将线性回归划分为多个机制）和未知的中断日期（Bai,Perron,1998,2003）。检验逻辑是为残差平方和找到一个全域极小值。

具有 m 个中断的线性回归（$m+1$ 状态）的纯结构变化模型：

$$y_t = z'_t \delta_j + u_t \tag{式 3-10}$$

其中，$t=T_{j-1}+1,\cdots,T_j$；for $j=1,\cdots,m+1$。z_t 是协变量的向量，其中系数允许在不同区域发生变化。断点估计 $(T_1, T_2, \cdots, T_m)$ 基于动态规划原理计算，使得计算断点的估计值作为残差平方和的全域最小值。回归参数估计是与 m-分区 $\{\hat{T}_j\}$ 相关的估计，即 $\hat{\beta}=\hat{\beta}(\{\hat{T}_j\})$。

白和佩伦（Bai,Perron,1998）提出用三种检验方法来确定断点：$\sup F_T(k)$ 检验、双重最大检验（$UD_{\max}$ 检验，$WD_{\max}$ 检验）和 $\sup F_T(l+1\mid l)$ 检验。其中，$\sup F_T(k)$ 检验估计与多个结构断裂 k 的长期关系。零假设是"不存在结构中断（$m=0$）"，而另一种假设是"存在一个固定（任意的）数量的中断（$m=k$）"，使用以下方法估计检验统计量：

$$\begin{aligned}\sup F_T(k) &= F_T(\hat{\lambda}_1,\cdots,\hat{\lambda}_k;q)\\ &=\frac{1}{T}\left(\frac{T-(k+1)q-p}{kq}\right)\hat{\delta}'R'(R\hat{V}(\hat{\delta})R')^{-1}R\hat{\delta}\end{aligned}$$

where $T_i=[T\lambda_i]$ $(i=1,\cdots,k)$ and $(R\delta)'=(\delta_1-\delta_2,\cdots,\delta_k-\delta_{k+1})$

$$\tag{式 3-11}$$

双重最大值检验也可以用来测试一个时间序列中是否存在一个或多个结构中断。零假设是"不存在结构中断"，另一种假设是"给定一些上界 m，存在未知的中断数"。其中，$UD_{\max}$ 检验与第一个检验 $\sup F_T(k)$ 检验类似：

$$UD_{\max}F_T(M,q)=\max_{1\leqslant m\leqslant M}F_T(\lambda_1,\cdots,\lambda_m;q) \tag{式 3-12}$$

where $\hat{\lambda}_1=\hat{T}_j/T$ $(j=1,\cdots,m)$

另一个是 $WD_{\max}$ 检验，它使用的权重依赖于回归变量数量和检验的显著性水平：

$$WD_{\max}F_T(M, q) = \max_{1 \leqslant m \leqslant M} \frac{c(q, \alpha, 1)}{c(q, \alpha, m)} F_T(\hat{\lambda}_1, \cdots, \hat{\lambda}_m; q)$$

(式 3-13)

其中，$c(q, \alpha, 1)$ 是显著性水平为 α 的 $F_T(M, q)$ 检验的渐近临界值。

第三种是 $\sup F_T(l+1 \mid l)$ 检验。前两种方法侧重于检验一个或多个中断的存在，该方法的 F 检验是用于估计中断的数量和日期（年）。$\sup F_T(l+1 \mid l)$ 检验考虑 l 结构中断的零假设，而不是存在额外中断的另一种假设。该检验的定义为：

$$\begin{aligned} F_T(l+1 \mid l) = &[S_T(\hat{T}_1, \cdots, \hat{T}_l)] \\ &- \min_{1 \leqslant i \leqslant l+1} \inf_{\tau \in \Lambda_{i,\eta}} S_T(\hat{T}_1, \cdots, \hat{T}_{i-1}, \tau, \hat{T}_i, \cdots, \hat{T}_l)/\hat{\sigma}^2 \end{aligned}$$

where $\Lambda_{i,\eta} = [\tau; \hat{T}_{i-1} + (\hat{T}_i - \hat{T}_{i-1})\eta \leqslant \tau \leqslant \hat{T}_i - (\hat{T}_i - \hat{T}_{i-1})\eta]$

(式 3-14)

通过这些 F 检验，获得关于结构中断的数量和时间的信息。然后可以将每个产业集群的时间序列划分为多个部分。由于结构中断指的是集聚度变化模式变化的点，每个部分就表示"集聚趋势"。

3. 对每个集聚趋势进行回归分析

通过对给定的集聚度趋势进行回归分析（如步骤 2 中确定的）量化该趋势中集聚度变化的方向和幅度。分析回归系数就可知趋势变化的方向和幅度。我们将系数 β 估计值作为度量集聚时间动态的值，用 β 表示每个集群的趋势和集聚度变化的程度。β 的符号（即正或负）表示集群是否在集聚或消散，而 β 的绝对值表示集群集聚或衰落的速度。

第四节 韧性提升的内外部驱动机制

一、韧性提升的外部驱动机制

（一）韧性和适应什么：冲击的类型

韧性的提升涉及卡彭特等（Carpenter et al., 2001）提出的两个基本问题。

第一个是"对什么的韧性"（resilience to what），与冲击的起源、性质和大小有关。第二个是"什么的韧性"（resilience of what），旨在实现韧性的运作，是指韧性指标的选择和对受冲击影响的经济系统的空间描述。关于"对什么的韧性"问题，通常采用宏观经济概念，将冲击定义为宏观经济环境中的结构性干扰。这些干扰是在有限的时间内对经济环境产生不利影响的突发事件。冲击应满足三个特征（Ramey，2016）：①冲击是"具有经济意义"的"外源性力量"；②冲击相互不相关；③冲击意料之外的。

韧性不是区域固定属性（Martin et al., 2016），它可以因外部冲击而异，取决于冲击本身。可以区分几种干扰或冲击类型：紧急情况、宏观经济波动和（缓慢燃烧的）结构变化，不同干扰需要不同类型的韧性和适应能力。其中，①紧急情况，包括自然灾害、恐怖袭击或系统故障（Rose，2007；Rose，2016；Oliva et al., 2017）、缺少某些重要资源或大型工厂关闭等（Beatty et al., 2007；Feyrer et al., 2007；Ormerod，2010；Nyström，2017）。在紧急情况下表现出不同程度的韧性，基于它们能够轻易防止关键流量和服务中断、替代关键投入、保存和再利用重要的经济资产、在恢复期间采取创新，等等。②宏观经济波动，是指整体经济的扩张、收缩和复苏的商业周期。研究各地区如何受衰退的影响，并从衰退中恢复过来，特别是最近的经济衰退。③结构变化，是更缓慢的燃烧过程，可能影响地区的经济活力，如某些关键行业竞争地位的侵蚀、新技术的出现、消费模式的变化、重要资源的消耗等（Pendall et al., 2010；Pike et al., 2010）。与结构变化有关的韧性被称为适应性或适应能力。

与紧急情况或宏观经济波动相比，结构变化往往不明显（Martin et al., 2015）。结构变化可解释外部破坏的程度也值得怀疑，因为与经济结构变化有关的脆弱性被视为主要是在有关区域内缓慢形成的。一个地区的成功可能与另一个地区的表现不佳联系在一起，某些区域经济的主动适应性（创新性、早期采用新技术或集聚经济力量）变成了影响其他区域经济的干扰。如20世纪70年代中期到80年代中期，西欧和北美加速去工业化，对许多地区造成严重打击（Cowell，2013，2015；Evenhuis，2016）。此外，缺乏适应性或结构变化可能是一些地区缺乏宏观经济韧性的原因，因为经济低迷可能引发一系列关闭和重组行动，使区域经济无法轻易恢复（Martin，2012）。因此，尽管紧急韧性、宏观经济韧性和适应能力在概念上有区别，但在实践中难以区分。经济（中央、地方和区域）对"冲击"做出的反应和反应方式将取决于它们对新技术的适应性和冲击产生的产业变革（Martin et al., 2015）。

（二）暴露性：冲击的敞口

暴露性（exposure）定义为冲击的所有危险因素。暴露因素主要包括三个方面，即"生命、生计和资产"（Cardona et al., 2012）。在发生自然灾害时，侧重于极端事件造成的损失（如Marin, Modica, 2016），其中直接损失是指对人员伤亡和物体（如货物、建筑物、基础设施）的直接损害，甚至经济活动中断造成的损害（Rose, Lim, 2002；Rose et al., 2000）。间接损失包括一系列行动或反应造成的所有损失，如灾害中断活动而放弃生产可能影响生产活动的整个供应链，包括客户和供应商（Van der Veen et al., 2005）。在洪水风险评估时建筑环境密度（资产）被用作暴露变量（Koks et al., 2014, 2015；Sterlacchini et al., 2016）；地震损失评估时采用GDP（生计）、人口密度（生命）和房地产价值（资产）等暴露变量（Field et al., 2005；Meroni et al., 2016）。有研究按年龄划分的人口被作为暴露变量来评估劳动力市场对德国大衰退的脆弱性和韧性（Modica et al., 2018）。在经济危机时，能够综合整个经济系统暴露的宏观经济变量（GDP、就业和GVA等）来估计潜在损失。定义暴露变量有两个主要原因：①正确定义研究框架以及发展研究问题所需要；②研究目的是分析与政策相关问题的脆弱性和韧性，例如，制订缓解计划以减少对危险的脆弱性（Godschalk et al., 1998；Berry et al., 2006），或制定应对经济危机的韧性政策和适应性战略（Somers, 2009；Mac Kinnon et al., 2013）。要对政策进行适当评价，就必须知道暴露的确切数量（例如，风险敞口太小）。可以将脆弱性作为暴露于外生冲击的一种条件，而韧性涉及恢复或改善的能力。

二、韧性提升的内部驱动机制

（一）韧性和适应的能力实现：适用哪种冲击类型

脆弱性是指区域经济受冲击影响的敏感性或倾向，通常不被视为区域韧性和适应的维度，而是一个独立特征（Briguglio et al., 2009）。但区域的行动主体积极预期某些冲击，努力减少区域受冲击影响的敏感性，脆弱性与韧性、适应会有一些重叠。适应和韧性关注区域在确实遭受冲击的情况下，区域经济如何应对冲击。

适应和韧性能力从多方面来实现（Sensier et al., 2016）。第一，抵抗表示承受冲击并防止产生很大程度的影响。第二，复苏能力是指冲击后的恢复速度和程度。第三，重组和重新定位的过程。这些是抵抗和复苏的原因，体现区域经济面对冲击时所经历的积极或消极的变化，最终决定复苏的程度和质量，并影响未来应对冲击的能力（Martin, 2012）。抵抗和复苏能力的性质，以及重组和重新定位的过程，同样可通过类似表3-2"韧性分类和区别"的三种方式进行概念化：工程概念、生态概念和演化概念（Simmie et al., 2010；Martin, 2012；Davoudi et al., 2013；Martin, Sunley, 2015）。①工程概念假设区域经济在冲击后恢复到以前的平衡状态。该概念中不存在重组和重新定位的过程。②生态概念假设冲击使得区域进入一个不同的平衡状态，或进入具有不同轨迹的新状态。前提是组织和/或区位确实发生变化，核心是"系统"的特征保持不变，即没有跨越基本运行和功能的门槛（Maru, 2010）。③演化概念假设区域经济从未处于任何类型的平衡，是一个持续更新的动态过程。演化角度的适应和韧性分别等同于转换能力的过程（Pendall et al., 2010；Scott, 2013；Manca et al., 2017）。维护现有的"系统"不再是参考点，关键是"区域的长期演变，以及在不稳定和不断发展的经济体系中调整和重新配置产业、技术和制度结构的能力"（Boschma, 2015）。

（二）韧性能力与冲击类型的对应性

表3-3显示了三种概念的差异，也强调了适应（实际过程）和韧性（潜在能力）之间的区别。三种概念所适用的冲击类型也有所不同。工程概念适用于较小紧急情况或宏观经济波动。生态概念更适合较大紧急情况（如地震、严重洪水或重要资源供应长期中断），或宏观经济低迷期间的区域经济变化。演化概念适合面对经济结构变化的适应和韧性，或严重衰退情况下可能发生的根本性变化。工程概念和生态概念重点关注抵抗和复苏的维度，衡量其适应和韧性可通过评估经济指标是否恢复到冲击之前的相似水平（工程概念），或者转变到不同的状态（生态概念）。演化概念重点关注重组和重新定位的过程，实现其适应和韧性的挑战是确定区域经济中进行重组和重新定位的机制。

表 3-3 适应、韧性和冲击类型

		工程概念	生态概念	演化概念
适应 (实际过程)	适应情况	吸收和反弹	适应作为改变	适应作为转型
	过程性质	偏离后回归均衡	转向新的均衡或不同轨迹	动态更新和创造性破坏过程
	持续时间	相对较短	相对较短	相对较长
	冲击类型	较小紧急事件或宏观经济波动	较大紧急事件或宏观经济波动	结构改变和重大宏观经济波动
	重新组织	未考虑	成分和配置有变化,基本运行和功能不变	内部结构和主体间关系的长期变化
	重新定位	未考虑	微观活动和系统功能变化,基本运行和功能不变	全新活动和功能长期变化
		工程韧性	生态韧性	演化韧性
韧性 (潜在能力)	能力特性	偏离后回归均衡的倾向	转向新状态或轨迹的能力	更新和破坏性创造的能力
	持续时间	持续较长时间,但在干扰时才表现出来	持续较长时间,但在干扰时才表现出来	持续很长一段时间,但在经济深刻变化时表现出来
	冲击类型	较小紧急事件或宏观经济波动	较大紧急事件和宏观经济波动	结构变化和重大宏观经济波动
	重新组织	未考虑	成分和配置有变化,基本运行和功能不变	内部结构和主体间关系的长期变化
	重新定位	未考虑	微观活动和系统功能变化,基本运行和功能不变	持续产生新活动和新功能

三、韧性提升的内外部相互驱动机制

图 3-2 显示发展路径在受到外部冲击时,根据冲击的类型、规模和持续时间,以及系统本身的脆弱性和对冲击的暴露性,响应程度是不同的,表现为不同的抵抗能力和复苏能力,响应之后的发展路径又影响系统的脆弱性和暴露性,由此形成一个反馈循环关系。而影响适应和韧性最关键是要弄清楚重组以及重新定位的机制。演化概念已明确实现其适应和韧性的关键是确定区域经济中进行重组和重新定位的机制。区域经济韧性的研究大多数是关于宏观经济衰退时

的韧性（如何抵抗和从衰退中复苏），即采用工程或生态概念。近年来，演化概念被运用到应对较长时间内结构变化的地区和城市（Boschma，2015；Cowell，2013，2015；Evans et al.，2014；Evenhuis，2016；Hu，2015；Wink et al.，2015）。这意味着从抵抗和复苏的维度，转向重组和重新定位的过程。在数字经济时代，数字要素将参与该过程，并发挥重要作用。通过研究这些机制，将打开区域经济韧性和适应的"黑匣子"。

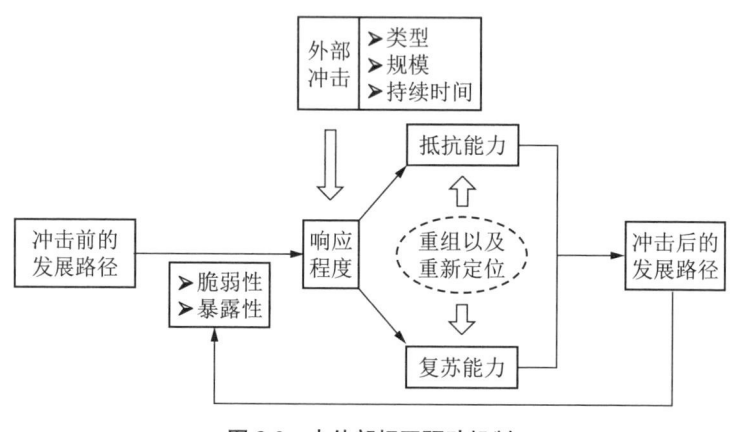

图 3-2 内外部相互驱动机制

（一）重组和重新定位的机制的不同领域

重组和重新定位是存在于许多不同领域的基本机制之一（Martin，Sunley，2015；Evenhuis，2016；Martin et al.，2016）。演化经济地理学可以阐明这些机制及其相互作用（Boschma，2015；Evenhuis，Dawley，2017）。

1. 经济基础

这主要包括三个方面。一是涉及经济结构多样化和较少依赖早期产业（制造业），以减少冲击的影响（Brown et al.，2016；Giannakis et al.，2015；Groot et al.，2011；Martin et al.，2016；Ray et al.，2017）。比如，扶持创新活动和出现新产业（创建新路径），以支持更新和重新定位（Boschma，2015），其结果是进一步推动创新产业和高新技术产业发展（Rocchetta et al.，2017；Sedita et al.，2016）。二是供应链、知识交换、技术发展和股东网络的开放和灵活性，也有利于扶持创新、持续投资和企业重新定位（Balland et al.，2015；Billington et al.，2017；Capello et al.，2015；Crespo et al.，2013）。三是企业、家庭和其他主体积累资本和各种形式的冗余，获得额外的金融投资、区域外的稳定收入流，并将资源用于重新定位和创新（Foster，2012；Pendall et al.，2012；Martin，Sunley，2015）。

2. 劳动力市场

这包括两个方面。一是较多人力资本存量：人口相对较多、受过较高教育、具有创业精神。拥有大量的人力资本，将推动更新和适应（Giannakis et al.，2017；Huggins et al.，2015；Kitsos et al.，2016）。二是技术相关员工的区域流动。提供"技能相关"就业机会以促进跨部门间劳动力流动的地区将保留并继续发展其人力资本存量；而没有这些特征的地区可能会失去部分技能基础，从而可能阻碍其进一步的经济发展（Diodata et al.，2015；Eriksson et al.，2017；Otto et al.，2014）。

3. 构建良好环境

这包括三个方面。一是城市更新和发展更好的基础设施，以促进和适应中产阶级化、新的经济活动和新的投资（Power et al.，2010；Zimmermann，2013）。二是有效的制度安排，即关键主体间（政府机构、重要公司、工会、社区组织）的有效协调，减少彼此行动的不确定性，并通过合作产生新的举措（Bristow，Healy，2014a，2015；Lang，2012；Safford，2009）。另外，地方政府通过收集情报、分析趋势、预测变化、理解区域所处的位置、提供辩论，使各主体能够主动地参与变革（Pike et al.，2010；Bristow，Healy，2014a，2014b，2015）。三是帮助应对中断和促进区域经济更新的具体政府政策，包括对受影响行业和工人的支持措施、技术和创新政策、吸引外来投资、企业支持、城市更新、技能政策、公共采购政策等（Cowell，2013，2015；Eraydin，2015；Evans et al.，2014；Evenhuis，2016；Kakderi et al.，2017；Wink et al.，2016）。

（二）重组和重新定位的机制的不同层次

研究重组和重新定位的机制，还需要更多地分析不同领域和多个层次（空间或时间）的运行，以及让案例比较研究发挥更大的作用（Evenhuis，2017）。

首先，关注适应和韧性能力的多重参与者。企业、政府机构、执行机构、工会、大学、社区组织等参与主体可以预测和准备，将积极应对冲击并寻求更新，从经验中吸取教训（Bristow，Healy，2014a，2014b）。行动者作为一个集体，利用各种资源和资本面对潜在的干扰，积极促进更新。参与者通过发展情报、制订替代计划和方案、交流和辩论机会、风险和选择来理解世界及其所处地位。国家等机构对组织行动者之间的关系和互动以及协调不同行动者的各种观点和努力至关重要，因为它深入各个领域（如金融、法律、象征意义、精神状态等），而且能够潜在地促进网络和互动并制定适当的制度安排（Bristow，Healy，2014a，2014b，2015；Dawley et al.，2010；Pike et al.，2010）。

其次，应该强调适应和韧性的重组和重新定位的多尺度（Pike et al.，2010；Hassink，2010；Swanstrom，2012；MacKinnon，Derickson，2013）。研究不同区域或不同时间内的多个适应过程，才能明确韧性作为潜在适应能力的决定因素。比如，跨国公司总部的战略和行动可能对一个地区的经济在面临变化时重组和调整方向产生巨大影响。各国政府和欧盟等超国家组织的政策也可能决定一个地区应对冲击和更新的能力。高层级组织机构通过提供资源和赋予相关权力，决定一个区域内行动者可采取的行动。

最后，考虑抵抗和复苏的维度才能评估适应的成功与否。选择有意义的指标来衡量抵抗和复苏将会使被分析因素变得更加相关。第一，适应的成功可能包括冲击期间和之后较长时间内关键经济指标（如区域就业、产出、财富和贸易顺差）的有利发展。第二，适应的成功可能是区域经济中出现新的机会（以及没有新的威胁），意味着良好的发展前景。第三，干预措施应反映有关行动者的意图。变革的成功最终取决于它是否符合利益相关者设定的标准（Bristow et al.，2014a）。

我们需要研究重点的转变，也需要研究方法的扩展，其中，比较案例研究将发挥更大的作用。韧性不容易被观察到，需要通过实际的适应过程来推断。使用演化概念的主要挑战是研究重组和重新定位的机制，然后推断出这些适应过程所揭示的韧性和经济体应对破坏性变化的能力。比较案例研究设计特别适合，它涉及比较不同地区和/或不同时间的不同适应情节，同时对重组和重新定位的定性过程进行深入研究（George，Bennett，2005；Gerring，2007；Sayer，2010）。比较案例研究也可提供更大规模范围的决策、关系和结构，研究如何影响区域经济的重组和重新定位机制。例如，胡（Hu，2015）比较中国两个煤矿资源枯竭地区——枣庄和阜新的适应性，发现枣庄的适应过程比阜新要成功，因为枣庄的适应过程主要依靠地区内生能力，而阜新的适应过程由中央自上而下的政策推动。考埃尔（Cowell，2015）研究 20 世纪 70 年代和 80 年代的去工业化后美国中西部 8 个大都市区的长期韧性，重点比较政策和治理方面的差异，以及这些差异如何导致经济适应的性质和成功方面的差异。结果发现，具有不同主体参与决策、早期对去工业化做出反应、经济活动多样化的地区表现更好。

第五节　本章小结

本章结合产业集聚理论和集群生命周期理论，回顾集群如何通过本地化经济影响企业进入、增长和退出模式，并基于长期视角分析集群的出现和演变。本章第一节基于行为主体的方法识别地理集群，确定了地理空间研究范围。本章第二节从空间、时间和比较视角解释集群韧性的多维度概念，归纳出韧性驱动的关键要素和主要特征，并根据韧性系统的关键要素确定了脆弱性、适应性和可持续性三者间的关系。本章第三节从动态角度构建了"压力—传导途径—空间响应"的结构模型，并结合集群企业的存活率、成立率和衍生率分析集群演化过程，重点分析结构断点和集聚趋势。本章第四节根据适应、韧性和冲击类型的匹配性，具体分析韧性提升的内外部驱动机制，并确定了重组和重新定位作为关键机制。

第四章　双重压力下制造业集群的韧性评估

第一节　企业失败风险率的差异

一、集群企业退出的界定

一般将新企业在行政辖区注册成立认定为企业进入，企业注销、撤销或企业搬离管辖区认定为企业退出。根据 1978—2022 年全国制造业企业进退情况分析，如图 4-1 所示，注册企业数和注销（撤销）企业数都呈现增加趋势，新增企业与退出企业之间的数量差距在 2014 年达到最高峰，随后下降。其间经历了 1996 年后的"结构性产能过剩"，2008 年金融危机之后"四万亿计划"的刺激，2014—2015 年的企业"倒闭潮"，这些企业进入—退出的震荡期和时间节点与第二章所描述的内外部压力影响的阶段性高度吻合。除了改革开放的前三年之外，企业数量增长峰值发生在 1989 年，该年企业数量增长 55.65%。1978—1995 年呈现典型的"潮涌现象"，以及 2000—2005 年加入 WTO 的前几年内，存活企业增长率维持在两位数以上的高位，也就是在这两段时期，中国制造业集群的成长和成熟起来。

纺织业和纺织服装、服饰业作为中国典型的传统制造业，如图 4-2 与图 4-3 所示，企业数量变化情况与 1978—2022 年全国制造业企业进退情况类似，只是振幅更明显，纺织业 2007—2008 年的跌幅更大，受外部冲击影响更大。纺织业的增量企业数在 2017 年达到最高峰，纺织服装、服饰业在 2018 年达到最高值。

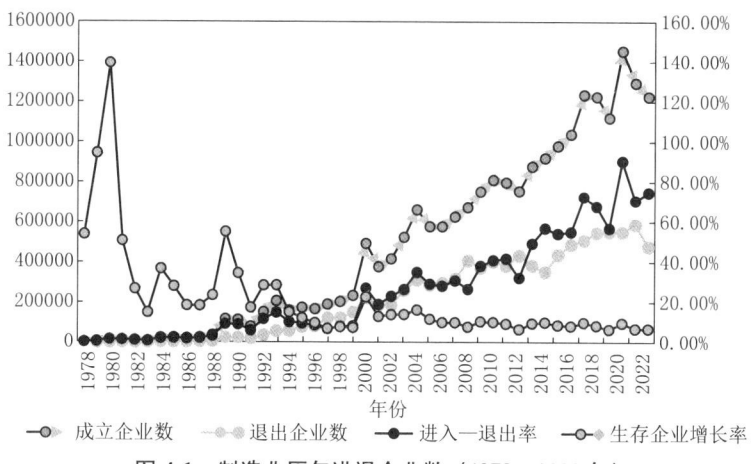

图 4-1 制造业历年进退企业数（1978—2022 年）

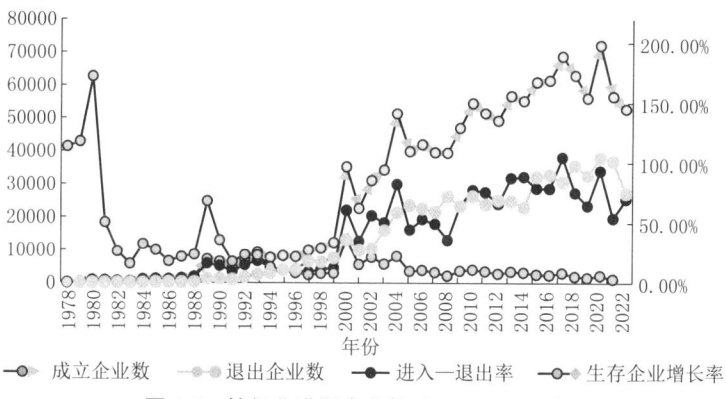

图 4-2 纺织业进退企业数（1978—2022 年）

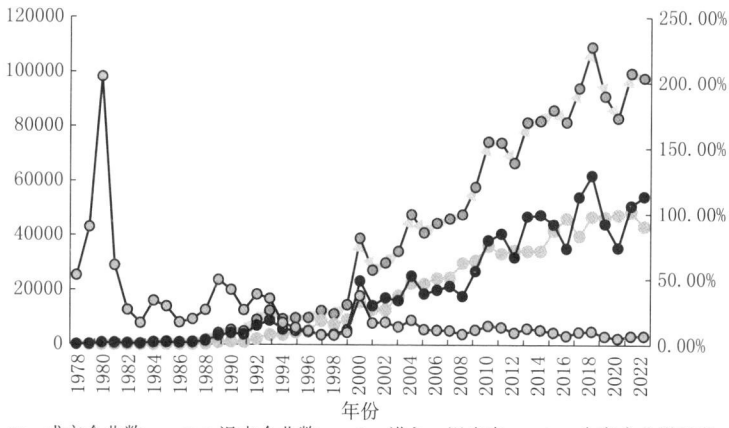

图 4-3 纺织服装、服饰业进退企业数（1978—2022 年）

近十年来，两个行业的生存企业增长率都持续处于 10% 以下，并低于所有制造业的平均水平。

如图 4-4 所示，作为高新技术产业的医药制造，生存企业数在改革开放前 20 年均维持两位数以上的增长率，加入 WTO 后新增企业速度反而下降长达 10 年之久，但同时受 2008 年金融危机的影响也较小，生存企业数维持低速增长。2020 年的新冠疫情对医药制造业是一剂强心针，这一年的医药制造生存企业数增长达到 35.9%，但在 2021 年之后又急剧下降为 5.69%。除了特殊年份之外，医药制造业的增量企业数也在 2017 年达到最高峰，近十年来的生存企业增长率也持续处于 10% 以下。

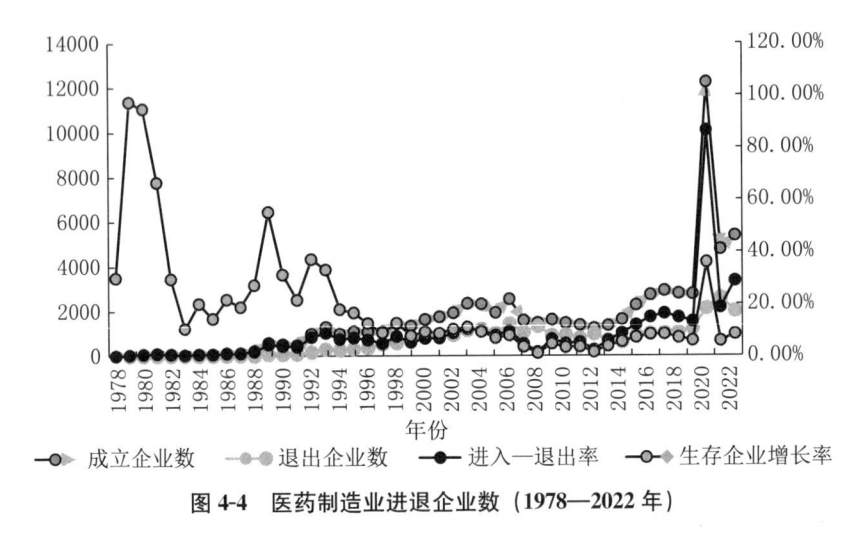

图 4-4 医药制造业进退企业数（1978—2022 年）

如图 4-5 所示，计算机、通信和其他电子设备制造业也经历了改革开放后 20 年的高速增长，然后是近 20 年的低速增长，该行业也呈现一定的反周期性，在 2008 年金融危机期间逆势增长。该行业的退出企业数在 2019 年达到最高峰，2018 年之后的生存企业增长率也降低到 10% 以下，可能是受到 2018 年开始的中美贸易战的影响所致。

根据奥尔塞尼戈（Orsenigo, 2001）和布雷什纳汉等（Breshnahan et al., 2001）的建议，必须区分导致集群发生和保证其功能的特征。而一个功能良好的集群的特点是维持其内生动态所必需的临界值的企业数量，但在提到集群发展的第一阶段时使用"出现"的概念，即企业和机构的演化，直到其数量达到这个临界规模。因此，"出现"描述一个连续体，从"正常"的经济活动到企业成

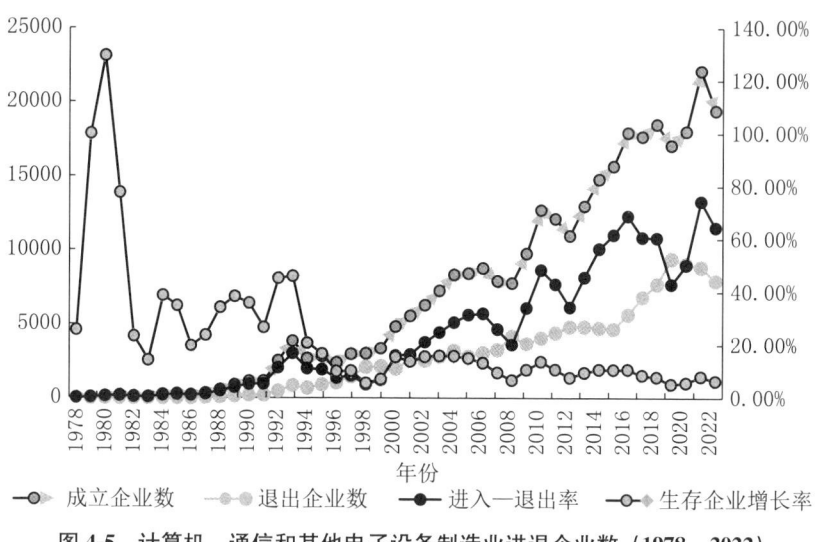

图 4-5　计算机、通信和其他电子设备制造业进退企业数（1978—2022）

为"某一特定领域中相互关联的公司和机构的地理集中点"的阶段（Porter，1998）。因此企业的生存数量至关重要。在研究对集群形成的影响因素时，企业形成通常是最重要的部分（Feldman et al.，2005）。无论企业最初形成背后的逻辑是什么，企业必须表现出高于平均水平的增长率，至少在一定时间内，以促进集群的形成（Jacobs，1969）。从前面传统制造与高新制造行业的分析可以看出，中国制造业集群形成主要依赖于改革开放前 20 年这么一个"连续的"长时段，在一定空间范围内新生制造企业的大量出现，以及生存企业数量达到的一个临界值。

本研究借鉴贝伦斯（Behrens，2020）关于韧性强弱的界定，将集群企业退出分为三种：企业倒闭、进入其他制造领域、企业搬迁，后续采用生存模型探讨集聚程度不同地区的企业状况。其中，①退出：Exit=1 表示企业未退出（强韧性），否则=0。②转换：Switch=1 表示企业产业类型转换（弱韧性），否则=0。具体通过天眼查数据库"经营范围"中有涉及"服务"内容来确定。③Move=1 表示企业搬迁，地理区位转换（弱韧性），否则=0。具体通过天眼查数据库"经营状态"＝"迁出"来确定。

二、集群企业生存模型分析

有研究表明，开始就有大量企业的地区并没有出现集群（Klepper，2007），而集聚度较小的地区反而导致集群形成。表明集群动态的起源不仅取决于企业数量和规模以及通用资产，还取决于当地形成特定资产的能力，即使是在非常早期的阶段。当地劳动力群体也是如此。遵循"定位的机会窗口"（Storper，Walker，1989），新兴产业的新发展，专门劳动力池并不存在。相反，该产业中企业增长是为了吸引来自其他地方的人。因此，需要分行业、分地区研究企业特征的生存分析。

集群是由于本地自我增强过程（LSAPs，local self-augmenting processes），它增加了进入率和/或减少了退出率。反过来，更高的进入和/或更低的退出率可能来自初创企业（更多的衍生和/或更好地获得风险资本）、迁移和现有增长（由于加强创新和/或成本降低，这反过来可能导致纯粹的溢出效应、集群内合作和人力资本积累）。演化经济地理文献（如 Boschma，Frenken，2006）指出，在某一地区达到一定的阈值，某种自我增强的过程开始发挥作用，因此聚集发生在该地区，而不是在另一个地区。无论如何，都需要更多的研究来回答集群是否、何时、何地以及如何发展的问题。

生存分析（survival analysis）又称为久期分析（duration analysis）、风险分析（hazrd analysis）或历史事件分析（event history analysis）等，本研究主要分析不同行业的企业特征（如投资主体和多样化）对企业进入或退出集群事件发生所需要时间的影响。假设持续时间 T 是随机的，则在时间 t 以内失败（退出）的概率用累积分布函数表示为下式：

$$F(t) = \Pr(T \leqslant t) \tag{式4-1}$$

由此，关注事件发生的概率所对应的密度函数由式 4-2 表示：

$$f(t) = 1 - F(t) \tag{式4-2}$$

则生存函数，即生存超过某个时间 t 的概率，或关注事件在时间 t 或 t 以内未发生的概率可以表示为：

$$S(f) = 1 - F(t) \tag{式4-3}$$

风险函数 $\lambda(t)$ 关注事件在 t 时刻发生的概率，也被称为在 t 时刻（瞬间）发生的风险。

由 $P(t,s) = \Pr(t < T < s \mid T \geqslant t)$，以及 $\lambda(t) = \lim\limits_{s \to t} \dfrac{P(t,s)}{s-t}$，得到风

险函数：

$$\lambda(t)=\lim_{\Delta t\to 0}\frac{\Pr(t\leqslant T<t+\Delta t\mid T\geqslant t)}{\Delta t}=\lim_{s\to t}\frac{\Pr(t,s)}{s-t}=\frac{f(t)}{S(t)} \quad (\text{式 4-4})$$

（一）分行业的企业特征的生存分析

1. 数据基本特征

表 4-1 显示的是 1953—2022 年期间，排除部分样本后所有制造业共有 11183796 个观测值，其中 10730126 家被试企业，在调查期间有 4433840 家被试企业发生退出。另外，执行 stata 软件的 stset 命令后会自动生成 4 个变量：_st，_d，_t，_t0，其含义分别为：_st＝1 表示该观测值的数据会被使用，_d 表示在一个记录中是否发生过企业进退的关注事件，_t 代表一个记录的结束时间，_t0 代表一个记录的开始时间。在 stset 命令之后使用 stdescribe 命令，用于描述生存分析数据的基本特征。据表 4-1 显示，10730126 家被试企业一共被记录过 4433840 次，平均记录超过 1 次，平均每家企业发生退出次数如表 4-1 第 6 列所示。若记录开始平均为 0，终止（发生退出，或者没有发生退出但是有退出记录）时间平均年限如表 4-1 第 7 列所示。在 34 个行业大类中，较短生存年限的包括食品制造业（5.511 年）、纺织服装服饰业（5.559 年）和其他制造业（5.729 年），较长生存年限为烟草制品业（1.969 年）、印刷和记录媒介复制业（9.196 年）和医药制造业（8.436 年）。但烟草制品业与印刷和记录媒介复制业具有特殊性，故后续分析依然主要分析典型的传统制造（纺织业、纺织服装服饰业）和高端制造（医药制造与计算机、通信和其他电子设备制造）。

表 4-1 分行业企业特征分析

行业大类	观测企业数量	被试企业数量	调查期间发生事件数量	平均记录次数	平均每家企业发生退出次数	平均退出时间（年）
农副食品加工业	452805	448737	169771	1.009	0.378	6.279
食品制造业	476419	471822	176732	1.010	0.375	5.511
酒、饮料和精制茶制造业	160694	159065	63667	1.010	0.400	6.595
烟草制品业	714	714	386	1.000	0.541	11.969
纺织业	1024985	649683	245318	1.008	0.378	6.482
纺织服装服饰业	764039	757180	260102	1.009	0.344	5.559

续表

行业大类	观测企业数量	被试企业数量	调查期间发生事件数量	平均记录次数	平均每家企业发生退出次数	平均退出时间（年）
皮革、毛皮、羽毛及其制品和制鞋业	388992	385322	122837	1.010	0.319	5.861
木材加工和木、竹、藤、棕、草制品业	431601	426241	149109	1.013	0.350	5.823
家具制造业	282979	280710	130232	1.008	0.464	5.948
造纸和纸制品业	230851	229204	98428	1.007	0.429	6.786
印刷和记录媒介复制业	229034	225537	96086	1.016	0.426	9.196
文教、工美、体育和娱乐用品制造业	410414	407364	140794	1.008	0.346	5.882
石油、煤炭及其他燃料加工业	38687	38538	10586	1.004	0.275	7.163
化学原料和化学制品制造业	293022	291888	108664	1.004	0.372	8.007
医药制造业	39551	39430	19844	1.003	0.503	8.436
化学纤维制造业	13680	13610	6264	1.005	0.460	7.626
橡胶和塑料制品业	692872	686884	283210	1.009	0.412	7.101
非金属矿物制品业	830657	822509	319330	1.010	0.388	6.911
黑色金属冶炼和压延加工业	60025	59825	20425	1.003	0.341	8.011
有色金属冶炼和压延加工业	65488	65338	27514	1.002	0.421	7.484
金属制品业	1163056	1155025	516805	1.007	0.447	6.417
通用设备制造业	1016224	1010362	464289	1.006	0.460	6.868
专用设备制造业	485864	482533	238015	1.007	0.493	6.853
汽车制造业	162323	161320	82604	1.006	0.512	7.371
铁路、船舶、航空航天和其他运输设备制造业	86459	86031	36193	1.005	0.421	7.571
电气机械和器材制造业	452308	448718	199356	1.008	0.444	6.94
计算机、通信和其他电子设备制造业	188626	187940	97687	1.004	0.520	6.894
仪器仪表制造业	76594	76378	39501	1.003	0.517	8.083
其他制造业	269778	269420	191939	1.001	0.712	5.729
废弃资源综合利用业	319707	317652	80500	1.007	0.254	5.954
金属制品、机械和设备修理业	75348	75146	37652	1.003	0.501	6.205
小计	11183796	10730126	4433840	—	—	—

2. 非参数分析

从总体生存函数图中尚无法得知企业特征对企业生存的作用，需要继续进行企业特征分组的生存函数图分析。本研究主要关注在文献中经常出现的有关投资主体和多样化经营等关键的企业特征。

① 外商投资企业（FI）：当企业由外商投资时表示为 $FI=1$，否则 $FI=0$。外商投资企业的公司类型具体包括"外国法人""外国（地区）""外商投资""外商合资""中外合资""中外合作""台港澳""台、港、澳""港澳台"。

② 国企（$State$）：$State=1$ 表示该企业属于国有企业，否则 $State=0$。

③ 多样性（$Diversity2$）：公司类型中包括"分公司""分支机构""办事处"等多样性机构时 $Diversity2=1$，否则 $Diversity2=0$，"联营"具有特定历史条件先搁置不用。

④ 种群密度：参考吴先明等（2017）采用省域内同行业企业数量，本研究则用更细的区划颗粒度，采用同区县同行业企业数量。

Kaplan-Meier 生存估计量约等于样本存活（关注事件未发生）时间超过 t 的观测值数目占样本总体观测数目比值，此方法无须对数据的分布做假设，也不需要进行参数估计，故被称为非参数分析。从生存函数图可以看出各行业大类的差异。对于图 4-6 所示的食品制造业来说，这些企业特征（比如 FI 和 $Diversity2$）对生存函数有明显影响，即相比较控制组，实验组有更好的生存经历，其中多样性（$Diversity2$）对生存函数的影响更加明显。对于其他制造业来说，企业特征可能对生存函数有/无明显影响，相比较控制组，实验组有/无更好的生存经历。

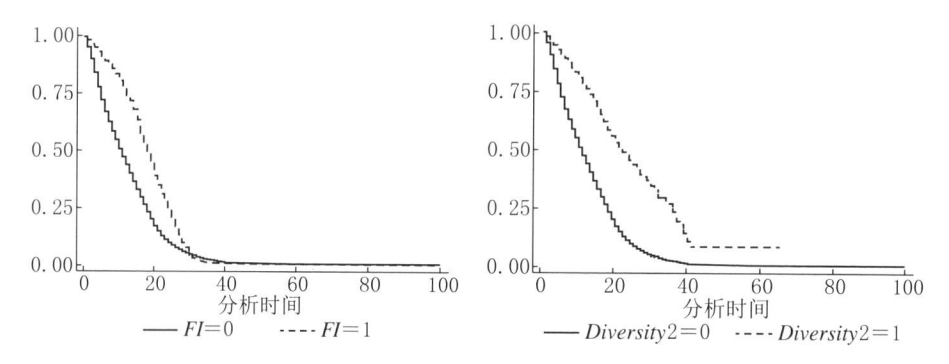

图 4-6　食品制造业 Kaplan-Meier 生存函数

3. 比例风险模型估计

生存函数图等分析均没有考虑解释变量，只是对被解释变量进行初步的描述性分析，需要进行更准确的模型估计分析。比如，据表 4-2 食品制造业的比例风险模型显示，FI 会导致食品制造企业退出的风险降低 0.94%，在 0.1% 的显著性水平下显著，种群密度上升会导致企业退出风险的增加，但影响系数很小，而 Diversity2 和 State 的增加会减少企业退出，并且显著。如 ln_p=0 的显著水平 p 值为 0，显著拒绝指数回归的原假设，认为应该使用威布尔回归（Weibull regression），表中第 8 行的 p 值大于 1，说明风险函数随时间而递增。

表 4-2　食品制造业比例风险模型估计

	系数	Std. Err.	z 值
FI	−0.9432****	0.0221	−42.75
State	−1.0519***	0.0751	−14.01
Diversity2	−0.3328***	0.0191	−17.47
种群密度	0.00068***	9.23E−06	7.45
常数项	−2.3171****	0.0062	−370.79
/ln_p	0.2139****	0.0018	120.11
p	1.2384	0.0022	—
1/p	0.8075	0.0014	—
LR 检验		3263.79***	
Log_likelihood		−230442.45	
观测数		176732	

注：****、***、** 和 * 分别表示 0.1%、1%、5% 和 10% 显著性水平。

对于检验比例风险假定最有用的是舍恩尔德残差，如果比例风险假设成立，则舍恩尔德残差不应该随时间呈现规律性变化。对于每个变量 x 都可以将其舍恩尔德残差对时间回归，并考察其斜率是否为 0，也可以将舍恩尔德残差和时间画图，观察斜率是否为 0。在表 4-3 中四个解释变量都拒绝原舍恩尔德残差对时间回归的斜率为 0 的原假设，故不支持比例风险假定。

表 4-3　食品制造业舍恩尔德残差检验

	系数	chi2	df	Prob>chi2
FI	0.0663	335.44	1	0
State	0.0199	33.16	1	0
Diversity2	0.0216	56.63	1	0
种群密度	−0.0121	22.71	1	0.0072
global test		445.12	4	0

如果参数回归的具体分布无法确定，可使用半参数 Cox PH 回归，本研究将该估计作为一种检验。从表 4-4 可以看出，Cox PH 回归和前面参数回归的结果类似，但不依赖于具体的分布假设，模型估计结果更稳健。

表 4-4　食品制造业 Cox PH 模型估计

	系数	Std. Err.	z 值
FI	−0.8294 ****	0.01459	−56.83
$State$	−0.9297 ****	0.05157	−18.03
$Diversity2$	−0.2831 ****	0.01586	−17.85
种群密度	0.0006 ****	8.88E-06	6.29
Wald 检验		3875.98 ***	
Log-pseudolikelihood		−1970727.8	
观测数		176732	

注：****、***、** 和 * 分别表示 0.1%、1%、5% 和 10% 显著性水平。

（二）纺织企业特征的生存分析

1. 数据基本特征

据本节"表 4-1 分行业企业特征分析"显示，排除部分样本后纺织业共有 1024985 个观测值，649683 家被试企业，在调查期间有 245318 家被试企业发生退出，平均记录超过 1 次，平均每家企业发生 0.648 次退出，发生退出的时间平均为 6.482 年，即 649683 家被试企业平均 6.482 年会退出一次。

2. 非参数分析

根据图 4-7 的 Kaplan-Meier 生存函数估计显示，对于纺织业来说，这些企业

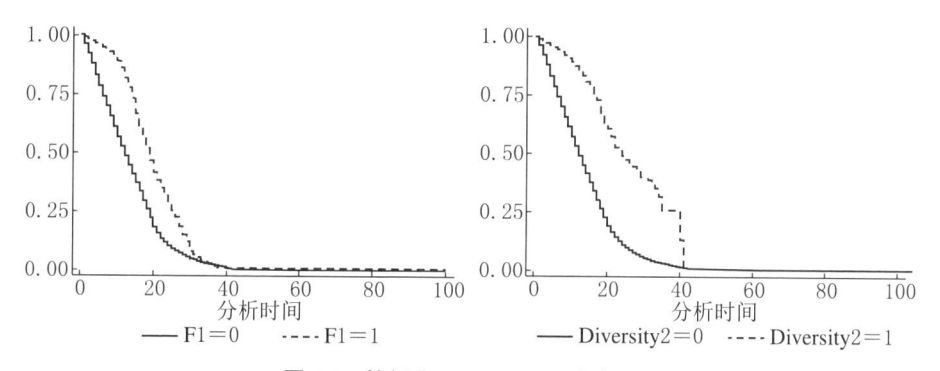

图 4-7　纺织业 Kaplan-Meier 生存函数

特征（比如，FI 和 Diversity2）对生存函数有明显影响，与控制组相比较来看，实验组有更好的生存经历。同样，多样性（Diversity2）对生存函数的影响更加明显，即多样化程度越高，纺织企业退出概率越低。

3. 比例风险模型估计

据表 4-5 显示，FI 会导致纺织企业退出的风险降低 0.78%，在 1% 的显著性水平下显著，种群密度上升会导致企业退出风险的增加但估计系数很小，Diversity2 和 State 的增加会降低企业退出，也显著。倒数第 6 行 ln_p=0 的 p 值为 0，显著拒绝指数回归的原假设，认为应该使用威布尔回归（Weibull regression），倒数第 5 行的 p 值等于 1.343，说明风险函数随时间而递增。

表 4-5　纺织业比例风险模型估计

	系数	Std. Err.	z 值
FI	−0.7887****	0.0143	−55.12
State	−0.8270****	0.0742	−11.15
Diversity2	−0.2890****	0.0243	−11.88
种群密度	0.00015****	4.77E−07	30.83
常数项	−2.8839****	0.0059	−491.47
/ln_p	0.2949****	0.0016	187.97
p	1.3430	0.0021	—
1/p	0.7446	0.0012	—
LR 检验		5373.49***	
Log_likelihood		−308805.85	
观测数		245318	

注：****、***、** 和 * 分别表示 0.1%、1%、5% 和 10% 显著性水平。

表 4-6 中四个解释变量的检验都拒绝原舍恩尔德残差对时间回归的斜率为 0 的原假设，因此不支持比例风险假定。

表 4-6　纺织业舍恩尔德残差检验

	系数	chi2	df	Prob>chi2
FI	0.0877	706.85	1	0
State	0.0163	24.70	1	0
Diversity2	0.0182	50.86	1	0
种群密度	−0.0048	5.02	1	0.025
global test	789.09	4	0	

下面同样也使用半参数 Cox PH 回归。从表 4-7 可以看出，Cox PH 回归和前面参数回归的结果类似，系数正负号都没有变化，但不依赖于具体的分布假设，因此结果更加稳健。

表 4-7 纺织业 Cox PH 模型估计

	系数	Std. Err.	z 值
FI	-0.7467****	0.0088	-84.64
$State$	-0.8010****	0.0457	-17.54
$Diversity2$	-0.2641****	0.0193	-13.67
种群密度	0.00014****	4.42E-07	30.93
Wald 检验		8803.75***	
Log-pseudolikelihood		-2812847.5	
观测数		245318	

注：****、***、** 和 * 分别表示 0.1%、1%、5% 和 10% 显著性水平。

（三）纺织服装、服饰企业特征的生存分析

1. 数据基本特征

据本节"表 4-1 分行业企业特征分析"显示，排除部分样本后，纺织服装、服饰业共有 764039 个观测值，757180 家被试企业，在调查期间有 260102 家被试企业发生退出，平均记录超过 1 次，平均每家企业发生 0.344 次退出。发生退出的时间平均为 5.5589 年，即 757180 家被试企业平均 5.5589 年会退出一次。

2. 非参数分析

根据图 4-8 的 Kaplan-Meier 估计可以看出，对于纺织服装、服饰业来说，这些企业特征（FI 和 $Diversity2$）对生存函数有明显影响，与控制组相比较，实验组有更好的生存经历，尤其以多样性（$Diversity2$）为甚。最关键的是，从右图中可以看出多样性企业（$Diversity2=1$）的生存概率比非多样性企业普遍高 25%。

3. 比例风险模型估计

据表 4-8 显示，FI 会导致纺织服装、服饰企业退出的风险降低 0.91%，在 1% 的显著性水平下显著，种群密度上升会导致企业退出风险的增加但不显著，$Diversity2$ 和 $State$ 的增加会降低企业退出，也显著。倒数第 6 行 ln_p=0 的 p 值

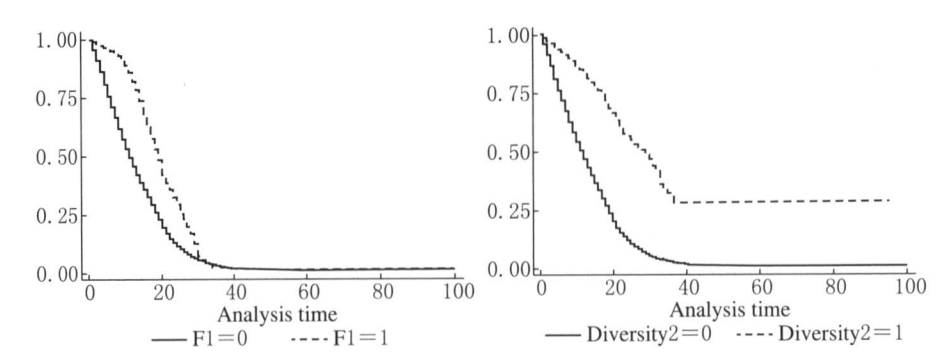

图 4-8 纺织服装、服饰业 Kaplan-Meier 生存函数

表 4-8 纺织服装、服饰业比例风险模型估计

	系数	Std. Err.	z 值
FI	−0.9193****	0.0123	−74.95
State	−1.0077****	0.0981	−10.27
Diversity2	−0.2044****	0.0260	−7.88
种群密度	0.00024****	4.51E-07	52.3
常数项	−2.5549****	0.0051	−499.9
/ln_p	0.2471****	0.0015	166.13
p	1.2803****	0.0019	—
1/p	0.7811****	0.0012	—
LR 检验		10323.52***	
Log_likelihood		−334564.02	
观测数		260102	

注：****、***、** 和 * 分别表示 0.1%、1%、5% 和 10% 显著性水平。

为 0，显著拒绝指数回归的原假设，认为应该使用威布尔回归（Weibull regression），倒数第 5 行的 p 值等于 1.2803，说明风险函数随时间而递增。

表 4-9 中四个解释变量的检验，在 5% 显著性水平上都拒绝原舍恩尔德残差对时间回归的斜率为 0 的原假设，故不支持比例风险假定。并且国有企业（State）的系数变得特别小。

从表 4-10 可以看出，Cox PH 回归和前面参数回归的结果类似，估计系数正负号没有改变，但由于不依赖具体的分布假设，故结果更稳健。

表 4-9 纺织服装、服饰业舍恩尔德残差检验

	系数	chi2	df	Prob>chi2
FI	0.1159	1250.95	1	0
$State$	0.00093	13.3	1	0.0003
$Diversity2$	0.0042	3.86	1	0.0494
种群密度	−0.0119	31.85	1	0
global test		1296.21	4	0

表 4-10 纺织服装、服饰业 Cox PH 模型估计

	系数	Std. Err.	z
FI	−0.8280****	0.0070	−111.32
$State$	−0.9205****	0.0757	−12.16
$Diversity2$	−0.1768****	0.0238	−7.41
种群密度	0.00020****	4.23E-07	48.12
Wald 检验		14903.10***	
Log-pseudolikelihood		−2998150.6	
观测数		260102	

注：****、***、** 和 * 分别表示 0.1%、1%、5% 和 10% 显著性水平。

（四）医药制造企业特征的生存分析

1. 数据基本特征

据本节"表 4-1 分行业企业特征分析"显示，排除部分样本后，医药制造业共有 39551 个观测值，39430 家被试企业，在调查期间有 19844 家被试企业发生退出，平均记录超过 1 次，平均每家企业发生 0.503 次退出。发生退出的时间平均为 8.436 年，即 39430 家被试企业平均 8.436 年会退出一次。

2. 非参数分析

根据图 4-9 中 Kaplan-Meier 估计可以看出，对于医药制造业来说，这些企业特征（FI 和 $Diversity2$）对生存函数有明显影响，相比较控制组，实验组有更好的生存经历，尤其以多样性（$Diversity2$）为甚。左图显示，在刚开始的前 10 年外商投资（FI）确实使其与国内医药制造企业的生存概率差距拉大，但经过大约 20 年的发展，两者之间的差异逐渐缩小。右图显示，长期来看，多样性企业（$Diversity2=1$）生存概率始终还是要略高于非多样化医药制造企业。

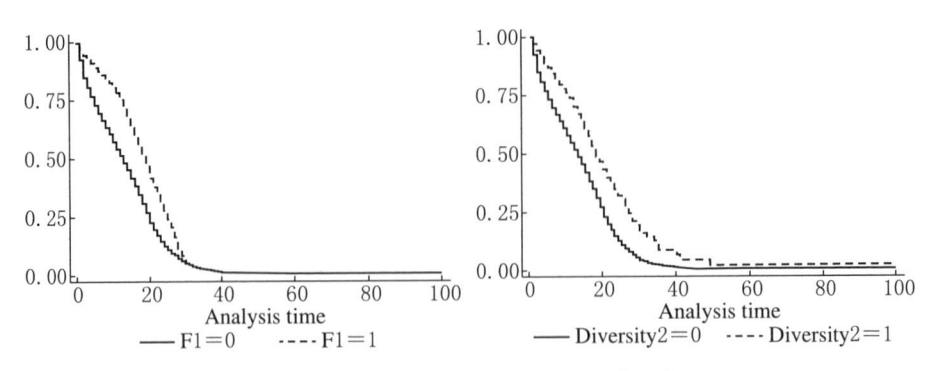

图 4-9　医药制造业 Kaplan-Meier 生存函数

3. 比例风险模型估计

据下表 4-11 显示，FI 会导致医药制造企业退出的风险降低 0.91%，在 1% 的显著性水平下显著，种群密度上升会导致企业退出风险的增加但不显著，Diversity2 也会导致企业退出风险增加且显著，State 的增加会降低企业退出，也显著。倒数第 6 行 ln_p=0 的 p 值为 0，显著拒绝指数回归的原假设，认为应该使用威布尔回归（Weibull regression），倒数第 5 行的 p 值等于 1.2467，说明风险函数随时间而递增。

表 4-11　医药制造业比例风险模型估计

	系数	Std. Err.	z 值
FI	−0.4619****	0.0315	−14.67
State	−0.7402***	0.0107	−6.9
Diversity2	−0.2455**	0.0377	6.51
种群密度	0.0015****	0.00006	23.27
常数项	−3.0389****	0.0214	−141.94
/ln_p	0.2205	0.0057	38.65
p	1.2467	0.0071	—
1/p	0.8021	0.0046	—
LR 检验		777.56***	
Log_likelihood		−27119.748	
观测数		19844	

注：****、***、** 和 * 分别表示 0.1%、1%、5% 和 10% 显著性水平。

在表 4-12 中四个解释变量的检验，在 5% 显著性水平上都拒绝原舍恩尔德残差对时间回归的斜率为 0 的原假设，故不支持比例风险假定。

表 4-12　医药制造业舍恩尔德残差检验

	系数	chi2	df	Prob>chi2
FI	0.1159	1250.95	1	0
State	0.0093	13.3	1	0.0003
Diversity2	0.0042	3.86	1	0.0494
种群密度	−0.0119	31.85	1	0
global test	1296.21	4	0	

从表 4-13 可以看出，Cox PH 回归和前面参数回归的结果类似，但不依赖具体的分布假设，因此估计结果更加稳健。

表 4-13　医药制造业 Cox PH 模型估计

	系数	Std. Err.	z 值
FI	−0.4612****	0.0232	−19.91
State	−0.7658****	0.0761	−10.07
Diversity2	−0.2408***	0.0373	6.46
种群密度	0.0013****	0.0005	25.7
Wald 检验		1203.00***	
Log-pseudolikelihood		−177264.86	
观测数		19844	

注：****、***、** 和 * 分别表示 0.1%、1%、5% 和 10% 显著性水平。

（五）计算机、通信和其他电子设备制造企业特征的生存分析

1. 数据基本特征

据本节"表 4-1 分行业企业特征分析"显示，排除部分样本后计算机、通信和其他电子设备制造业共有 188626 个观测值，187940 家被试企业，在调查期间有 97687 家被试企业发生退出，平均记录超过 1 次，平均每家企业发生 0.520 次退出。发生退出的时间平均为 6.894 年，即 187940 家被试企业平均 6.894 年会退出一次。

2. 非参数分析

根据图 4-10 中 Kaplan-Meier 估计可以看出各行业大类的差异。对于计算机、通信和其他电子设备制造业来说，这些企业特征（FI 和 $Diversity2$）对生存函数有明显影响，相比较控制组，实验组有更好的生存经历，尤其以多样性（$Diversity2$）为甚。右图显示，长期来看，多样性企业（$Diversity2=1$）生存概率持续高于非多样化制造企业超过 5%。

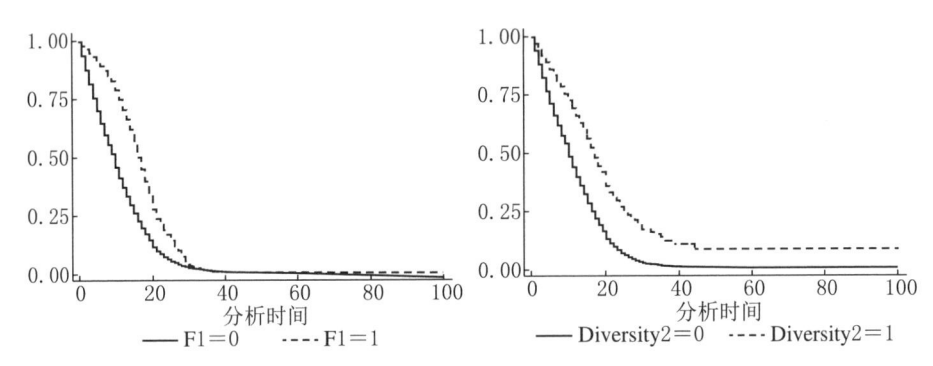

图 4-10　计算机、通信和其他电子设备制造业 Kaplan-Meier 生存函数

3. 比例风险模型估计

据表 4-14 显示，FI 会导致企业退出的风险降低 0.65%，在 1% 的显著性水

表 4-14　计算机、通信和其他电子设备制造业比例风险模型估计

	系数	Std. Err.	z 值
FI	−0.6547****	0.0118	−55.37
$State$	−0.9422****	0.0830	−11.36
$Diversity2$	0.1131	0.0266	4.25
种群密度	0.00024****	4.31E-07	56.32
常数项	−2.9899****	0.0096	−312.3
$/\ln\_p$	0.3081****	0.0025	123.41
p	1.3609	0.0034	—
$1/p$	0.7348	0.0018	—
LR 检验		6864.74***	
Log_likelihood		−122672.01	
观测数		97687	

注：****、***、** 和 * 分别表示 0.1%、1%、5% 和 10% 显著性水平。

平下显著，种群密度上升会导致企业退出风险的增加但不显著，$Diversity2$ 也会导致企业退出风险增加但并不显著，$State$ 的增加会降低企业退出，且显著。倒数第 6 行 ln_p=0 的 p 值为 0，显著拒绝指数回归的原假设，认为应该使用威布尔回归（Weibull regression），倒数第 5 行的 p 值大于 1，说明风险函数随时间而递增。

表 4-15 中有三个解释变量（FI、$State$ 和种群密度）拒绝原舍恩尔德残差对时间回归的斜率为 0 的原假设，故不支持比例风险假定。但多样性变量（$Diversity2$）不能拒绝原舍恩尔德残差对时间回归的斜率为 0 的原假设。

表 4-15　计算机、通信和其他电子设备制造业舍恩尔德残差检验

	系数	chi2	df	Prob>chi2
FI	0.1213	780.0700	1	0
$State$	0.0238	26.5400	1	0
$Diversity2$	0.0022	0.4500	1	0.5044
种群密度	−0.0317	0.8340	1	0
global test		843.17	4	0

对参数回归的具体分布无法确定，故下面使用半参数 Cox PH 回归。从表 4-16 可以看出，Cox PH 回归的四个变量和前面参数回归的结果类似，其中多样性变量（$Diversity2$）的估计系数依然不显著。

表 4-16　计算机、通信和其他电子设备制造业 Cox PH 模型估计

	系数	Std. Err.	z 值
FI	−0.6210****	0.0088	−70.19
$State$	−0.9384****	0.0575	−16.31
$Diversity2$	0.1055	0.0255	4.14
种群密度	0.00022****	3.85E-07	57.67
Wald 检验		9140.55***	
Log-pseudolikelihood		−1028442.5	
观测数		97684	

注：****、***、** 和 * 分别表示 0.1%、1%、5%和 10%显著性水平。

(六) 分行业的企业特征的生存分析

本研究进一步将企业生存月数作为因变量,用四个企业特征进行 OLS 回归分析,其中生存月数与种群密度均取对数处理(考虑到前面分析时估计系数较小的问题)。结果与上述生存模型分析一致,综观传统制造业和高端制造业,如表 4-17 和 4-18 所示,FI 与 $State$ 都能提高企业的生存时间,而种群密度会降低企业生存时间,虽然系数依然均很小。机构多样化($Diversity2$)对于传统制造业能提高企业生存时间,并且估计系数比较大。而对于高端制造业则降低了生存时间,虽然都不显著,尤其是医药制造业的 t 值很小,这可能与医药制造业的集聚程度低有关。种群密度的影响可以通过集群企业竞争的负外部性来解释,而机构多样化的影响在传统和高端两类制造业中的差异性表现需要进一步分析。

表 4-17 传统制造业的生存分析

行业大类		系数	Std. Err.	t 值
纺织业	FI	0.9054****	0.0156	57.94
	$State$	0.9255****	0.0811	11.41
	$Diversity2$	0.3644****	0.0265	13.74
	ln 种群密度	−0.0076***	0.0012	−6.54
	常数项	4.0737****	0.0085	480.17
	F 值		942.16***	
	R^2		0.0145	
	N		255223	
纺织服装、服饰业	FI	1.0204****	0.0136	74.87
	$State$	0.8833****	0.1100	8.03
	$Diversity2$	0.0994****	0.0284	3.5
	ln 种群密度	−0.0369****	0.0013	−28.78
	常数项	4.0712****	0.0092	441.7
	F 值		1642.98***	
	R^2		0.0235	
	N		273485	

注:****、***、**和*分别表示 0.1%、1%、5%和 10%显著性水平。

表 4-18　高端制造业特征的生存分析

行业大类		系数	Std. Err.	t 值
医药制造业	FI	0.8527****	0.0441	19.34
	$State$	1.1570****	0.1525	7.59
	$Diversity2$	−0.0133	0.0521	−0.25
	ln 种群密度	−0.0521****	0.0079	−6.61
	常数项	4.1858****	0.0267	157.04
	F 值		117.49***	
	R^2		0.0208	
	N		21887	
计算机、通信和其他电子设备制造业	FI	0.7480****	0.0130	57.43
	$State$	1.0297****	0.0925	11.13
	$Diversity2$	−0.0689	0.0292	−2.36
	ln 种群密度	−0.0010	0.0014	−0.68
	常数项	3.9963****	0.0106	378.44
	F 值		855.34***	
	R^2		0.0323	
	N		102401	

注：****、***、** 和 * 分别表示 0.1%、1%、5% 和 10% 显著性水平。

第二节　制造业集群的韧性测量与分层分析

为避免由于企业数量低于地区数量而导致的更高集中度的影响，本研究根据斯滕伯格（Sternberg，2004）将企业少于 97 家的行业排除在我们的分析之外。并且将其位置的选择明显是基于"第一自然"优势，如自然资源的存在，煤炭、铁矿石、泥炭等，也被排除在进一步研究的重点之外。

一、制造业集群的韧性测量

（一）韧性指标选取

韧性度量始于经济脆弱性的测度（Briguglio，2008），其后出现：①敏感系数（Martin，2012；Eraydin，2016）、抵御指数（Faggian，2018）和恢复指数（Lagravinese，2015）；②单一指标，如 GDP 和就业人数（Brakman，2015；徐媛媛，2017；郭将，2019）、贸易量（Bergeijk，2017；贺灿飞，2019）、工业增加值和社会消费品零售总额（刘逸，2020），以及各变量预期增长率（Martin，2016）；③综合指标，如技术—组织—经济（Tierney，2003）、数量—结构—质量（何剑，2017）、企业—供应链—产业系统（Behrens，2019；樊雪梅，2020）等维度，以及因素分析方法（Graziano，2013）。但尚无公认的指标及其权重，且多数研究实际绩效与目标的差距，很少讨论恢复时间。由于集群韧性的要素结构复杂，缺乏有关韧性水平的科学测量体系；由于韧性提升的时滞性，尚未明确不同类型制造业集群的韧性差异程度。韧性本质上是一种不确定性（Uncertainty），表现为状态不确定、结果不确定或结果的位置不确定。因此可以用区间值数据或模糊数据的处理方法。本研究采用的两种韧性指标，一种就是区间数据，采用集群企业每年分月生存企业数的最大值和最小值作为结果区间值的左侧和右侧。另一种将在第四章第一节进行集聚趋势分段的基础上具体分析。

区间数据常见于医学、流行病学或人口统计等方面，因其只公布区间数据而精确的个体值都保密。有时数据本身就是区间值，如产品的售价或有价差的金融数据。分类数据有时也被解释为区间数据，如信用评级等级可理解为超过无风险收益率曲线的信贷息差区间。

经济学中的假设是为了简化分析，新古典主义综合中的一些假设实际上可能会阻碍任何产业动力学的研究，而演化经济思维可能会被纠正。利润最大化是微观经济学的中心概念。然而，利润最大化假定公司了解自己的利润函数。这反过来又意味着公司了解其相关的供求函数，以及这些结果图表。阿尔奇安（Alchian，1950）认为这些模型忽略了不确定性。不确定性可能是两种现实的结果，这两种现实都与理性主体的假设相冲突。第一种现实是人类无法解决复杂的问题，特别是当涉及许多变量时。第二种是不完美的远见，或者是无法通过人类来预测未来的事件，这在很大程度上是混沌机制的结果。阿尔奇安（Alchian，1950）认为，由于不确定性，行动与单一的结果无关，而是与潜在结果的分布有关。因此，由于没有最大化一个分布这样的东西；主体选择最优分布。因此，不确定性意味着，主体为了利润最大化而做出决定是没有意义的。相反，公司的满足感（Simon，1956），也就是说，寻找可用的替代方案，直到它们达到一个可接受的阈值。企业寻求生存，而不是利润最大化。因此，存活企业标志着一个经济体系的特征。成功的企业会继续存在，而不成功的企业则会"死去"。

根据奈特（Knight，1921）的经典定义，不确定性并非风险，而是指决策者不能将客观概率分布分配给随机性的状况。有两种经典经济理论解释不确定性在经济主体决策过程中的作用，一般均衡理论的太阳黑子学说与新熊彼特增长理论（neo-Schumpeterian growth theory），其中太阳黑子理论（Sunspot theory）认为，在某些情况下，经济基本面并不足以支撑均衡配置，而凯恩斯主义的"动物精神"最终起作用。该理论框架中，不确定性被限定为纯粹的外部不确定性，即不确定性和经济基本面无关，并支持经济主体模糊感知到"太阳黑子活动"的可能性。新熊彼特增长理论的经济发展观，将旨在获得垄断利润而不断激励研发活动纳入阿罗-德布鲁的动态一般均衡框架以测量不确定性。根据熊彼特关于创新进程的最初观点，静态均衡被企业家所打破，但创新过程本质上具有不可预知的某些特点（Schumpeter，1939）。在新熊彼特增长理论中经济创新活动符合泊松过程，其参数 λ 代表创新活动的概率，假设 λ 完全被投资者知悉。在阿吉恩和豪伊特（Aghion，Howitt，1992）的基础上，乔尔达尼（Giordani，2005）假设 λ 值并不精确，投资者决定投资研发时也不知道预期回报率的先验分布，然后通过四项分布自由选择标准来建模，其稳态均衡研发揭示，投资者的不确定性态度与整体经济表现之间存在直接关系。并且，具有更多寻求不确定性投资者特点的经济体相对增长更快。

（二）韧性测量方法

有各种涉及估计区间数据回归参数的估算方法，包括统计学上的研究（如 Moral-Arce et al.，2011），提出显著回归方法（Nasrabadi et al.，2008），在模糊理论以及计算机科学领域则已经考虑区间数据的最小二乘回归方法。经典文献和现代研究（Di Nardo，2010）都有回归分析，本研究同样采用回归方法。

绝大多数文献涉及如何从近似值或区间数据得到好的估计。我们的方法不是去估计，而是要说明在什么情况下 y 的给定线性估计值可以被近似值或区间值代替。由于本研究所用的企业数是按照每日进退统计加总到每月来计算的，因此具有每月最高值（up）、最低值（low）以及平均值（mean），显然具有区间特性。假设生存企业数（interval-valued，y）和解释变量（real-valued，x）符合区间数据线性模型：

$$E(y_i) = \beta_1 + x_i\beta_2, \ i=1, 2, \cdots, n \qquad (式 4\text{-}5)$$

估计得到系数 β_1 和 β_2 估计值，表示生存企业数（interval-valued，y）和解释变量（real-valued，x）的线性关系。

二、制造业集群韧性的分层分析

基于马丁等开发的概念框架（Martin，Sunley，2015；Martin et al.，2016），本研究设置整合了两个层次结构的空间层次（嵌套于国家的区域）和短期经济韧性的两个组成部分（抵抗和复苏）。通过样本统计分析，我们很好地证明了区分不同层次和阶段的必要性。

（一）样本数据的分层描述

1. 基础的分仓散点图：观测时间趋势

本研究涉及数据量比较大（1997—2022 年，共计样本量 9499508 个），通常的散点图无法直观地反映变量之间的关系。具体来说，难以判断关系是否呈线性、二次、对数等函数形式，以及确定是否需要分段函数。本研究采用分仓散点图（binned scatterplot）来显示变量之间非参数关系。分仓散点图显示条件期望函数（CEF）的非参数估计值（分级后的散点）和最佳线性估计（OLS 回归拟合线）。

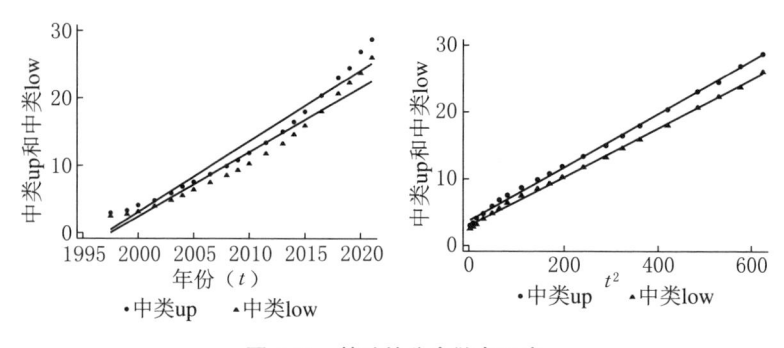

图 4-11　基础的分仓散点示意

图 4-11 左侧显示，企业数区间值 [中类 low，中类 up] 与年份（t）变量的关系并非是完全线性关系，而右侧的分仓散点紧靠回归线，因此斜率估计比较

精确，回归标准误差也较小。可以判断本样本区间值与时间平方（t^2）的关系相当符合线性函数。

2. 基础的分仓散点图：发现和排除异常值

图 4-12 左侧显示在企业数较高处存在一个异常值，排除该点后，企业数区间值与行业中类相关多样性（区县 HRV）之间似乎呈完全线性关系。然而，将数据进行缩尾（上下 1%）处理之后，重新采用 [中类 low_tr, 中类 up_tr] 分仓散点图，如图 4-12 右侧显示两者关系变为典型的非线性关系，对斜率的影响相当大。在县域生产总值（GRP，取对数）等变量的关系中，同样发现异常值，因此考虑到整个数据集将需要缩尾处理。

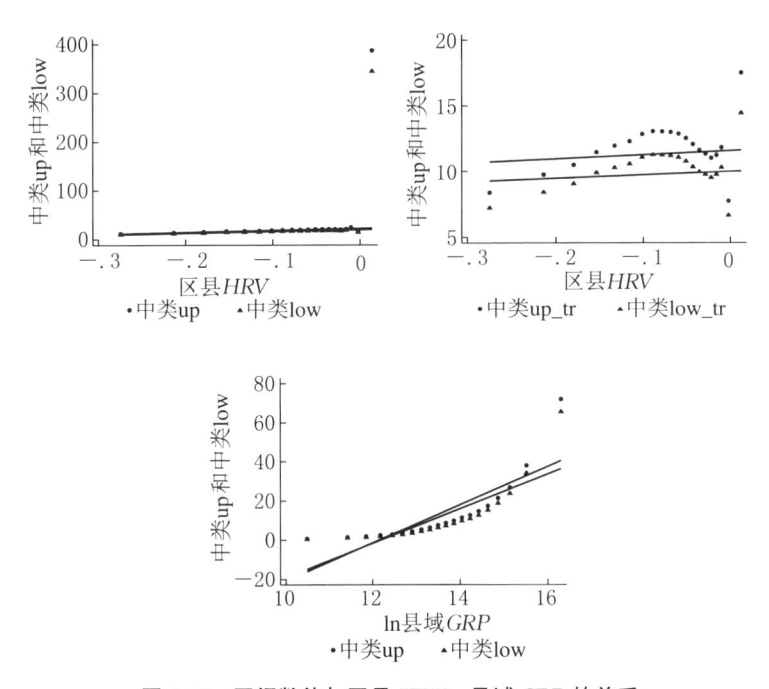

图 4-12 区间数值与区县 *HRV*、县域 *GRP* 的关系

3. 二次拟合的分仓散点图

区间数值与城市 *HRV* 之间的关系明显呈非线性关系，在图 4-13 左侧予以二次拟合，在右侧直接将城市 *HRV* 取平方，与图 4-11 中 t^2 类似。两个图都显示分仓散点大部分远离回归线，故可能需要进行分段处理。

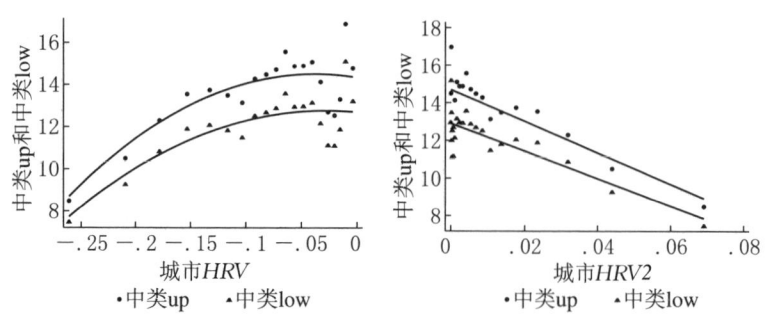

图 4-13 城市 HRV 的二次拟合

4. 分段回归的分仓散点图

研究区间数值与县域生产总值的关系时采取基础分仓散点图，也发现较多分仓散点偏离回归线，故考虑将其进行分区间，如图 4-14 所示，采用 ln 县域 $GRP=12$ 和 14 为分割点，可发现中间区段 $[12,14]$ 的斜率估计变得更精确了。对 ln 县域二次产业增加值采取同样的处理，结果如图 4-14 右侧所示。图 4-15 中左侧显示将区间数值按照年份 $[2008,2015]$ 分段处理后与"图 4-11 基础的分仓散点图"右侧类似，估计相当精确，右侧县域公共预算支出的精确度也有明显提高。

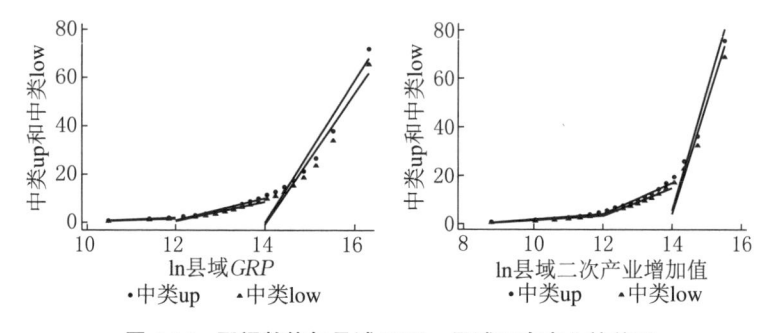

图 4-14 区间数值与县域 GRP、县域二次产业的关系

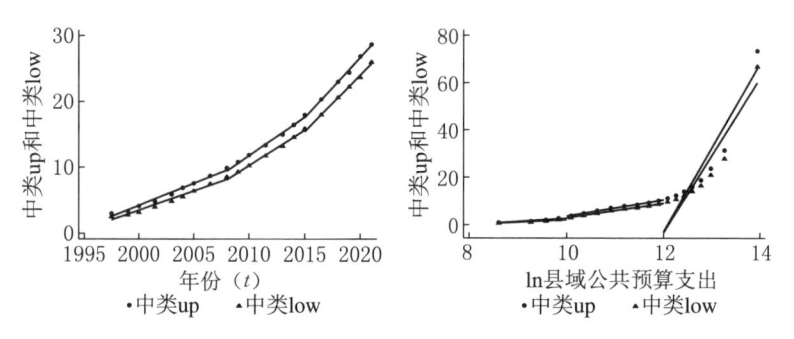

图 4-15 区间数值时间序列分段

5. 分组回归的分仓散点图

鉴于 27 个行业分组线条比较多，故图 4-16 和图 4-17 中仅显示中类 up 散点图的结果。图 4-16 没有控制省份固定效应，图 4-17 则是进行控制的情况。整体上来看，橡胶和塑料制品业、纺织服装和服饰业，以及金属制品业的行业中类企业数年增长率比较高。

(二) 短期与长期维度分层

1. 长期韧性：适应性韧性

根据上文对韧性测量方法的描述，本研究采用区间数据表示韧性的不确定

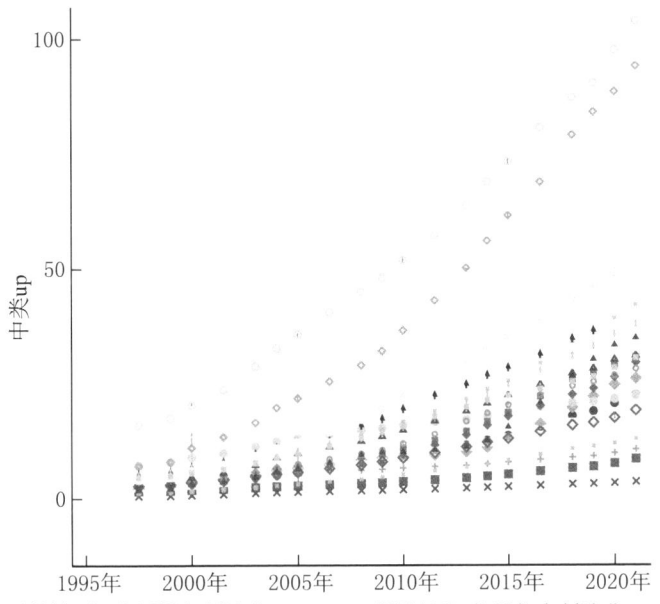

图 4-16 分组回归的分仓散点图（未控制省份固定效应）

图 4-17 分组回归的分仓散点图（控制省份固定效应）

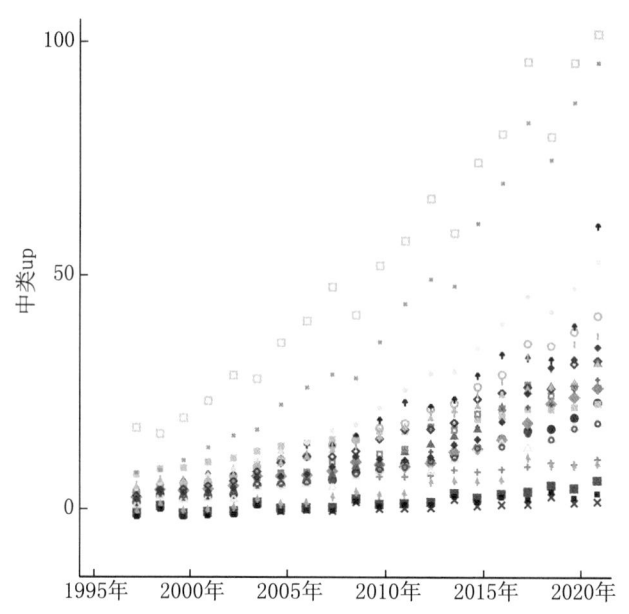

性，同样用集群企业每年分月生存企业数的最大值 up 和最小值 low 作为结果区间值的左侧和右侧。制造企业数据样本原考察期为 1978—2022 年，包括所有行业中类的 18214155 个观测值。三个自变量专业化、非相关多样化和相关多样化使用每年区县生存企业平均值数据计算。鉴于部分县域经济指标数据缺失和区划变动问题，与企业数据匹配之后，最终获得 1997—2022 年共计 9499508 个观测值。

在整个分层分析过程中采用以下基准模型：

$$y_{ijt} = c + \alpha X_{ijt} + \beta S_{ijt} + \gamma Z_{ijt} + \varepsilon_{ijt} \tag{式 4-6}$$

其中，因变量 y_{ijt} 表示由 j 省份 i 地区在 t 期区间值指标。c 表示截距变量，X_{ijt} 表示区域层面的解释性变量，包括城市和县域的多样化。S_{ijt} 涉及本地专业化的变量，其中包括基于距离的集聚指标（$C_{a,1978}$）和基于行业中类企业数（Spe）的具体指标。控制变量 Z_{jt} 中包括县域 GRP 和二次产业增加值、公共预算支出和规模以上工业企业数。α、β 和 γ 表示估计参数，ε_{ijt} 表示残差项。具体变量如下表 4-19 所示。

表 4-19 变量选择

	变量名称	变量解释（单位）
因变量	y_{ijt}	月生存企业数最大值和最小值的区间
多样化	区县 TV 城市 TV 区县 HRV 城市 HRV	区县整体多样性 城市整体多样性 区县相关多样性 城市相关多样性
专业化	$C_{a,1978}$ Spe	Brenner 集聚指标 区县行业中类企业数/生存企业总数
控制变量	县域 GRP 县域二次产业增加值 县域公共预算支出 县域规上工业企业数	区县 GRP 取对数 二次产业增加值取对数 公共财政预算支出取对数 （户）

（1）专业化指标

空间边界线的任意性被称为 MAUP 的分区问题。目前只有两组无 MAUP 方法：一是地理加权回归（GWR），能够在没有先验指定的空间细分下检查参数估计的局部差异；二是基于距离的测试统计量，用于检查企业在空间是集中还是更分散。例如，杜兰特和奥弗曼（Duranton，Overman，2005）的 DO 指数，马康和普赫（Marcon，Puech，2010）的 M 函数，或者肖勒和布伦纳（Scholl，Brenner，2016）集群指数。GWR 能够处理多个变量，但它的核心概念是检查参数估计中的局部偏差，因此是一个局部模型，而大多数计量经济学研究集中于全域结果。本研究采用布伦纳等（Brenner et al.，2016）基于行为者和距离的集聚指标。所有行动者都被分配到区县，而不是使用每个行动者的确切地理位置，距离是用两个区县间的地理距离来衡量的。

(2) 多样化指标：相关多样性、非相关多样性

非相关和相关多样性的变量通过熵测量计算，该方法由弗伦肯等（Frenken et al.，2004，2007）提出，经常在进一步的区域研究中采用（如 Boschma et al.，2009；Brachert et al.，2015；Hartog et al.，2012）。根据目前的文献，熵法是唯一测量 Jacobs 外部性的方法，不仅以非相关多样性的形式（如赫芬达尔指数），也包括相关多样性的影响扩展分析（Bishop et al.，2010）。

普德尔科和洪特（Pudelko, Hundt，2017）沿着博施马和艾马里诺（Boschma, Iammarino，2009）、博施马等（Boschma et al.，2012）、弗伦肯等（Frenken et al.，2007）和哈托格等（Hartog et al.，2012）的方法，分别根据行业分类，在两位数水平上计算非相关多样性：

$$Unrelated\ variety = \sum_{g=1}^{G} P_g \log_2(1/P_g) \quad \text{(式 4-7)}$$

其中，P_g 是两位数水平描述每个行业在地区就业中的就业份额。按照熵的概念，两位数的产业通过分割而不是重叠的能力（如知识库、技术）来分离，因此没有表现出系统的经济交换。非相关多样性（式 4-7）的值越大，即行业非相关的程度越高，在两位数行业的员工分布越均匀。

相关多样性计算为两位数行业的熵加权之和（Frenken et al.，2007）：

$$Related\ variety = \sum_{g=1}^{G} P_g H_g \quad \text{(式 4-8)}$$

其中，$H_g = \sum_{i \in S_g} \frac{p_i}{P_g} \log_2\left(\frac{1}{p_i/P_g}\right)$ and $P_g = \sum_{i \in S_g} p_i$ （式 4-9）

每个两位数行业的就业份额 P_g 是通过计算相关的四位数行业的就业份额 p_i 来计算的。当行业共享相同的上级两位类时，假定它们在四位数水平上是相关的。相关多样性的值（式 4-8）越大，在两位数的水平内的四位数行业的员工分布越均匀，在共享或互补能力（如知识库、技术）方面，四位数的相关性越高。本研究计算相关多样性采用的不是就业数据，而是企业数量。本研究采用城市 TV 和城市 HRV 两个多样性指标，以控制由城市规模和密度产生的城市化

效应。

（3）控制变量

许多实证研究验证了韧性的影响因素。包括产业结构（Van Oort，2015；Cuadrado，2016；沈鸿，2017；Giulio，2019）、供应链网络（Todo，2015；何明珂，2018）、政策和制度环境（Hassink，2010；金碚，2017）。GRP作为每个地区的总体经济能力，二次产业增加值和规上工业企业数作为制造业规模经济的一个重要来源，公共预算支出作为支撑工业发展营商环境纳入控制变量。

（4）估计结果

表4-20给出了没有考虑城市、区县或行业聚类情况下的一般稳健区间回归结果。基于距离的集聚指标（$C_{a,1978}$）估计系数为正，基于行业中类企业数（Spe）的集聚指标估计系数为负，且绝对值远大于前者，第5—7列增加Brenner集聚指数平方的系数也为负值。结合县域二次产业增加值估计系数为负，意味着制造企业过快增长的拥挤效应必定会显现，尤其是本地竞争特别明显，因此不利于企业短期稳定，即本地专业化不一定能加强集群对冲击的抵抗能力。无论是城市还是区县多样化指标为制造企业生存影响提供了支持，且区县的总体多样性（TV）呈典型非线性关系。多样性不仅体现在抵抗能力，也倾向于促进恢复过程，尽管城市或区县相关多样性的系数比专业化程度小得多，但统计都很显著。另外，地区经济实力和营商环境，以及龙头企业带动作用都具有类似的中介机制。显然，制造业与韧性相关的影响在某种程度上包括独立于行业结构的其他区域特征。总体上，专业化对经济韧性的作用不如多样性重要，区县总体多样性比城市多样性重要，而相关多样性差异不大。当然，还需要考虑风险传染和分布效应可能相互抵消（比如，在冲击抵抗阶段），以及相关溢出效应可能需要从长期而非从短期角度去思考。本研究也根据城市、区县水平，以及行业大类进行聚类，其估计系数没有变化，只有显著性水平有微弱差异。

表4-20 区间回归估计结果

变量	估计系数	S.E.	z值	估计系数	S.E.	z值
区县 TV	-251.7676***	7.925	-31.77	-186.0934	7.9422	-23.43
区县 $TV2$	1472.5790***	49.916	29.50	1153.9820****	49.867	23.14

续表

变量	估计系数	S. E.	z 值	估计系数	S. E.	z 值
城市 TV	12.5918***	0.254	10.21	−0.2048	0.2533	−0.81
城市 TV2	66.6591***	2.319	28.74	81.9110****	2.3115	35.44
区县 HRV	2.0941***	0.100	20.91	1.6945****	0.099	16.99
区县 HRV2	6.2132***	0.347	17.89	4.8986****	0.346	14.15
城市 HRV	2.7834***	0.116	23.91	2.7354****	0.116	23.59
城市 HRV2	10.2298***	0.419	24.42	10.4151****	0.418	24.94
$C_{a,1978}$	637.9305****	0.322	1984.03	672.5983****	0.534	1259.78
$Ca2$	—	—	—	−224.9796****	4.2744	−52.63
Spe	−1314.8220***	45.639	−28.81	−999.7190****	45.655	−21.70
ln 县域 GRP	0.4201****	0.006	67.79	0.2991****	0.006	48.72
ln 县域二次产业增加值	−0.4621****	0.005	−98.21	−0.4558****	−0.005	−97.76
ln 县域公共预算支出	0.5411****	0.002	222.39	0.5322****	0.002	222.24
县域规模以上工业企业数	0.0021****	0.001	105.11	0.0017****	0.001	86.62
常数项	−7.0051****	0.043	−162.04	−5.1428****	0.042	−123.57
/lnsigma	1.2287****	0.003	445.95	1.225****	0.003	444.97
sigma	3.4169	0.009	—	3.404	0.009	
Wald 检验		1.59e+7****			1.65e+7****	
Loglikelihood		−10095849			−10081051	
N		4293907			4293907	

注：****、***、**和*分别表示0.1%、1%、5%和10%显著性水平。

第三节 不同类型集群的差异性

根据有关文献结果，本研究对冲击的整体观测期从2008年持续到2015年。2008年可作为样本中每个地区的危机前增长水平的参考年份。抵抗和恢复阶段的持续时间取决于特定的低点。

一、区分时段与地域空间

下一步生成时间和空间子样本，以检查基准结果的通用性。其中，根据分段回归的分仓散点图，时间维度将样本分为三个时期（1997—2007 年、2008—2015 年和 2016—2021 年），空间维度将全中国分为东部、中部和西部地区。

（一）时间分层

区分时段的目的是隔离不同的外部冲击，尤其是 2008 年金融危机袭击了全球绝大多数地区导致的"大衰退"。估计结果如表 4-21 所示，三个子样本中固有决定因素的估计结果没有偏离基准结果，除了 1997—2007 年城市 TV 系数为负值，表示在该段时期的城市多样化水平较低，反而不利于抵抗外部冲击。三个时间子组之间的大量系数存在显著差异。例如，在 1997—2007 年期间没有发现集聚指数 $C_{a,1978}$ 所产生的相关影响（未收敛），然而，在 2008—2015 年期间，它呈现很显著的敏感性，结合 $C_{a,1978}$ 估计系数持续较高数值的情况来考虑，可能是 2007 年之前的产业集聚程度不高，而呈"集而不群""低小散"状况。此外，扩张性财政激励（县域公共预算支出）的支持影响也在 2008—2015 年明显生效，行业份额和低监管的劳动力市场之间的积极相互作用在进入早期分阶段（1997—2007 年），从抵抗阶段转移到复苏阶段。总体来说，区县和城市的多样化、县域整体经济发展程度、规上工业龙头企业数量导致韧性提升，并且作用越来越大。但 1997 年之后已经出现生产过剩的问题，县域二次产业增加值系数负值，显示同类企业竞争相当激烈。结果也揭示了"大衰退"的一些具体特征，包括它起源于国外部门，对国内实体经济的快速溢出，随后是严重的衰退，以及反周期政策的使用。

通过时间维度可观察到国家层面的多样性和专业性正在增强，除了 2008—2015 年期间部分略有减弱。控制变量的作用增强，似乎是模型的一般特征。因此，这些变量有助于解释经济稳定时期的因素也有助于理解韧性模式。但仍需要考虑，如果决定因素在抵抗和恢复阶段的反作用相互抵消，或者某些决定因素只与特定阶段相关，而与整体韧性无关，则可能会产生这些错误的结论。

表 4-21 不同时段的估计结果

样本时期	1997—2007 年			2008—2015 年			2016—2021 年		
变量	估计系数	S. E.	z 值	估计系数	S. E.	z 值	估计系数	S. E.	z 值
区县 TV	−78.1411**	13.956	−5.60	−239.8248***	13.184	−18.19	342.9112***	16.907	20.28
区县 TV2	434.1910**	85.707	5.07	1445.6660***	82.963	17.43	2066.276***	108.437	19.06
城市 TV	−1.1313*	0.278	−4.06	1.9444***	0.405	4.81	8.1593***	0.6778	12.04
城市 TV2	46.8428***	2.531	18.51	59.8985***	3.758	15.94	49.3504***	6.325	7.80
区县 HRV	1.1645*	0.101	1.58	0.2616**	0.161	1.63	0.4846*	0.255	1.90
区县 HRV2	3.4006***	0.362	9.40	0.2105	0.543	0.39	2.1371*	0.853	2.51
城市 HRV	2.0770***	0.127	16.39	0.5630**	0.182	3.10	5.8300***	0.281	20.77
城市 HRV2	5.7026***	0.477	11.96	1.2528**	0.635	1.97	24.4213***	0.981	24.89
$C_{a,1978}$	—	—	—	632.4388**	0.534	1184.06	611.8061***	0.526	1164.20
Spe	−396.6608**	79.449	−4.99	−1253.4130**	75.915	−16.51	−1726.2820***	98.138	−17.59
ln 县域 GRP	0.3455***	0.008	45.41	0.3806***	0.010	37.71	0.6442***	0.012	51.81
ln 县域二次产业增加值	−0.3429***	0.005	−62.46	−0.3427***	0.007	−46.15	−0.7275***	0.010	−73.61
ln 县域公共预算支出	0.1974***	0.004	49.03	0.5850***	0.005	111.87	1.1137***	0.009	124.29
县域规模以上工业企业数	0.0014***	0.001	38.78	0.0018***	0.001	63.50	0.0033***	0.001	67.00
常数项	−2.6367***	0.086	−30.70	−8.5440***	0.079	−107.82	−14.5246***	0.133	−109.03
/lnsigma	0.8434***	0.002	570.73	1.2006***	0.003	411.61	1.4345***	0.003	483.21
Sigma	2.3243***	0.003	—	3.3220***	0.010	—	4.1974***	0.013	—
Wald 检验	27041.57***			6830017.10***			5473248.99***		
Loglikelihood	−2414915.6			−4020550.1			−3326510.70		
N	1250496			1719820			1323591		

注：****，***，** 和 * 分别表示 0.1%，1%，5% 和 10% 显著性水平。

（二）空间分层

关于空间维度，区分经济发达地区和欠发达地区，区分沿海与内陆地区。根据通常的划分，将中国 31 个省份划分为三组子样本，其中①东部地区包括：北京、天津、河北、辽宁、上海、江苏、浙江、福建、山东、广东、广西、海南 12 个省份。②中部地区包括：山西、内蒙古、吉林、黑龙江、安徽、江西、河南、湖北、湖南 9 个省份。③西部地区包括：重庆、四川、贵州、云南、西藏、陕西、甘肃、青海、宁夏、新疆 10 个省份。特定空间子组的比较，可能揭示韧性决定因素影响的差异。如表 4-22 所示，在区域层面上较高的专业化指数（$C_{a,1978}$ 和 Spe）代表复苏增强效应，仅适用于东部和中部地区，而在地区层面上的龙头企业带动效应（县域规模以上工业企业数）仅适用于东部地区。同样，作为应对外部冲击的政策抵抗在中部地区最明显（县域公共预算支出系数为 0.9713），同时，随着中部城市之间的竞争加剧，城市的多样化水平反而有所下降（城市 TV 系数为 -1.0097，HRV 系数为 -1.0097）。工业水平提高一方面有促进企业数继续增加的可能，但随着经济发展水平的提高，对工业的依赖性又可能降低，如东部地区的县域二次产业增加值系数为正，而县域 GRP 系数为负（=-0.0908）。这种空间亚群之间的不同影响，表明每个亚群代表了经济发展的不同阶段。这些特定样本的机制表明，韧性决定因素的影响可能因经济发展水平或阶段而不同。因此，单个韧性决定因素的操作方向分别受到背景敏感条件的影响。

国家层面的冲击并非均匀地影响所有嵌套区域的韧性。相反，外部因素影响的规模和方向也取决于区域特征，例如部门构成。从区域的角度来看，这意味着韧性的差异并不仅仅是由来自不同层次的不相关的决定因素引起的。区域决定因素的影响明显受到其周围制度环境的因素的调节。这些发现表明，韧性决定因素是分层结构的，韧性的区域模式是由特定国家制度因素和区域决定因素的相互作用形成的。

时间与空间分层分析的亚样本都证实了基准结果，确定了多个层次上的相关决定因素，内在决定因素的跨水平相互作用，以及阶段相关模式的存在。对子样本的比较结果表明，不同时间段和空间亚组之间的影响模式是异质的，即使是相似"性质"的冲击。这符合马丁等（Martin et al.，2016）的担忧，他们认为平均跨周期，或冲击事件的情况下，可能产生误导的结果，因为韧性不能被

表 4-22 不同地区的估计结果

空间分区	东部			中部			西部		
变量	估计系数	S.E.	z值	估计系数	S.E.	z值	估计系数	S.E.	z值
区县 TV	227.0799****	10.293	22.06	−264.4148****	15.813	16.72	138.2101****	0.326	423.83
区县 TV2	1300.78****	66.463	19.57	1570.8180****	98.838	15.89	—	—	—
城市 TV	6.9791****	0.416	16.79	−1.0097**	0.448	−2.25	1.1248**	0.255	4.41
城市 TV2	12.0030***	3.792	3.17	114.2062***	4.222	27.05	—	—	—
区县 HRV	0.6991***	0.171	4.10	2.1515	0.164	13.08	3.5673****	0.183	19.50
区县 HRV2	1.8219***	0.605	3.01	6.4690	0.545	11.88	12.6578****	0.545	23.21
城市 HRV	2.3785****	0.190	12.53	−0.1946	0.189	−1.03	3.2904****	0.201	16.39
城市 HRV2	7.9311****	0.697	11.38	−1.1274*	0.657	−1.72	14.3292****	0.697	20.55
$C_{a, 1978}$	653.4383****	0.423	1545.02	585.7627****	0.595	985.09	—	—	—
Spe	−1173.1540****	59.908	−19.58	−1379.373***	90.773	−15.20	—	—	—
ln 县域 GRP	−0.0908***	0.009	−10.37	0.7707****	0.011	68.24	0.6232****	0.015	40.86
ln 县域二次产业增加值	0.0141***	0.007	2.10	−0.8302****	0.009	−92.79	−0.2308****	0.008	−27.82
ln 县域公共预算支出	0.3278****	0.330	87.94	0.9713****	0.050	195.65	0.4021****	0.009	44.48
县域规模以上工业企业数	0.0021****	0.001	97.26	−0.0032****	0.001	−61.08	−0.0047****	0.001	−25.48
常数项	−3.2613****	0.056	−64.01	−11.8269****	0.077	−154.23	−10.4634****	0.210	−49.90
/lnsigma	1.2401****	0.002	503.77	1.2227****	0.004	343.40	1.0290****	0.003	343.86
sigma	3.4568	0.009	—	3.3964	0.012	—	2.7984	0.008	—
Wald 检验	1.05e+7****			5413746.40****			879962.36****		
Loglikelihood	−4145309.5			−357−743.8			−2185381.9		
N	1795806			1515862			982239		

注：****，***，** 和 * 分别表示 0.1%、1%、5% 和 10% 显著性水平。

视为独立于各自的时间和空间背景。相反，特定决定因素的影响可能取决于冲击类型、冲击传导路径、冲击的持续时间和空间扩张，以及由冲击触发或改变的溢出效应。解开韧性决定因素的影响渠道是困难的，基于本实证结果，多层次结构的框架为评估和理解韧性决定因素的作用提供了好处，来自区域和国家决定因素以及相应的跨层次相互作用的重要影响是所有模型的重要组成部分。

二、区分所属行业类型

研究表明，即使成功的集群可能彼此相似，但集群起源仍然取决于特定的当地环境（Feldman et al.，2005）。这里的当地环境不仅包括前面明确的东、中、西分区，还应该包括各地不同的产业类型、专业化程度等方面，因此必须基于区县—行业的组合去进一步分析。

（一）传统制造业

从表4-23所示，典型的纺织业专业化或多样化变量被剔除，以及根据皮革、毛皮、羽毛及其制品和制鞋业的 Spe 系数为负值（=－46.5695），研究结果传达了一个重要信息：制造业相对强劲的专业化不仅导致人们更容易受到外部需求冲击，或者出现拥挤效应使区域经济资源处于风险之中，还可能限制了自我愈合能力，并使其依赖于外源性刺激。外源性刺激确保了相对快速的稳定和恢复，另一方面，加强了现有的行业结构，从而促进了进一步的专业化，从而造成了脆弱性。因此，应该了解专业化地区的具体危机轨迹，有必要建立一个更加平衡和多样化的经济组合，以防止负面的路径依赖和区域锁定。

（二）高新技术产业

表4-24显示，医药制造和计算机、通信等高新技术行业的规模较小，导致产业集聚程度和总体多样化水平都较低。因此，专业化和多样化的作用无法体现，TV、$Ca1978$ 和 Spe 等变量指标也在回归中无法收敛而被剔除。同时，导致规模以上等龙头企业的带动作用极弱，表现为县域规模以上工业企业估计系数值很小。但城市和区县的相关多样化对企业生存状况有显著支持作用。

表 4-23 典型传统制造业的估计结果

行业大类	纺织业			纺织服装、服饰业			皮革、毛皮、羽毛及其制品和制鞋业		
变量	估计系数	S.E.	z值	估计系数	S.E.	z值	估计系数	S.E.	z值
区县 TV	—	—	—	−181.7689**	50.738	−3.58	−63.3500**	25.146	−2.52
区县 TV2	—	—	—	893.77**	317.983	2.81	177.3296	160.552	1.10
城市 TV	—	—	—	1.7727*	1.773	1.00	−3.2322**	1.069	−3.02
城市 TV2	—	—	—	70.4738**	12.885	5.47	73.3069**	10.109	7.25
区县 HRV	−1.6431	122.686	−0.02	2.0853**	0.871	2.39	−2.6646**	0.450	−5.92
区县 HRV2	—	—	—	17.8725**	3.321	5.38	−4.3660*	2.192	−1.99
城市 HRV	6.0542	−19.666	0.31	12.9760**	1.436	8.69	6.9452****	0.599	11.59
城市 HRV2	—	—	—	40.5101**	5.393	7.51	33.3006****	2.900	11.48
$C_{a,1978}$	0.2834	0.710	0.40	614.2208****	1.436	427.88	662.3994****	1.726	383.69
Spe	−0.3577	2.5267	−1.00	−828.5702**	291.504	−2.84	−226.0013	145.6	−1.55
ln 县域 GRP	0.5165**	0.318	1.63	0.6756**	0.056	12.24	0.0836**	0.020	4.10
ln 县域二次产业增加值	—	—	—	−0.5139****	0.038	−13.47	−0.1602****	0.014	−11.56
ln 县域公共预算支出	0.0032*	0.015	0.22	0.8712****	0.020	43.33	0.2555****	0.008	30.87
县域规模以上工业企业数	—	—	—	0.0044****	0.001	19.42	0.0008**	0.001	9.51
常数项	1.1453****	0.353	3.24	−13.2055****	0.351	−37.64	−2.2679****	0.162	−14.04
/lnsigma	—	—	—	1.5834****	0.009	183.50	0.7976****	0.010	76.67
Sigma	3.1402	1.109	—	4.8693	0.042	—	2.2201	0.023	—
Wald 检验	314775.40****			676558.89****			836544.87****		
Loglikelihood	−534474.57			−272154.3			−295734.16		
N	238436			112711			148701		

注：****，***，**和*分别表示0.1%，1%，5%和10%显著性水平。

表 4-24 典型高新制造业的估计结果

行业大类	医药制造业			计算机、通信和其他电子设备制造业			铁路、船舶、航空航天和其他运输设备制造业		
变量	估计系数	S. E.	z 值	估计系数	S. E.	z 值	估计系数	S. E.	z 值
区县 TV	—	—	—	—	—	—	34.3750	33.839	1.02
区县 TV2	—	—	—	—	—	—	37.7787	247.610	0.15
城市 TV	—	—	—	—	—	—	−7.5808**	2.549	−2.97
城市 TV2	—	—	—	—	—	—	194.9467***	39.176	4.98
区县 HRV	1.5361**	0.440	3.49	5.2327***	0.265	19.77	1.0442*	0.524	1.99
区县 HRV2	9.3232**	2.597	3.59	—	—	—	16.6078***	3.489	4.76
城市 HRV	10.9801****	0.722	15.21	1.7832*	0.737	2.42	11.7265***	0.644	18.21
城市 HRV2	—	—	—	27.3079***	5.633	4.85	54.651***	4.188	13.05
$C_{\alpha,1978}$	—	—	—	—	—	—	660.9653***	3.151	209.75
Spe	—	—	—	—	—	—	−93.827	207.523	−0.45
ln 县域 GRP	0.0378**	0.014	2.79	−3.474***	0.071	−4.89	0.0471***	0.018	2.64
ln 县域二次产业增加值	−0.0606**	0.016	−3.81	0.116**	0.040	2.90	−0.0788***	0.013	−6.10
ln 县域公共预算支出	0.0888***	0.007	12.41	0.1328***	0.217	6.11	0.0557***	0.008	6.85
县域规模以上工业企业数	0.0002***	0.001	12.25	0.0009***	0.001	9.34	0.0011***	0.001	17.59
常数项	−0.8059***	0.137	−5.89	1.7919***	0.391	4.58	−0.2897*	0.170	−1.70
/lnsigma	−0.3163***	0.050	−6.29	0.5326***	0.080	6.68	0.4714****	0.017	28.37
Sigma	0.7289	0.037	—	1.7033	0.136	—	1.6022	0.207	—
Wald 检验	1892.31****			1121.36****			243592.87****		
Loglikelihood	−117215.16			−203953.25			−169224.44		
N	118175			113386			92877		

注：****，***，**和*分别表示0.1%，1%，5%和10%显著性水平。

结合图 4-18，医药制造等知识密集型行业，在 2008 年金融危机期也遭受外部冲击的风险，导致回归线的斜率变小，但这不能构成缩减该类产业发展的建议。这些行业呈现的脆弱性并不是由于知识强度本身，而是由于相关行业规模过小或主要是出口导向的性质。尤其是研究结果强调了通常与对出口市场的强烈依赖相关的风险，需要更广泛的风险扩散，包括国内市场的更强作用。知识对长期经济繁荣的基本功能（根据新增长理论和实证文献）并没有受到质疑。

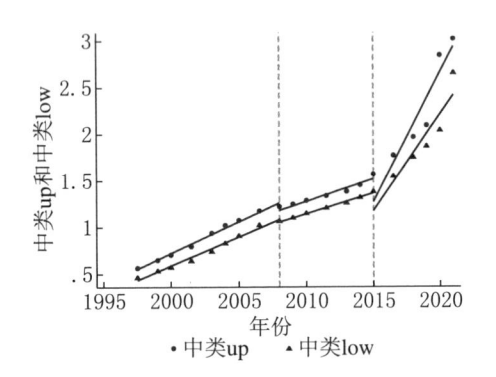

图 4-18　医药制造业的分段回归分仓散点示意

第四节　本章小结

本章从长期角度考虑经济韧性的两个组成部分（抵抗和复苏）和三种形式的集聚经济（专业化、相关多样性和非相关多样性），并在知识密集强度方面的进一步区别，主要采用生存模型对全国制造业集群的韧性进行测量和分层分析。首先，本章第一节根据生存分析发现，全国企业的平均生存年限较短，主要为 5—11 年不等。其中，投资主体类型、种群密度和多样化经营等企业特征是主要影响因素。其次，基于适应性韧性的实证分析，本地专业化不一定能加强集群对冲击的抵抗能力，但城市或区县多样化为制造企业生存影响提供了支持。企业进入率随着集群规模增大而提高，但只有微弱证据表明本地化有助于绩效提升，特别是当绩效被定义为企业生存时。本地化经济随着产业成熟而增加，当产业更加成熟时，多样性带来的好处往往会下降。相反，衍生企业的表现要优于其他企业，集群可能主要来自衍生创建的本地过程。然后，本章第二节根据样本分仓散点图的时间断点（2008年和2015年）分析，证实了区县和城市的多样化、县域整体经济发展程度、规模以上工业龙头企业数量对韧性提升的作用。后续的回归结果，也证明了区分不同阶段和地域因素的必要性。集聚经济、龙头企业和政府支持等重要控制变量都显示，抵抗和复苏阶段的影响方向即使不相反，也有不同。最后，本章第三节空间分层和行业分类则进一步验证，单个韧性决定因素的操作方向明显受到背景敏感条件的影响。因此，忽略短期韧性的两个组成结构，无论是产业结构、创新能力还是其他韧性决定因素，都无法得到正确的估计，也就无法对危机时期稳定和/或破坏经济稳定的驱动机制给出精确结论。

第五章 双重压力下制造业集群韧性提升的实现路径

第一节 制造业集群韧性增强所依赖的路径

我们可通过一定的路径，启动"有效响应"机制，帮助制造业集群积极调整。制造业集群的韧性提升有赖于企业的调整，"创业实验"（衍生、并购和服务化）可能启动整个集群的变化。①企业进出集群：进入集群的企业大于退出的企业，生存企业数增加则集群增大；反之则集群缩小，甚至消亡。②企业的主营等业务转换：当大部分企业完成转化后，该集群的性质就发生了变化。其中，可能是政府产业政策所要求的调整。③企业大部分迁移到新的区位：可能是靠近原来的位置，或者是开发园区等整体区划调整迁徙，或者是跨省份的产业转移园区。④集群因为企业减少到一定临界值的消亡，或者迁移而导致某区位的集群消亡。由图 5-1 所示，整体上产业会沿着"专业化—多样性—新的专业化"这样一条主线发展，并在空间上不断扩展或转移。

"区位机会窗口"（the window of locational opportunity）（Scott，Storper，1987；Scott，1988；Storper，Walker，1989；Boschma，1997）和克鲁格曼（1991）的中心—外围模型或阿瑟（Arthur，1994）的随机模型，都将集群的出现和成长解释为两个不同的过程。这些模型可以简单描述为：集群的出现可追溯到"一些历史事件"（克鲁格曼，1991），导致在特定地点成立一些新企业。一旦企业达到一定门槛，将出现区域劳动力池、专门供应商汇集和知识溢出的集聚经济（Arthur，1994）。如果区分导致集群发生的特征和保证其功能的特征，那么在分

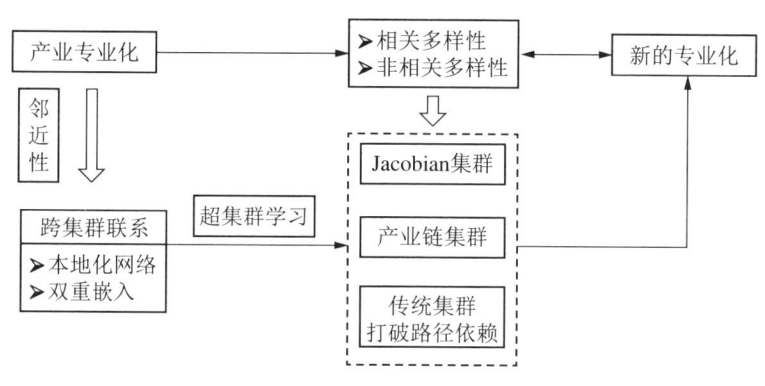

图 5-1 集群专业化演化路径

析集群韧性提升的抵抗和复苏时重点选择了保证其功能的特征，但是在重组和重新定位机制分析中又将涉及集群发生的特征。

一、创业实验与衍生

（一）集群作为区域创新系统

集群是"某一特定领域相关联企业和机构的地理集中"（Porter，1998），地方行动者及其相互关系发挥着重要作用。区域集群通过"在信任、规范和惯例的刺激下，企业间更加有组织地合作（协议）"（European Commission，2002），从而改善企业的创新活动。因此，集群成为一个区域创新网络（Camagni，1991）。除了企业间合作，还表现出企业和其他组织之间的合作，这有助于发展和传播知识。从集群到区域创新系统的发展可以提高集群内企业的竞争力和创新能力（Capello，1999），强调区域集体学习和累积知识的积极影响。

此外，区域集群增强了当地居民创办新企业的倾向，而区域集群演变的起点是当地的创业态度和创业活动，于是创业精神也变成一项区域性活动。创业精神是一种"普遍的社会、集体现象"（Johannisson，2000），不能简单用个体属性来解释，必须考虑"创业社会基础设施"（Butler et al.，1993）。社会资本及行动者网络产生的正外部性，使得创业和区域发展之间的关系显而易见。在其他条件相同的情况下，个体创业的可能性随着所在地区孵化器组织的数量增加和规模扩大而提高。除了孵化期（衍生的可用性）之外，现有初创企业的发展也从积极的区域创业环境中获利，例如通过初创企业的榜样效应及其区域间网络效应（Fornahl，2003）。总体来说，初创企业的有利环境是集聚经济和空间邻近性相关的正外部性的结果，并可能引发自我累积过程。大量的初创企业（绝对或相对量）总体上对区域发展是积极的（Sternberg，2003），熊彼特"创造性破坏"概念也可以在区域上来解释。

（二）创新系统中的创业功能

建立新的价值链和在国际市场上扩张所需补充资源的成本很高时，企业通过技术相关的所有权变化，控制市场的商业化是创业的可行性选择（Norbäck et al.，2014），许多新兴科技企业都是已有企业的衍生组织（孙国民，2017）。本土领导企业通过并购衍生行为（包括股权并购、成立子公司等）创造新的跨行知识、给市场带来创新（Andersson et al.，2012；李宇和张晨，2018），使得创业机会在市场上检验（商业应用）的潜力往往被忽视。此处的企业"创业"是指熊彼特式的创业功能，即进行新的创新组合。并购衍生作为创新选择构成微观层面的产业动力机制，促进创新创造—选择—推广的循环，引发全系统的创业实验（Andersson，Xiao，2016）。以并购衍生形式出现的企业家精神作为"古典专业化的系统解决方案"，反过来刺激进一步的并购衍生。国内多项实证研究运用医药上市公司数据分析，结果表明关联并购和价值链延伸并购的创新效应显著（吴浩强和刘树林，2018）。大多数创新企业同时引入技术创新、营销和组织创新，营销能力是企业进行资源整合与推动创新发展的主要动力之一（Amabile et al.，2004）。用中国中小板上市企业数据分析的结果表明，营销能力显著影响企业的创新技术投入和创新技术产出（张红等，2015）。在营销能力维度方面强调通过"本地声誉"和"全球管道"获取内外部知识，"声誉"表示内部邻近产生的马歇尔外部性，"管道"是将外部知识引入集群的体制安排（Bathelt et al.，2014）。双重网络嵌入明显促进企业创新绩效，但作用机制具有差异性（孙骞，欧光军，2018）。企业创业是将新技术和新知识转化为推动增长的创新的关键过程，如果创新系统方法不嵌入这一功能将无法解释创新系统如何促进增长。基于此，胡晓辉等（2022）借鉴"创新创业系统"概念（Lindholm-Dahlstrand et al.，2018），阐明创业实验促进企业技术创新的作用。研究结果表明，与单个企业相比，企业间并购衍生与合作可以更具创新性，营销手段有利于提高本地声誉，间接促进企业技术创新。技术创新的商业化需要开发新的营销方法，新技术只有得到组织变革的支持才能提高生产率。国内企业到国外拥有股权企业数作为全球管道指标所反映的创新规模扩大机制比较明显，虽然，如国外投资者到国内投资所持股权、国外客户销售量与国外材料供应量等管道并没有对本土集群企业的技术创新产生推动作用。推断可能是国内企业到国外都是积极参与扩大规模的资源和全球销售网络，积极将开发的新产品嵌入现有产品和生产过程，而国外投资者新持股权、国外客户销售量、国外材料供应量更多地体现参与全球管道的被动性。因此要进一步加强并购衍生机制，促进国内企业走出国门，并推动新技术企业与老牌企业间的互动。收购新技术企业的动机往往是将其技术、产品或服务嵌入现有系统和销售网络，或加强其技术或知识资产。从政策补助和税费返还指标反映的情况来看，政府直接扶持手段在本阶段仍然发挥一定的作用。创业实验受到正式和非正式制度的影响，衍生需要有一个制度框架为个人创业和利用机会提供激励，并促进劳动力市场的流动性。衍生企业往往邻近其母公司，企业家、创业文化等都受到当地制度的影响。

创业实验包括技术实验和市场实验，创业是创新系统中的功能而不是结果。创新创造—选择过程是技术实验，创新选择—推广是市场实验。在创新创造—选择—推广的正向循环中，确定了系统中创业实验的并购衍生机制，对于创建新公司和扩大公司的开发活动都很重要。基于共生关系假设，新兴企业和大型企业在创业实验中有不同的优势和劣势，通过并购衍生机制相互作用，极大地促进创新增长。促进实验的制度环境对于保持充满活力的创新创业体系至关重要。创业实验的核心功能是创新的创造、选择和规模扩大。创业实验关系到供应方，也涉及需求方，技术实验和市场实验可能成为熊彼特"创造性破坏"进程背后的基础。企业内外部多种因素影响创新的类型、创新的主体，以及何时进行创新，其中有利的制度环境也应该与高水平创业实验齐头并进。

二、创业实验与服务化

（一）服务化战略

服务化作为组织变革的驱动因素（Vendrell-Herrero et al.，2014），在不同行业具有不同的方式，对于不同层次（单个企业、企业集团和区域）的影响也有差异。产品相关的服务可能是对产品的补充或替代，这取决于企业所属行业的演变（Cusumano et al.，2015）。行业的特性决定不同的服务化策略，服务化的动机因产品复杂性而有所不同（Raddats et al.，2016）。制造企业可以利用服务化来获得竞争优势（Bustinza et al.，2017）和更新商业模式（Brax et al.，2017）。因此，服务化实际上变成了一种战略（Kastalli et al.，2013），而不是一个目标。服务业属于知识密集型产业，从制造商转变为服务商并不容易，并购则提供了一种将"隐性知识"转变为组织内部资源的直接方式（Vasilaki et al.，2016）。

鼓励企业兼并重组是中国"十四五"规划中对发展战略性新兴产业的要求。并购活动是提高制药企业研发和营销效率的一种选择，近年来全球制药行业的并购案持续增长，许多传统上被视为非寻常的业务已成为并购内容选择（Rossi et al.，2013）。制药行业的并购在其非市场化资源和能力的转移中发挥重要作用，制药企业不同价值链组成部分以不同的速度进行细分（Schweizer，2005）。大多数国内制药企业的收购旨在打入海外市场，扩大全球影响力，使产品组合多样化，为其客户提供"近岸—离岸"的业务，提高企业定制生产、包装和研发能力。但亚太地区（尤其是中国和印度）制药行业并购的主要特点是本国制药企业的整合，收购是为了方便企业在不同的医药销售市场开展业务（Tripathy et al.，2014）。

现有文献深度研究了并购对企业服务化水平的提高作用，但很少注意到并购、战略联盟与合资等企业间合作关系是服务化的一种替代方式或结果（Vendrell-Herrero et al.，2017）。企业间的服务水平差异，会导致收购服务业务部门以提升本企业服务质量，通过高附加值的服务来补充制造企业的产品（Muller et al.，2009）。总之，企业并购是一种典型的合作伙伴关系，通过并购可获得实施产品服务战略所需的知识和技能。并购可改变制药企业与客户之间的关系，促成医疗企业之间新的合作形式，提供新的产品和服务模式。现有关于制造企业服务化和企业并购影响的研究对象，主要集中在发达国家，缺乏对发展中国家的考察分析。罗建强（2015）、赵艳萍（2017）等文章涉及国内制造企业服务衍生的类型、实现机理等方面的研究，但仍然不清楚是否适用于制药企业的价值创造，尤其不知道制药企业的服务化是否促进企业本身的并购重组行为。胡晓辉（2024）根据中国的现有制药企业已经逐渐开始采取服务化业务，以及向服务型制造转型。本研究针对这两种现象，分析了并购重组背景下服务化战略的作用，以及制药企业服务化战略实施的影响因素。

(二) 服务化机制

1. 服务化与企业并购之间的关系

胡晓辉（2024）利用 2010—2019 年上市制药企业并购与服务化业务的数据，实证研究了服务化对企业并购行为的异质性影响。该研究运用排序效应和分级分析，展示了基于服务化业务的企业并购重组行为差异，并将这种异质性与政策工具、企业内部因素、产业和其他特征联系起来。实证结果发现有或无服务业务的企业并购重组差距较大，显示了服务化不仅仅是企业的一种业务内容，而且是制药企业并购的一种关键机制，其影响的差异性又与观察到的和未观察到的特征有关。企业服务化战略实施的影响因素包括缺乏境外供应商、广告宣传费低、政府补助和税费返还少、总资产少、研发投入与员工数也少，而专利权较多、供应商与销售商的集中程度较高。

2. 不同服务水平对企业并购的影响

中国大部分企业还处于产品主导型阶段，少数企业处于服务增值阶段，极少数企业开始进入服务主导阶段。细致分析企业并购重组中的服务化业务有助于企业设计和实施不同的服务化战略。不同的服务化水平和业务情况可能为参与并购的诸多利益相关方带来机会，而不仅仅是收购方和被并购方，因此要认识到可能影响企业选择服务化战略的特定服务化业务因素。实践中的企业服务化战略类别和本研究结果表明，并购者和目标企业不同程度的服务化水平可以决定哪种服务化策略最适合当前的制药企业并购案例。制药企业采用在原有制造业务之外增加销售代理、慢病管理等服务，利用不同技术与研发服务水平，以及对并购后企业重新配置服务等策略取决于收购方和目标方的服务化业务特定因素。这使得并购过程中的管理者很有必要了解并购双方的企业特征与服务业务情况。

3. 不同于其他制造业的驱动要素

近年来中国推行仿制药一致性评价，但制剂药生产落后、创新能力不足的事实，也从侧面揭示了国内制药企业服务化策略实施的重要性。国内制药企业在近几年才开始国外并购，制药企业的服务化业务与其他制造行业明显不同。从影响企业服务化战略设计与实施的因素来看，制药企业的总资产、员工数等指标与其他制造企业大同小异，因此需要严格控制新建"低小散"制药企业，引导药品向现有企业集中，实现规模经营。从不同于其他制造业驱动要素的角度，本研究建议营造一种有利于采取服务、技术创新、广告与供应链管理等非价格竞争手段，以捕捉不同服务化策略潜在价值的政策环境。如何采取切实有效的措施从服务化业务以及其他影响因素角度优化不同行业企业创新培育机制，这是政策制定者需要重点考虑的问题。

三、基于产业链角度的路径：构建产业链集群

随着国家和地区经济以及嵌入其中的企业和个人通过贸易和 FDI 进行更密切的接触，集群的复杂性有所增加。集群中联网的大型和小型企业、大学、公共或私人研究机构也在越来越多地与地理集群边界之外的组织建立联系，以获得外部互补的知识库和全球创新过程（Turkina et al.，2016）。大量文献表明，集群被整合在其所在位置之外的更广泛的结构中，而且是当今全球经济的组成部分。特别是在发展中国家，跨国公司利用集群作为引导外国投资、知识和进口投入的平台。从历史视角来看，集群理解为支撑全球化进程的组织结构。本研究将集群作为全球经济和组织结构中的"开放"系统，以促进国际商业活动。

集群包括不同规模和类型的组织。经济地理学家发展了"基于知识"的集群理论（Maskell，2001；Maskell，Kebir，2006）和"演化方法"集群（Bresnahan et al.，2001；Trippl，Todtling，2008）。根据这种方法，集群通过平衡的隐性和编码知识的获取和交换而发展。集群成员通过"本地声誉"和"全球管道"系统访问内部和外部的知识来源（Bathelt et al.，2004）。"声誉"识别由邻近而产生的马歇尔外部性，"管道"是将知识引导到集群的其他地方的制度安排（Maskell et al.，2007）。声誉和管道通过共享的制度结构相互交织，通过技术转让实现积极的制度变革，并将制度锁定的风险降至最低（Bathelt，Glückler，2014）。总的来说，基于知识的方法没有明确考虑环境突发事件或外部冲击，影响集群的运行、演变或其在更广泛的全球经济中的作用。所谓的"位置特异性"实际上是"集群特异性"。马丁和森利（Martin，Sunley，2003）认为集群是"来自其他经济格局的独立实体"。蔡特林（Zeitlin，2008）观察到"地区的独立特征被夸大了"，呼吁更多地研究"地区与更广泛的世界之间的关系"。关于地区的经济地理学文献往往"低估了更广泛的外部—本地网络和结构的重要性"（Mackinnon et al.，2002）。最近的研究试图克服位置特异性和本地—全球二元性，比如将贸易博览会和会议作为"临时集群"。这些是横向互动的渠道，以确定远程知识交流的潜

在合作伙伴（Henn，Bathelt，2015；Maskell，2014）。进一步的研究集中在虚拟交流替代面对面交流的作用（Grabher，Ibert，2014）。

（一）跨集群的产业链网络

1. 跨集群的联系

集群的网络特征是由地理邻近性创造和加强的，经济活动往往具有重要的地方维度（Martin，Sunley，2006）。企业倾向于低估遥远的资源，即使获得这些资源可能是有益的，并倾向于它们从当地环境中继承的网络和治理结构。当主体有可能面对面交流时，专门的劳动力市场和隐性知识的交流尤其密集、高效和充满活力（Storper，1995）。乌尔夫和格特勒（Wolfe，Gertler，2004）和汉森（Hansen，2008），关注远程联系如何加强集群，以及基于集群的公司在海外扩张时如何利用本地衍生的优势。巴塞尔特等（Bathelt et al.，2004）指出，公司和个人通过建立"管道"来传输未编码的信息和隐性知识，跨集群寻求问题的解决方案。在这种观点中，隐性知识和编码信息可以在本地或全球范围内进行交换，尽管隐性知识的自发和偶然联系——工业区的"声誉"——往往保持高度本地化。外部管道有一个组织维度，建立子公司或通过建立信任或绩效的关系，以及人际维度，体现在日常通勤和搬迁的工程师和经理（Saxenian，2006）。尽管使用先进的通信技术，如"远程呈现"或"电话会议"系统，管道也需要"感兴趣的社区"或定期专业会议等机构维度来落实。经济活动是组织成一个由或多或少专业化的产业集群组成的网络，随着时间的推移，这些集群越来越相互关联。随着新集群的出现和旧集群建立创造全球联系，功能相关的经济活动的多样性、密度和地理范围在规模和范围上正在增加。由于社会和空间的邻近性，集群内的联系极其丰富和高效，而集群之间的联系值得努力，因为它们提供了对集群内没有的新信息和资源的访问。推动多个集群深度功能集成（Dicken，2003），这个过程被称为全球一体化。根据迪肯（Dicken，2005）的观点，作为经济地理学文献核心的地方—全球二分法是有用的，但最终并不能令人满意。我们需要一个开放的分析框架，能够适应所有的力量、参与者和空间尺度。能力是捆绑在公司和地方内部的，地方和遥远的联系不是相互排斥的，而是嵌套和日益一体化的空间经济的一部分，涉及所有空间尺度、地方、国家、洲和全球的凝聚力。

通过价值链结构，可以清楚地识别出较小规模的实体和参与者，如工人、集群、企业和狭义产业（Sturgeon，2001）。这种中观水平全球经济的视角提供了丰富的全球产业的分析。价值链最早的描述之一是："技术、材料和劳动力投入结合，然后加工后的投入被组装、销售和分配的过程，在这个过程中，一家企业可能只包含一个环节，也可以广泛地垂直整合"（Kogut，1985）。波特（1985）认为，价值创造是在不同但相互联系的阶段（价值链）中进行的。处理的关键问题是，哪些活动保留在公司内，哪些可以外包给其他公司（Gereffi et al.，2005）。价值链描述了所有从开发到使用后的处置都能提供产品或服务的活动，将重点从制造业仅仅是一个公司进行的活动转移到多个参与者向市场提供商品或服务而进行的所有活动上。GVC理论假设了一系列的治理结构，超越了垂直整合的跨国公司和集群文献所设想的跨边境市场交易。GVC框架中包含的治理理论确定了三种价值链协调的中间模式（模块化、关系和俘获型），可以用来分析本地化的产业链集群或"双重嵌入"的产业链集群。"本地声誉"和"全球管道"作为促进本地学习和创新活动的知识和信息渠道都很重要（Bathelt et al.，2004）。产业集群作为传播通用信息的渠道，特别是拥有平台领导者的公司，GVC作为将核心和隐性知识传播到集群企业的渠道。这两类管道是互补关系，导致了中国高科技产业的快速升级。大多数研究分析了劳动密集型产业的升级，随着中国、印度等一些新兴经济体在全球高科技产业中的地位日益增长，研究者逐渐认识到有必要对经济发展中国家的高科技产业升级进行分析。

  公司越来越多地与产业集群地理边界以外的公司建立正式联系，以挂钩全球生产和创新体系。它们与位于其他产业集群中的供应商建立了垂直的供应链关系，以降低其成本，创建了全球价值链（Sturgeon et al.，2008），与当地跨公司建立水平合作伙伴关系，以获得自身产业集群内无法获得的关键知识（Bathelt et al.，2004；Owen-Smith，Powell，2004）。因此，产业集群的成功取决于其本地和跨本地连接的网络（Wolfe，Gertler，2004；Lorenzen，Mudambi，2013）。很少有研究证明集群企业间的正式联系的密度是如何在本地与跨本地之间演变的。关于这些跨连锁类型的联系的组成（水平与垂直、企业内与企业外）随时间变化的信息更少（Ter Wal，Boschma，2009）。随着时间的推移，产业集群越来越专门从事价值链阶段，导致产业集群内部的水平联系加强，以及集群间垂直联系的跨本地化（外包）。除了地理位置之外，其他四个邻近维度（认知、社会、组织和制度邻近）也解释了企业创建组织间网络联系的可能性（Boschma，2005）。

其他研究也表明，组织间网络不受地域的限制，而是延伸到产业集群的地理边界之外。关于全球知识来源和全球价值链领域的研究强调，集群企业经常建立跨本地管道到其他集群中的公司和子公司，以获得互补的知识和资源。全球知识来源文献主要关注集群企业创建跨本地管道的横向知识寻求动机（Bathelt et al.，2004）。出发点是，集群在知识上存在显著差异（Chung，Yeaple，2008），而企业从知识多样性中获益。因此，集群企业有动机建立集群外的其他子公司或战略合作伙伴的跨本地管道，以获得本地无法获得的互补知识（Berry，2014）。集群企业越发在多个地理尺度上参与多个知识网络、生产网络和价值链（Gereffi et al.，2005；Gupta et al.，2008）。

2. 跨集群的分层结构

传统集群理论几乎集中于地方的内部治理，而将外部联系概念化，要么包含在多地点企业内部，要么通过独立的贸易关系。考察集聚地时不应只关注其内部的地方化联系，而应该把它们看成是全球网络上的节点，正是这些节点利用各种地方化联系促进了非地方化联系（可能是全球联系）的发展（尼尔·寇，菲利普·凯利，杨伟聪，2012）。认识到本地和跨本地联系网络对集群企业获取知识和资源非常重要，促使学者们超越传统的本地—全球二分法，采用产业集群的网络观点。集群所利用的知识和资源基础很少是自给自足的，因此将它们视为封闭或孤立的系统是有限的（Wolfe，Gertler，2004）。相反，产业集群是企业之间的本地联系网络，它嵌入在一个更大的跨集群交易的"全球集群网络"中（Bathelt，Li，2014）。成功的产业集群是指企业有效地建立和管理本地与跨本地广泛的联系网络，以获取相关知识和资源（Bathelt et al.，2004；Wolfe，Gertler，2004；Boschma，Ter Wal，2007）。

在水平上，由于强向心力的存在，相似的企业倾向于在同一产业集群中共存。联合定位为企业提供了共同获得区域专业劳动力的机会，并为企业提供了监控和向竞争对手学习的机会。与此相反，相关公司往往因为不同原因而共同定位：最小化空间交易成本（Lundvall，1992）。在垂直投入产出关系中，地理邻近性的最直接原因是，物理近距离减少运输和物流成本。此外，邻近性还促进了个人互动，这是监控产品质量、交换隐性知识以及在供应链内协作解决问题所必需的。由于链接形成的结构和企业共同定位的动机因不同链接类型而不同，因此当将全局集群网络划分为子网络时，全局集群网络表现出不同的拓扑性质。

沿着这些路线，垂直关系通常比横向关系更能产生跨地域链接（Malmberg, Power, 2005）。通信技术改进和贸易成本降低导致了垂直联系的转变，因为公司分割其价值链并将其价值链阶段转移到海外（Leamer, Storper, 2001；Sturgeon et al., 2008）。空间交易成本降低并不一定会改变促使类似公司在产业集群中共同定位的主要向心力，即其获得基于位置的专业知识池并监控其竞争对手的能力。因此，不应该期望它导致跨本地水平联系的显著增加，或者至少不达到垂直联系的程度（Morgan, 2004；Rodríguez-Pose et al., 2008）。相反，空间交易成本减少，甚至可能导致产业集群内的水平联系增加。那些能够将一个活动与价值链的其他部分分开的公司，有动力将该活动定位在其生产中具有相对优势的产业集群中（Duranton, Puga, 2005b；Grossman et al., 2012）。

空间交易成本降低导致了更细的劳动分工，产业集群也专门从事特定的价值链阶段，而不是整个价值链，即它们从部门专业化转向功能专业化（Duranton, Puga, 2005b）。因此，导致全球集群网络结构的转变。从水平上看，集群企业将与同一产业集群中的类似企业变得更加紧密。实际上，集群企业将加强与位于专门从事互补价值链阶段的产业集群中的相关公司的跨集群联系，因此，从地理共同定位的集群结构演化成按价值链阶段分层的跨本地集群结构，即产业链集群。马尔库森（Markusen, 1996）区分了四种类型制造集群。其中，马歇尔式集群（Marshallian industrial cluster）是竞争和互补活动的小型企业之间的分工，集群变化取决于小企业间的网络。这种集聚是原始工业化的形式，如中世纪的专业城镇（玻璃制造、丝绸编织）、工业革命期间的公会和贸易协会（如棉花），以及现在专门的制造集群（如中国的服装、制鞋和玩具的集群），这些集群也为全球供应链提供服务。轴辐式集群（hub-and-spoke cluster）是一个或少数几个大企业从当地供应商手中购买零配件，核心企业也可以有自己的运输等业务。轴辐式集群的变化取决于占主导地位的企业，20世纪初流水线的发展使得在炼钢、石化和汽车制造业形成了轴辐式集群。波音公司和西雅图地区是轴辐式集群的常见例子。这些集群反映了"即时生产系统"的韧性。卫星平台式集群（satellite platform cluster）是受外部所有者控制的，嵌入在外部组织环节中的一组不连接的分公司或配送中心，比如出口加工区。卫星平台集群通常对应于分公司聚集的高可达性的位置，如运输终端（港口、机场、多式联运终端）。例如，沿着美国—墨西哥边境的联营工厂是制造和分销集群，使它们进入庞大的美国消费市场。政府主导式集群是由于政府设施的区位决策而兴起的。现实中某些地方的集群是以上两个或多个集群特征的混杂体。

3. 供应链集群

商业模式的成功需要考虑需求周期、生产周期和供应周期之间的同步率。市场波动、需求变化和供应中断等不确定性使企业从"高效"转向"有效",只有保证适当的韧性来应对意外事件时,"高效"才会有用。世界经济现在的结构基于双重竞争:一是地区间竞争,试图吸引最佳投资;二是企业间竞争的日益全球化,试图寻找世界市场。

工业已经发展出一个系统结构,分布在不同的层次上,其中最直接的层次是"地方产业集群"(Sturgeon et al.,2007)。国家生产体系(national production system)就是由位于某个国家的一群产业集群组成(Sturgeon et al.,2007,2010)。将集群视为一种虚拟公司(Carrie,2000),来自不同行业的不同企业都是集群的组成部分,比如提供横向活动、流程或服务的公司。许多产品进出多个集群,以利用作为供应链一部分的每个产业集群的竞争优势。对于高附加值产品,最重要的成本不是与劳动力和能源相关,而是供应链内的总成本以及与知识产权相关的成本,这就要求生产企业靠近最终市场和获得可靠的供应链。据估计,就近外包(nearsourcing)能降低成本20%—50%。当前供应链的边界将是产业集群及其供应链集群之间的竞争,而非个别企业的供应链之间的竞争。当竞争系统的要素之间的关系越来越多样化和强度增加时,公司不仅要加强与供应链内的合作伙伴的合作,还必须扩展到与竞争对手的特定合作。

企业"最初商业模式"与经济、产业和区域环境之间的相互作用,是鲍耶和弗雷塞内(Boyer,Freyssenet,2000)定义的"杂交(hybridization)"。商业模式与外部环境的互动,逐渐发展到依赖当地运营环境(产业集群)的特性。这样,产业集群就影响了整个流程(全球供应链)中企业—区域系统的竞争力。这就是为什么工业和服务组织必须被视为"横向、开放、复杂和不断适应"的系统。其中,"横向"是因为在商业模式的结构下,企业控制整个供应链的一些流量,也控制周围的环境,比如它们所属的产业集群(Cedillo-Campos et al.,2006)。"开放"是因为这是企业全球供应链的互换,以及全球供应链和产业集群之间,企业的内部流程调整其区域运营性能(风险、基础设施、管理、人力资源等),但也改变了区域(环境影响、经济分配、人力资源等)。"复杂"是因为它们所提供的活动、流程和服务之间存在着广泛且不断增加的相互关系。"不断适应"是因为与竞争环境和区位环境保持着相互作用，创建了一个动态的供应链—产业集群。全球供应链的存在使不同产业集群之间的竞争、合作成为可能。工业制造越来越成为一个全球化的产业，竞争力的基础也从国家之间转移到企业间和供应链之间，以及转移到全球供应网络和产业集群的本地成分之间。结合产业集群和供应链构建一个"供应链集群"时，就会出现积极的交互作用：将资源组织在特定的地理区域，简化和缩短了供应链；地理邻近性极大降低了供应链的复杂性；同属一个供应链的企业间相互依赖和信任加剧。集群企业内部的长期定位，直接改善了供应关系的性能（Rodrigue，2012；Cedillo-Campos et al.，2013；Carrie，2009）。由于技术、关系、组织和文化的邻近性，流程可见性得到了提高；当供应链的合作伙伴位于同一产业集群时，灵活性就会增加；由于供应链合作伙伴的集聚和协调，供应链的中断风险降低了；反馈周期更短，使供应链的转换更快，节省了大量的成本。供应链集群（SCC，supply chain clustering）是一种具有强大物流支持的新型产业组织范式。

（二）"双重嵌入"的产业链集群

1. 价值链攀升和产业升级

格雷菲（Gereffi，1994）创造了"全球大宗商品链"一词，将价值链的概念扩展到全球价值链。格雷菲（Gereffi，1999）等（如 Humphrey，Schmitz，2002a；Rabellotti，2005）建立了一个概念框架，将价值（附加值）链与产业全球化相结合，同时关注发展中国家。拉贝洛蒂（Rabellotti，2008）强调，全球买家和生产者是推动全球分散价值链形成的主要驱动因素。汉弗莱和施米茨（Humphrey，Schmitz，2000）区分了三种治理类型：①网络（公司合作），②准等级（自上而下，但法律上独立），③等级（直接所有权）。格雷菲等（Gereffi et al.，2005）开发了扩展的治理模式。①市场：市场联系不一定要像典型的现货市场那样，是完全短暂的；可以通过重复交易（低转换成本），持续一段时间。②模块化价值链：供应商会根据客户的规格定制产品，有时不太详细（直到转向关键产品/服务）。③关系价值链：买卖双方之间复杂的互动，产生相互依赖和高水平的资产特异性（通过声誉、关系或家庭关系）。④俘虏价值链：小型供应商在交易上依赖于规模较大的买家（供应商的转换成本高，领先公司的高度监控/控制）。

⑤层次结构：特点是垂直整合（自上而下的管理控制）。现实中通常会发现不同治理形式的混合物。这种分类方法为治理结构提供了一个更为动态的视图。治理模式可以随行业成熟度而改变；同在一个行业中，也可以在链条的各个阶段有所不同（Gereffi，2011）。

GVC学者从整体角度看待产业升级。重点不仅仅是一家公司，而是价值链中联系在一起的一群公司。波特的三个方面——更好的产品（或服务）、更有效的过程、价值链中活动的功能重构——与现有的治理结构相关联并受到影响。瓜拉尼等（Gualani et al.，2005）采用这种方法，将升级视为创新，并将其定义为用以增加附加值的创新。创新不仅被定义为一种突破性的生产创新（产品升级），如一种完全具有颠覆性和新型的产品。创新也可以是小的步骤或增量的过程，对公司来说是新的（工艺升级），可能涉及转向不同的活动（功能升级）(Giulani et al.，2005)。朱拉尼等（Giulani et al.，2005）的模型描述了四种不同类型的升级方式：①工艺升级（Process Upgrading）是指通过重组生产系统或引入先进技术，更有效地将投入转化为产出；②产品升级（Product Uprading）是指增加单位价值，转向更复杂的产品线；③功能升级（Functional Upgrading）是指在链中获得新的、优越的功能，如设计或营销，或放弃现有的低附加值功能，专注更高的增值活动；④跨部门或跨链升级（Intersectoral Upgrading/inter chain upgrading）是利用在某一特定功能中获得的能力进入新的部门，比如利用生产电视机的经验，转而制造计算机显示器。

价值链内的升级意味着改善在价值链上的位置，与施振荣（Shih，2005）的微笑曲线或穆丹比（Mudambi，2008）的适应（adaptation）有关。但升级的目标是远离低附加值和低门槛的活动。这并不意味着偏离了在最初的微笑模型中所示的生产。一些发展中国家的公司仍然专注于生产，并通过这样做来获得高附加值。升级本身似乎是必要的，因为越来越多的生产商在全球市场的低端展开竞争（Humphrey，2004）。在不断变化的环境中，发展中国家的公司必须"改变"或"升级"，以保持其相对有利的地位。最好的反应是通过产品或工艺升级，或通过功能升级来进行（Cattaneo et al.，2010），尤其强调功能升级是减少脆弱性的最佳方式（Humphrey，2004；Giulani et al.，2005）。朱拉尼等（Giulani et al.，2005）指出，功能升级可能对竞争力产生持久影响，因为它增加了竞争对手的进入障碍。汉弗莱（Humphrey，2004）和格雷菲（Gereffi，1999）考虑发展中国家的企业转型，从原始设备组装（OEA）到原始设备制造（OEM），到自有设计制造商（ODM），最后到自有品牌制造（OBM）。但这些阶段不应被视为严格连续的。HTC等大型电信运营商，似乎从OEA直接跳到ODM阶段，表明企业可能以任何数量的方式增长，因此，升级并不一定必须是连续或增量的。

GVC研究的一个目标是确定哪种类型的价值链为当地生产商提供了更好的升级前景（Humphrey, Schmitz, 2004）。一些实证研究得出结论，权力不对称将决定主要买家（价值链领导者）是否支持这种升级过程。汉弗莱和施米茨（Humphrey, Schmitz, 2000）指出，潜在买家往往会阻碍升级过程，因为这将把以前的供应商转变为未来的竞争对手。如果公司加入GVC，供应商买家关系可能会促进一个学习过程，这反过来可能会促进升级（Humphrey, 2004）。公司这样做不仅是出于内生原因（利润），也是出于外部原因（买家的压力），以留在价值链中。莫里森等（Morrison et al., 2008）同意这种观点，认为GVC中的升级依赖于价值链中各参与者之间的关系（治理和权力不对称）。

2. 价值链攀升与商业模式（企业的主动行为）

GVC方法已经证明了全球联系如何在学习、创新和升级方面发挥重要作用。莫里森等（Morrison et al., 2008）批评GVC文献中升级概念的"模糊性"，升级被认为只发生在公司层面，是外部压力（价值链治理）的结果。寇伊等（Coe et al., 2008）基于企业水平，围绕学习、创新和升级的概念，引入"技术能力"一词，这是企业所拥有的，不同企业存在差异。莫里森等（Morrison et al., 2008）和皮埃特罗贝利等（Pietrobelli et al., 2011）用术语"技术能力"和"创新系统"为GVC升级添加新的视角。他们将重点分析单位转移到企业层面（Morrison et al., 2008），并用创新视角来看待功能升级。因为本地企业是"所有分析的核心参与者"，但仍被视为"黑匣子"（Coe et al., 2008）。对莫里森等（Morrison et al., 2008）来说，学习和创新是企业和国家成长、发展的两个主要基石。不同于一般GVC文献所研究的价值链治理，他们专注于公司的特征和态度。对技术能力的分类中，他们根据拉尔（Lall, 1992）将"技术能力"定义为投资、生产和联动能力。升级被视为本地公司有目的活动的结果，而不是外生的或被动的（Morrison et al., 2008; Coe et al., 2008）。在GVC治理方面，升级可以看作是一个双向过程，本地企业的升级尝试很可能会影响到领导企业。因此，升级不仅发生在自上而下，而且发生在自下而上的过程，不同于聚焦治理的GVC文献

(Gereffi 与 Kaplisnky 的宏观角度，汉弗莱和施米茨（Humphrey，Schmitz）的微观/集群角度），重点是将企业作为一个分析单位，可以解释为什么国家和公司嵌入在类似的 GVC，但升级不同（Morrison et al.，2008；Coe et al.，2008）。

仅仅有创新或升级并不一定能建立可持续的竞争优势（Teece，2010），如果创新或升级没有与合适的商业模式结合来获取价值，价值将由其他人获得（Dedrick et al.，2010）。技术创新并不能保证业务的成功，新产品开发应该与商业模式相结合，通过定义"进入市场"和"获取价值"的策略（Teece，2010）。佐特和埃米特（Zott，Amit，2009）采取整体的角度将商业模式看作"面向总价值创造，其中大企业的讨价还价能力更强，创造的价值更多"，这种观点可以追溯到治理讨论 GVC 文献和格雷菲等（Gereffi et al.，2005）权力不对称的概念。因此，企业层面的研究重点不仅在于 GVC 的升级、创新和技术进步，还应进一步纳入商业模式，这可能是实现功能升级或攀登价值链阶梯的途径。尽管不是流程或产品方面（工艺或产品升级）每个小改进都需要完整的商业模式创新，但如果流程更高效，就可以通过更高利润率或更大市场份额来获取价值（Treece，2010）。另外，大规模的功能升级或创新可能需要改变或更新现有的商业模式，因此需要商业模式（重新）创新。学者们也在关注价值链的方法，并将价值链中的定位视为商业模式生成过程的一部分（Treece，2010）。特里斯（Treece，2010）指出，"该行业必须在价值链中进行各种活动，但公司选择哪种活动在很大程度上是商业模式的选择"。因此，（功能）升级和创新是最初正在进行的商业模式生成的一部分。企业的环境不能在商业模式的生成中被忽略，它是经过深思熟虑过程的一部分，也是选择本身的一个变量。选择过程是双面的，公司可以选择它的商业环境，但也可以被选择，因此公司可以塑造环境（Mitchell，Coles，2003）。不仅是领先企业，当地中小企业也可以通过升级改造来塑造其环境。因此，商业模式的概念似乎是有价值的补充，可用来观察企业层面的学习、创新和升级是如何发生的——最终攀登价值链，摆脱 U 形价值曲线。

作为严重受制于国外大型跨国公司的制药行业来讲，中国当前的制药企业逐步从生产仿制药向原研药发展，其中也呈现出许多商业模式的创新。表 5-1 整理归纳了中国大部分上市制药企业商业模式创新的相关服务业务内容（第一列），其中医药贸易（包括批发和零售代理）、药品配送和技术服务已经比较常见,增值服务、研发服务、CDMO（合同定制生产）和融资租赁等新形式在近年也不断出现。按照吉罗特拉等（Girotra et al.,2014）的分类方法,中国大部分的制药企业还处于产品主导型阶段,少数企业处于服务增值阶段,极少数CDMO和研发服务企业开始进入服务主导阶段。制药行业的事实证明,商业模式创新与"价值链攀升"是产业升级的一个并行过程。

表5-1 制药企业商业模式创新的相关服务业务

业务内容	代表企业	典型中类
医药贸易（代理批发、零售）	九芝堂、恩华药业、陇神戎发、哈药股份	化学药品制剂、中成药
海外贸易	华润三九、中国医药、中牧股份、康美药业、华海药业	化学药品制剂、OTC、兽用药品
药品配送	盘龙药业、浙江医药、圣济堂、千金药业	中成药、化学药品制剂
技术服务	凯莱英、安科生物、智飞生物、九州药业	化学药品制剂、中成药、生物药品制品
技术出让	易明医药、沃森生物、辰欣药业、普莱柯	化学药品制剂、中成药、生物药品制品
医疗服务（细胞免疫治疗、中医馆、健康管理中心等）	景峰医药、金陵药业、恒康医疗、北陆药业、红日药业、福瑞股份、仟源医药	化学药品制剂、中成药
增值服务	康恩贝、卫信康	中成药、化学药品制剂
研发服务（临床前与临床研究）	亚太药业、誉衡药业、龙津药业、我武生物、太龙药业	化学药品制剂、生物药品制品、中成药
CDMO（合同定制生产）	海瑞普、凯莱英、康芝药业、航宇药业、天宇股份、奥翔药业、九州药业	化学药品原料药、化学药品制剂
融资租赁	中珠医疗、千红制药	化学药品制剂、生物药品制剂

资料来源：作者整理。

3. 集群网络与企业国际化

将集群和国际化相结合的关键思想依然是专业化,即将制造业集中在具有特殊技术流程和人力资源的独立部门,是国际贸易的基础。集群的国际化为基于国际层面上企业间的新型劳动分工、重组跨领域的创新过程提供了广泛的机会。此外，集群国际化被认为是发展世界级集群的战略。集群国际化通过多种邻近和断断续续的空间邻近的有机结合，克服了时间和空间障碍，完成了知识密集型产品的生产。

约翰逊和瓦恩（Johanson，Vahlne，1977）的阶段国际化模型（stage internationalization model）也被称为 U 形模式，特别强调国际化之前的阶段，即从国内集群获得经验，然后采取小的、渐进的步骤来打开国际市场。约翰逊和马特森（Johansson，Mattsson，1988）将阶段国际化模型修改为网络模型，假设个别企业依赖于其他企业控制的资源，要获得这些外部资源的唯一途径是在网络中确立一个位置（Ofosu，Holstius，2012），企业是否成功地实现国际化取决于它们在集群网络中的地位。波特进一步解开了全球经济中的区位悖论，即通过集群的国际竞争力来看待国家的竞争优势。地理集中加强了国内竞争，并与全球化相结合，迫使企业进入国外市场，从而提高其国际化程度（Porter，1998）。奥维亚特和麦克杜格尔（Oviatt，McDougall，1994）的天生全球企业（born globals，BGs）是小型创新企业，由于其深度的专业化，可以快速进入国外市场。天生全球企业（BGs）通过国际网络管理其活动，为自己提供信息和资源利益（外国合作伙伴和新的竞争市场的知识）和控制利益（网络合作伙伴之间的信任、嵌入性）（Falize et al.，2012）。网络关系是加速其国际化的重要工具，因为在集群内行动时，企业将发展自己的能力并提高国际竞争力。综上所述，国际化和集群概念的共同理论背景是：专业化作为国际贸易和产业定位的基础，区位特征和网络作为降低交易成本的重要工具，在竞争和创新过程中发挥作用。

四、基于集群演变角度的路径

1. 制度基础与新路径

制约区域韧性的一个因素是制度基础。区域规模在促进适应不断变化的经济环境方面不断变化的作用核心是，各种制度如何适应作为本区域产业结构核心的主要产业和技术的变化。这关系到公司、行业和制度调整现有知识库和本地化能力以产生和开发新的商业价值知识来源的能力。有韧性的区域是指现有集群能够熟练地从衰退的产业或技术中转型，同时利用当地知识基础设施培育新的、潜在的增长领域。它们的发展模式受到当前经济的产业实力以及支持这些部门的广泛制度的影响。城市或区域经济历来专门化的那些部门将限制其未来增长的能力或为新部门的出现创造机会。这些部门出现的基础将反过来受到本区域内公司和机构对新知识来源、现有知识基础设施以及人才和技能的开发利用能力的影响（Wolfe，2010）。对区域制度结构的逐步重组有助于创造机会，探索互补产业和技术之间的新联系（Strambach，Kement，2013）。

制度创新对于新路径创造可能是重要的，而不仅仅是过渡到新技术的能力。组织和制度遗产影响落后区域新路径创造的潜力有多个原因。形成制度或组织的初始条件可以成为持久的制约因素。组织结构可以被锁定到相对较窄的惯例、目标和未来成长轨迹的子集。历史先例形成了整个体制矩阵，因为每个新的组成部分都适用于现有结构的要素，因为放弃它们的"沉淀成本"变得过高（Sotarauta et al.，2018），在结构之间产生了强烈的持久性。逆转以前的选择范围可以限制在时间上形成道路发展的机会（David，1994）。因此，新路径创造可能需要一系列行为者进行积极的创业干预，包括企业家之外的科学和政策领域的行为者。索塔罗塔和苏维宁（Sotarauta，Suvinen，2018）将制度机构分为两种类别：制度创业（institutional entrepreneurship）和制度导向（institutional navigation）。其中，制度创业是"有意识地努力汇集、调动资源和能力，以创建和/或改变制度"，制度导向"侧重于行为者处理许多制度的混合信息的方式，制定和实施自己的战略"（Soarauta et al.，2018）。新路径创造进程取决于来自一系列部门的企业行为者的制度机构，以塑造新的经济机会。在新路径创建过程中，行为者获得新的视角来审视其城市或地区的经济状况，并构建新的经济机会。随着时间推移，该区域成立新设机构或组织，并能够对一系列新的经济机会进行解锁。

2. 跨国公司与新路径

跨国公司控制着国外子公司和附属机构构成的企业内网络，还管理着由独立承包商、供应商、企业合作者和战略同盟构成的企业间网络。20世纪80年代的大量研究表明，跨国子公司与其母公司之间的关系发生了变化，子公司被赋予更广泛的任务，以推行"资产寻求"或"资产增值"战略。东道国不仅是母国产品的市场，而且是跨国公司竞争优势的潜在来源。一项研究将"MNE描述为地理上分散的创新的国际网络"，强调"网络每个节点的地方知识创造和交流之间的动态联系"（Cantwell，2009）。"资产增值"战略可通过下文的路径输入在东道国经济中实施，但区域现有的跨国企业也有可能采用这种方法。

要使"资产增值"等战略取得成功，跨国子公司必须嵌入到本地网络。随着跨国公司的创新战略转向网络化技术集成，目标是将多个不同节点或英才中心之间的一系列高价值创造活动联系起来，这些节点或中心共同构成了跨国公司的国际网络。跨国公司通过将一系列相互依存的子公司和研究中心联系到不断变化的互补活动中来创造新的价值（Cantwell，2013）。跨国公司与东道国之间关系的研究与新路径创造的文献有联系。在能够利用其独特研究资产和能力建设的区域经济体，有可能吸引跨国公司的新投资，以获取本地能力，作为跨国公司全球创新战略的核心要素（Cantwell，2017）。这条道路被证明是成功的地区也许能够利用新企业投资来帮助其走上一条现代化的道路。

3. 新路径的发展模式

根据路径依赖、区域韧性和集群生命周期的文献，马丁和西米（Martin，Simmie，2008）、博施马和弗伦肯（Boschma，Frenken，2005）等探讨了区域经济可能改变自身发展道路的不同轨迹。在博施马（Boschma，2014）关于相关和非相关多样性的启发下，特里普尔等（Trippl et al.，2015）提出区域产业振兴的三条主要途径。第一，路径扩展（path extension）。这是通过现有公司在区域集群或部门中采取增量创新来实现。这种路径开发面临的挑战是，增量创新是否足以抵消面临的挑战：新的低成本生产地区或较新的更具创新性的生产区域。被锁定在现有生产技术的区域经济体依赖于现有知识库，并仅限于增量创新，振兴现有部门或集群的机会有限，最终导致停滞和区域路径枯竭。第二，路径分支（path branching）。这涉及从现有的区域知识库和生产专长或能力领域过渡到与现有知识、能力和专门知识密切相关的行业或部门，由博施马和弗伦肯（Boschma，Frenken，2005）在区域分支和相关多样化的文献中提出。第三，创建新路径（new path creation）。这涉及现有行业部门或集群的生产技术中，在非相关知识领域出现新企业，对应博施马（Bochma）的非相关多样性的概念。新路径创建通常基于新的研究领域，因此更强烈地依赖于阿什海姆和格特勒（Ashheim，Gertler，2005）的分析性，而不是合成知识库，或者伦德瓦尔所指创新的STI模式，而不是创新的DUI模式（Lundvall，2006）。史多坡和沃克（Storper，Walker，1989）将地理维度的技术创新过程描述为"新的区位机会窗口"（the window of locational opportunity）开放。

伊萨克森（Isaksen et al.，2018）引入另外两种路径发展模式：路径输入

(path importation) 和路径现代化（path modernization）。路径输入是与外来投资有关的道路，涉及新的外国公司或技术移民流入，带来本区域以前没有的新能力。这可能导致该区域在全球生产网络中重新定位，在提升技能和生产能力的基础上向价值链上游移动。路径现代化包括在该区域注入新技术或重大组织创新的基础上，将发展道路转变为新的方向（Isaksen et al.，2018）。戈拉西诺娃等（Goracinova et al.，2019）建立第六种路径发展模式：路径杂交（path hybridization），发生在两个不同部门，如汽车和通信（ICU）的技术能力整合成一套新技术，成为其中一个部门生产模式转变的动力。

五、跨越产业部门的混合路径

（一）本地集群的混合路径

根据创新网络理论，集群是一个"超结构"子系统，处理"接近市场"的实际创新。它们相互开展"网络"，不仅在联盟或伙伴关系，有时在局部供应链，还在创新政策和知识生成子系统（Cooke et al.，1991）。因此，这些系统具有与创新支持治理相关的子系统特征。每个子系统也被认为与全球、国家和其他区域创新行动者相互作用，甚至通过技术或部门创新系统。全球竞争加剧导致时间和空间的压缩（time-spae compression）：新产品和服务开发的速度大幅度提高，"远方"的竞争者不再遥远，时空压缩对跨国公司的全球扩张形成了限制，因为跨国公司生产系统内在的复杂性和即时生产的"脆弱"联系，使得空间集群成为必需，以降低供应中断的可能性。

1. 超集群学习（Exceed-Cluster Learning）

创新企业越来越被视为"嵌入更广泛制度背景下的学习组织"（Mytelka，Smith 2002），促使弗里曼和伦德瓦尔（Freeman，Lundvall）提出"创新系统"概念（Carlsson，2006）。这里的集群是指创新企业和支持机构的网络，被认为是在地方或区域层面发展，然后向全球层面延伸，与集群概念的最初含义不同。通过培养"本地蜂鸣"（local buzz）加强区域关系、联系和集群认同，人们很可能会忽视其他商业创新努力，例如，建设"全球管道"（global pipelines）——寻求和结合国际知识与自身知识、"独立"（standing alone）——依赖内部知识资源进行创新（Bathelt et al.，2004）。其中"独立"是内部的（Internal），"本地蜂鸣"（local buzz）和"全球管道"（global pipelines）属于外部（External）联系。

"独立"策略的学习基于内部机制（通常不交易），实行独立策略的企业依赖于试错。在"本地蜂鸣"策略中，公司使用偶然和有目的的、正式和非正式的、个人和商业的，以及与当地参与者的短期和长期的接触。巴塞尔特等（Bathelt et al.，2004）将"本地蜂鸣"定义为"同一行业、地点或地区的面对面接触、合作和共同定位所创造的信息和交流生态"。"全球管道"策略寻求并将外部、跨本地和国际知识与自己的知识相结合，因此包括学习互动与位于世界其他地方的贸易方和合作网络学习、与公司同行（竞争对手）、链（供应商和买家）或相关产业（对角线链接），和/或与学者、顾问和其他（可能是非交易相互依赖）。

邬爱其（2009）从地理和产业维度将超集群学习具体分为三种模式：一是本地跨产业学习模式（Ⅰ类），即集群企业向集群所在地的非相关产业的其他企业和组织学习；二是异地同产业学习模式（Ⅱ类），即集群企业向集群所在地之外的同行企业和相关组织学习；三是异地跨产业学习模式（Ⅲ类），即集群企业向集群所在地之外的其他产业的企业和组织学习。跨地域、跨产业的学习正成为传统产业集群实现创新以及转型成长的有效模式。许琳等（2017）对澄海玩具产业集群协同演化的案例研究表明，龙头企业通过跨地域学习和研发创新，正向动漫、网游、体育等文化产业渗透发展，为本地玩具产业带来新商机。

集群可以降低基于经验、专业知识、社会网络、经济密度和地理邻近性的交易和交换成本。这种成本优势可能被相对较高程度的认知接近性所抵消，从而在某些集群中产生较高的锁定（lock-in）风险。另外，跨本地网络可能具有扩大认知范围和提高跨公司学习潜力的优势，但也带来第二个问题：混乱（chaos）风险——可理解性不足，缺乏吸收、过滤和调整新知识的可能性。这就是为什么在网络的结构和空间尺度上的及时转变比关注集群或网络本身更重要。这也是为什么应该有不同层次的策略：本地、跨本地、全球（local, translocal, global）（Visser, Atzema, 2007），导致一个更分散的、基于过程的、区域特定的、空间分化的和多层次的创新系统。

2. 跨行业升级路径

以往研究表明，GVC 中跨价值链升级和跨行业升级（interchain and intersectoral upgrading）确实发生过，甚至在领先企业对供应商控制强大的行业，如服装（Goto et al., 2011）、鞋类（Navas-Alemán, 2011）和汽车行业（Castelli et al., 2011; Rugraff, Sass, 2016; Fujita, 2013）。然而，这些研究要么广泛地考察了供

应商的升级，要么集中于某种类型的升级（通常是功能升级），而跨价值链和跨行业升级很少作为研究重点进行系统分析。"跨行业升级——进入新的、更高附加值的供应链——可能是整体发展轨迹中最重要的，但在价值链案例研究文献中受到的关注最少"（Milberg，Winkler，2013）。

朱拉尼等（Giulani et al.，2005）构建的跨行业升级是利用某一特定功能中获得的能力进入一个新的部门。比如，一家企业利用生产电视机的经验，转而从事计算机显示器的制造。而"超集群学习"为跨行业升级奠定了基础。邬爱其（2009）将超集群学习分为异地同产业学习、异地跨产业学习和本地跨产业学习三种模式，本研究重点分析后面两种模式。我们看到更多的还是企业实现了跨行业升级，但整个集群没有实现跨行业升级。跨行业升级通常被视为升级的最后阶段，因为它需要多样化的产品和市场知识。

企业的成本、风险和利益通常从流程升级到跨行业升级而增加，但并不意味着升级总是按固定顺序进行，也不意味着必须升级到一个级别的升级才能进行下一个级别的升级。各种类型的升级经常被连接起来。例如，产品升级可能是进入新市场渠道的要求。同样，产品和功能升级也联系在一起，因为在生产者和出口商之间建立直接关系有助于促进终端市场所需产品类型和质量的信息流动。产品升级可以为新产品应用于其他价值链（跨行业升级）或垂直"向上移动"价值链到新功能（功能升级）打开大门，如基于产品提供的独特、复杂属性的营销和品牌推广。渠道升级到本地或国家市场可以用来获得新的功能技能，因为供应商和买家之间的物理和社会距离更少，买家往往对价值链的控制更少，而供应商对本地终端市场的了解更多。此外，跨行业升级通常是结合多种升级战略进入一个新的价值链的结果。

戈托等（Goto et al.，2011）对越南服装供应商的研究发现，大多数供应商将美国、欧洲和日本合并为国内市场以外的主要出口市场。最具竞争力和最高效的供应商甚至声称会拒绝来自美国买家的订单，因为这些美国买家专注于低价产品细分，并转移来自欧洲和日本的订单的生产能力。纳瓦斯-阿莱曼（Navas-Aleman，2011）对出口导向型巴西鞋类和家具生产商的研究强调除了出口市场外，同时服务于国内和地区市场的重要性，因为与国内和地区领先企业的关系是以市场为基础的，因此更有利于供应商的功能升级。客户多元化也出现在汽车行业的供应商中，研究表明，供应商可能积极多元化客户基础，因为他们扩展供应高档汽车制造商，或者被迫多元化，因为他们应对危机的主要客户或经济作为一个整体（Castelli et al.，2011；Rugraff，Sass，2016）。典型的例子是电子元件制造商，其主要客户是电子行业，而不是汽车行业。在另一个极端，发展中国家从事的活动要少得多。例如，藤田（Fujita，2013）对越南服务于日本或中国台湾投资客户的本地一级或二级摩托车零部件供应商的能力建设的分析发现，许多供应商实际上在其他行业同时运营。他们利用其金属、塑料或橡胶的加工能力，为国内市场生产家用产品，或为国内外客户生产自行车、汽车、消费电子产品或农业机械的零部件。行业边界以外的多样化似乎也是汽车零部件供应商面临竞争挑战的共同反应。

（二）集群的衍生：邻近的 Jacobian 集群

在产业生命周期的开始阶段，许多地区出现一些新公司，但只在少数地区成为集群的来源（Romanelli et al.，2006；Klepper，2007b；Boschma et al.，2007）。区位机会的窗口（Storper，Walker，1989）、核心—外围模型（克鲁格曼，1991）和随机方法（Arthur，1994）解释集群出现是历史事件的结果（克鲁格曼，1991），集群出现在集聚经济最初开始起作用的地方。这些模型无法解释另一种现象，即在没有集聚经济的条件下集群是如何产生的。比如，某些新兴集群既没有公司的大量集中，也没有广泛的集聚效应，因此，传统集群的定义不适用于它们的出现阶段。克莱珀（Klepper，2007a，b）假设集聚经济不是集群产生的必要条件，从现有公司继承到衍生是集群出现的关键过程。集群出现往往以一种特殊的企业形成为标志，即衍生（Romanelli et al.，2006；Klepper，2007），包括底特律汽车集群（Klepper，2007）、阿克伦轮胎集群（Bünstorf，Klepper，2009），以及美国生物医药行业中最大的集群（Romanelli et al.，2006）。这种现有企业形成的衍生过程或增长模式被罗曼内利与费尔德曼（Romanelli，Feldman，2006）称为"第二代增长"（second-generation growth），并认为是集群出现的重要因素。克莱珀（Klepper，2007）用遗传理论解释衍生对集群形成的重要性，指出拥有更好惯例的公司变得更强，产生更多更好的衍生企业。由于衍生企业往往位于孵化器附近，高集聚度可能会出现，而相关企业之间并没有正外部性。即使存在某些正的区域外部性，也可能只集聚一些衍生企业。该论点挑战了只有集聚经济才能增强区域集聚的观点。衍生通常被认为是多样性的来源。然而，它实际上只代表了现有组织中存在多样性的某种表现形式（Frenken et al.，2007）。因此，新企业是旧企业创造多样性的结果，企业形成和多样性创造这两个过程必须分别考虑（Menzel，2008）。衍生过程发生的情况包括，如不满意的员工（Klepper，2007a）、企业危机（Bünstorf et al.，2006）或特定环境（Saxenian，1994），要真正了解衍生，就需要用衍生之前的事件来阐明"第二代增长"的来源，即形成衍生基础的知识创造（Menzel，2008）。导致衍生有两种机制。①企业的惯例和继承造成的多样性。这是克莱珀（Klepper）的论点，即出生和遗传导致集群的出现，而不是外部性或集聚效应。②区域学习造成的多样性。这种机制考虑了衍生所依赖的能力，假设能力基于区域学习过程，因此衍生取决于区域环境。第一种Klepper假说的证明需要一种增长模式，在该模式中要求使得衍生出现的惯例是在现有公司内部产生的，衍生可以追溯到少数祖先来源，其中衍生的能力仅在孵化器中产生。第二种区域学习假说的证明，需要追踪衍生的能力，基于同一地区其他组织的互动。

1. 集群的拥挤效应

根据熊彼特的"蜂群"概念，那些具有创业精神的创业移民是否会像蜜蜂一样，因为旧的蜂巢过度拥挤（Gould，1992），而逃离他们之前过度拥挤的群体，寻求创造一个新的蜂巢。集群出现可能来自企业迁移到城市以外的地理位置较近而寻租率较低的地方，寻租模型与"Jacobian"模型都运用"累积因果关系"。虽然Jacobian模型是正累积的，但寻租模型是"母亲城市"负外部性的累积结果。

2. 集群的平台效应

集群一旦出现，可能会随着时间推移而分裂或突变为一个新的或多个集群。当许多集群以相关多样性和地理邻近性共存时，可以将它们的形式称为相关产业的"平台"，而不是历史上早于该平台的单个集群。在这些多集群的地区，大量的技术收敛是可能的，也是必要的。可比较的技术资产不一定能从熊彼特式的"新组合"中产生最佳解决方案。然而，在一些地区，集群可以很容易地从其他集群演化出来，集群"物种"的增殖使该地区的产业组织具有更多的集群"平台"特征。一些地区有能力较快地突变许多"Jacobian"集群，显示出"相关多样性"的演化特征（Frenken et al.，2007）。关键是多样性的演化概念，即一些创业和创新机会的新组合出现在地理邻近的空间。这是由于知识溢出和邻近经济活动之间相当高的吸收能力相结合。因此，Jacobian 多样性既是集群出现的背景，也是集群出现的"演化燃料"，只要相邻的经济活动之间不存在过多的认知失调或认知距离。Jacobian 集群出现于知识交叉培育的新组合。博施马与兰布伊（Boschma，Lambooy，2002）发现明显不同的工业区在工程能力上表现出"相关多样性"，以及对邻近产业和集群的创新具有较高吸收能力。

相关多样性并不固定于部门的关系，而是体现了特殊的背景技术融合。预测后者的交叉培育要比前者困难得多。解决该问题的方法是另一种"事后"的类型分析，这种意想不到的互动可以被称为"揭示的相关多样性"。根据这种推理路线，Jacobian 的变异不是在集群内部，而是在集群之间。此外，它很可能发生在相对地理邻近的区域。通过不同强度的创新"突变"，偶然在相关经济多样性的区域"平台"中产生连续的集群现象。Jacobian 集群最突出的特征是集群通过相互关联的"相关多样性"特征而建立新的集群。

3. 区域的学习效应

区域创新系统背景下的集群出现，"社会资本"仍然是中小企业集体创业的一个重要维度。它通过相关多样性进化，使技术分支成为可能。技术学院、技术和工艺学院和大学等 RIS 基础设施，维持了创业精神和本地知识转移。区域环境为"相关多样性"中出现熊彼特"新组合"提供了机会。在相关多样性较弱的地方，出现的 Jacobian 集群就较少。Jacobian 集群也可能受益于其他社会、制度和组织资产（Cantwell et al.，2003），如下面列出的，以及更多的经济资产、知识溢出和高的横向吸收能力：社会资本；集体创业精神；技术分支（"新组合"机会）；外围性（与关键治理核心的感知距离）；幼稚产业补贴；创新系统——区域研究和技术机构、大学、区域创新平台政策和资助。复杂网络形成了以不同类型邻近性为特征的关系，从而使现有知识的有效重组成为可能。衍生能力是在同一组企业内的交互过程中产生的。其他三个衍生是通过对不同起源的组织的知识的重组而产生的。这三个衍生在"结构洞"中形成，那里的网络只有弱连接。伯特（Burt，2004）表明，跨越"结构洞"的主体有更多的"好想法"，因为这些主体"更熟悉其他的思维和行为方式，这给了他们更多的选项来选择和综合"。奥布斯特菲尔德（Obstfeld，2005）强调，松散的网络，即不同类型的知识被连接起来，支持激进创新的产生。这些交互导致的知识比封闭网络中交互产生的知识更偏离已建立的路径，这种知识恰恰决定了新产业的出现。当一个技术轨迹或主导设计尚未表现出来,只有创新活动方向的薄弱指标,公司"必须押注未来轨迹才能显示其潜力"(Bresnahan et al.,2001)。

创新系统(IS)是指在国家、部门和企业层面的生产、扩散和经济上有用的新知识的使用中相互作用的要素和关系(Malerba,2005)。伦德瓦尔(Lundvall,2015,2016)要求整合 GVC 和 IS 这两种方法。目前许多研究可以被认为是寻求两种方法之间联系或整合这两者。如果一个经济体追求一条更独立的工业化道路(产业政策),经济应该安排学习(外国知识),反过来意味着对 GVC(或全球知识流动)一定程度的开放。然而,仅仅加入 GVC 并不能保证升级,一个经济可能会陷入低价值的活动,而没有功能升级。这种被 GVC 中现有的领先企业干预的可能性意味着,将功能升级到 OBM 通常需要与 GVC 中的领先企业争夺独立性。如果领先企业是一家跨国公司,这时候构建 Jacobian 集群,实现供应链的多元化,在 GVC 中争取主动权就显得十分重要。就 GVC 中创造的价值所有权而言,从 OEM 升级到 ODM,最后升级到 OBM 的过程是在本地创造更多的价值,并从现有 GVC 领导企业获得一定程度的独立。

六、集群韧性提升路径的实证研究

演化动态是经济地理学中集聚的重要特征,关于产业集群的动态集聚,现有三条联系紧密的研究路径。第一条分析集群动态演化所经历不同的生命周期阶段。根据集群规模和知识异质性分为出生、成长、成熟(维持)和衰退阶段(Menzel,Fornahl,2010),根据集群适应性周期模型则包括重组、增长、保存和释放阶段(Martin,Sunley,2011),以及区分为产生、收敛、衰落或重组等阶段(Pouder,John,1996),或构建出数量扩张、质量提升、研发与品牌创新三个阶段(阮建青,石琦,张晓波,2014)。相关研究进一步指出,在产生阶段的集群企业增长速度快于整个行业,集群的时间序列可分为集聚度增长和下降等趋势(Klepper,2007),并证实这些阶段与企业的创建和生存率有关(Wang et al.,2014)。划分的依据和阶段不一样,但都认识到在不同阶段的适应、更新和转型是关键。第二条关注集群具有随着年龄增长而被锁定的路径依赖性质(Hassink,2005)。经济活动的地理集聚可能是低效的(Helsley,Strange,2014),集群内相互联系会导致负面影响传播放大,随着生命周期成熟而形成的路径依赖也使得集群缺乏适应性(Martin,Mejean,2014)。第三条论证集群由于嵌套系统的相互作用而有不同的演化路径（Isaksen，2015），重点关注路径更新和路径创建，研究表明集聚程度提高增强了集群抵御冲击的能力（蒋灵多，2016），制度和政策形成"选择效应"也可能是集群长期优势的主要源泉（王永进，张国峰，2016）。此外，许多实证研究依赖于时间面板数据检验集聚效应，比如郝良峰等（2021）用年净增规模占行业比例来修正地理密集度表示各省集聚的动态变化，依然只是用集聚规模差异解释异质（Peer et al.，2016），没有真正意义上检验集聚的运动过程（Certo，Semadeni，2006）。集聚度变化的边际增量具有非平稳性，呈现微积分形式的动态累积，导致集聚度本身随时间波动。从数学的逻辑来看，"集聚动态"是集聚度对时间的一阶求导（集聚度增长率），而"动态集聚"是二阶求导（集聚度增长率的变化）。总之，学者们大都基于企业进入或退出集群来研究"集聚动态"，倾向于特定时点的集聚规模（集聚度本身），也关注集群变化模式的差异（Cheyre et al.，2015）。部分研究基于种群增长的S曲线研究集聚运动（集聚度变化），或集聚经历上升还是下降的趋势。少数研究将生命周期阶段与集群韧性相结合（Østergaard，Park，2015），验证制造业集群在一系列阶段中的演化路径，并将"动态集聚"类型等价于集群韧性类型（Stough，2018）。

为此，本研究分析1978—2022年全国各区县工业企业的进入退出变化，使用1821万个年度观测值和地理编码的制造企业数据集，衡量集群"集聚动态"的变化情况，并梳理冲击的影响及其与经济结构的相互作用。结果显示，制造业集群的"动态集聚"与韧性提升具有高度相关性，不同地域不同行业的集群变化趋势也不同。基于现有文献的梳理，本研究将集群与企业、产业或区域的"韧性"联系起来，为解决"动态集聚"是否有助于提高集群韧性提供证据。

（一）方法与数据

1. 识别集群和测量集聚度

常用的Gini系数和EG指数需要预定义地理边界，因此受到可调整面积单位问题（MAUP）的影响，DO指数使用企业地理位置数据，但未提供信息如何确定是否存在集群。空间统计Moran指数或G统计量考虑周边区域的活动，但影响强度取决于空间权重的预设。本研究也将区县作为预设的地理单位，但中国制造业集群呈现典型的"一县一品"，并且每年每个区县每个行业中类的数据都与全国同行业企业数以及同区县所有行业企业数进行比较，故能准确地反映制造企业的空间分布。通过每个区县—行业—年份动态比较自动显示周边区域的活动，并容易选择出行业规模和集聚度排名靠前的地理集群。

本研究根据经济活动的类型、地理单位和标记集群所需的集聚阈值来确定集群，如阿尔卡塞尔等（Alcácer et al.，2016），当行业中某种经济活动（企业数量）集中在地理边界（区县）的程度超过阈值时，该位置确定为存在产业集群。类似于 M 函数等基于距离的空间集聚估计方法将实际点的位置重新分配。计算阈值采用埃利森等（Ellison et al.，1997）的飞镖板方法，得到随机集聚和由溢出效应和自然优势引起的集聚，实际活动和阈值之间的差异被认为是集聚度（z 值）。因为不同年份和不同位置的集聚度要进行比较，所以使用蒙特卡罗模拟将 z 值归一化。具体如第三章第三节所述。

第一步，按行业门类、大类和中类，以及年度，将所有区县的生存企业数量相加，得到行业—年度水平的总额。

第二步，在地图上随机分配行业—年度水平的总额，并检查分配给每个区县的生存企业数。该随机分配过程通过蒙特卡罗模拟创建和重复（100 次）。

第三步，计算分配到每个区县—行业—年份的生存企业数平均值和标准差。

第四步，利用平均值和分布，计算每个区县—行业—年份的 z 值，如式 5-1 所示，表示超过阈值的程度，z 值越大，集聚程度越高。

$$z=(obs-\exp)/\sigma \tag{式 5-1}$$

式中：obs 是从数据中得到给定区县—行业—年份的生存企业数量。$\exp$ 和 σ 分别为蒙特卡罗随机模拟得到的平均值和标准差。

相关研究都界定一个阈值以确定集群的数量。阿尔卡塞尔等（Alcácer et al.，2012）选择行业前 25 个集群，运用前 10 或前 50 个集群的检验结果很稳健，德尔加多等（Delgado et al.，2014）将强集群定义为集群专业化程度前 20% 的地区。本研究采取类似方法，基于行为主体的集群识别（Scholl，Brenner，2016），将区县视为个体行为者，其地理位置作为基本分析单位，构建 Brenner 集群指数（C_α），然后以 Delgado 等的 20% 为门槛值筛选是否属于集群企业。为体现更多行业类型和真实集群之间的权衡，以及节省飞镖板空间，将历年行业中类企业数>25 家和保留前 15 个（部分区县—行业不足 15 个）作为额外筛选条件。公式如下：

$$C_\alpha = v_1 \cdot f(d_1) \tag{式 5-2}$$

式中：d_1 表示根据经纬度将全国 2986 个区县生成空间权重（反距离矩阵），$f(d_1)$ 表示矩阵行加总，v_1 表示活动变量（生存企业数），（·）表示矩阵点乘。

2. 检测结构中断和集聚动态

检测结构中断方法依然与第三章第三节中介绍内容一致。为识别每个集群潜在的多个趋势，通过结构中断分析，从集聚度 z 值的时间序列中发现中断。使用 Bai-Perron 多重结构断点检验方法估计中断数量和时间，为残差平方和找到全域极小值（Bai, Perron, 2003）。该方法也用来分析技术创新对产业和企业绩效的影响，以及经济波动的"转型"特征等。假设具有 m 个中断的线性回归（$m+1$ 个状态）的纯结构变化模型：

$$y_t = z_t' \delta_j + u_t \qquad (式5-3)$$

式中：y_t 是在 t 时刻的因变量（集聚度 z 值），$t = T_{j-1}+1, \cdots, T_j$。协变量 z_t（$q \times 1$）的系数 δ 可以在不同区域发生变化，$j=1, \cdots, m+1$。u_t 是干扰项。断点估计（$T_1, T_2, \cdots, T_m$）基于动态规划原理，使得计算断点的估计值作为残差平方和的全域极小值。回归参数估计是与 m 个分区 $\{\hat{T}_j\}$ 相关的估计，即 $\hat{\delta} = \hat{\delta}(\{\hat{T}_j\})$。

白和佩伦（Bai, Perron）用三种方法来确定断点：$\sup F_T(k)$ 检验、双重最大检验（$UD_{\max}$, $WD_{\max}$）和 $\sup F_T(\ell+1|\ell)$ 检验。其中，$\sup F_T(k)$ 检验估计与多个结构断裂 k 的长期关系。零假设是"不存在结构中断（$m=0$）"，非零假设是"存在固定（任意）数量的中断（$m=k$）"。双重最大值检验也是检测时间序列中是否存在一个或多个结构中断。零假设是"不存在结构中断"，非零假设是"给定上界 m，存在未知的中断数"。其中，$UD_{\max}$ 检验与 $\sup F_T(k)$ 检验类似。$WD_{\max}$ 检验使用的权重依赖于回归变量数量和显著性水平。前两种方法侧重于检验一个或多个中断的存在，第三种方法是 $\sup F_T(\ell+1|\ell)$ 方法的 F 检验是用于估计中断的数量和日期。$\sup F_T(\ell+1|\ell)$ 检验的零假设是"存在 ℓ 个结构中断"，非零假设是"存在额外一个结构中断"，该检验被应用于观测结果的每个部分 $\hat{T}_{i-1}$ 到 $\hat{T}_i$（$i=1, \cdots, \ell+1$）。通过三种 F 检验方法，获得结构中断数量和时间，将每个集聚的时间序列划分为多个阶段（集聚动态）。

有效的度量方法应该能够捕获以往研究所发现的制造业集群动态集聚的三个基本特征。第一，单个集群的时间序列（即集聚度随时间变化）可以被分割成多个不同的趋势。如集群遵循多个生命周期阶段（Pouder, John, 1996），集聚度变化模式会随着时间推移而显著变化（Klepper, 2007）。第二，同一行业不同区域的产业集群可能具有不同的集聚趋势，并不一定遵循相同的变化模式（Delgado et al., 2010）。第三，产业集聚会受到集聚水平增减的影响。例如，硅谷半导体等行业从逐渐增长转向快速增长趋势表现出差异化的企业衍生率（Cheyre et al., 2015）和企业生存率（Wang et al., 2014）。

将 Bai-Perron 检验所确定的各个阶段，通过将（多阶段）集聚度增长率与时序（t）进行回归分析，量化各阶段集聚度变化的方向和幅度。估计系数 β 就是"动态集聚"的度量值，可知每个集聚趋势变化的方向和幅度，系数 β 的正或负号分别表示集群存在集聚或衰落，而系数 β 绝对值大小表示集群集聚或衰落的速度（Kim et al., 2022）。

3. 数据来源和样本

基于天眼查数据库，选取 1978 年 1 月 1 日—2022 年 12 月 31 日的制造企业数据，按注册地址补充缺失的区县信息，按经营范围补充缺失的行业信息，剔除没有所属区县和成立日期的企业。借鉴毛其淋等（2013）和郝良峰等（2021）的处理方法，将企业成立日期和经营状态作为评价企业何时进入退出以及是否生存的依据。根据月平均计算全国 2986 个区县（含经济技术开发区、高新区和独立设置区划的工业园区）每年 31 个行业大类、179 个行业中类的平均生存企业数和进入、退出企业数。处理后区县—行业—年度的生存企业数据集包含 1821.41 万个观测值，有年份、所属省份、所属城市、所属区县、行业大类和行业中类代码等信息。鉴于东莞市和中山市特殊的市—街管理体制，计算企业数时将两地作为区县处理，对后续结果分析没有影响。为明确行业中类的类型，删除"其他未列明制造业"和行业中类的"其他"类型，获得 153 个行业中类。根据上文集群识别的方法，最终得到 36.06 万个区县—行业—年度观测值。本数据集的时间跨度为 45 年，用长时间序列来捕捉集聚变化趋势，在此期间行业分类代码、区县单元和边界也随着时间的推移而变化。本研究根据最新版行政区划分四级街道镇标准 GB/T 2260 进行区县的调整，对于 2011 年和 2017 年两次重要的国民经济行业分类（GB/T 4754）的调整，也使用对照表将所有 3 位数的行业中类进行匹配。

匹配数据采用上一节衡量方法估计出 β 值，进而考虑三个方面的内容：第一，β值变化是否符合直觉和经济史上的已知趋势；第二，估计系数β是否存在差异；第三，估计系数β是否与集聚规模有区别。限于篇幅，本章主要呈现具多阶段趋势，且β>1的制造业集群，大多数是传统制造行业。

（二）制造业动态集聚的阶段与趋势分析

1. 结构中断分析和确定集聚趋势

按照结构中断方法，分析中国45年间区县—行业的集聚趋势数量，主要行业平均集聚趋势如附表A所示，主要的多阶段趋势制造业集群如附表B所示。下面主要研究行业规模前十，且β>1的集群，其中包括单个集聚趋势或存在β<0的多阶段趋势。筛选出列举的集群用两个并行标准：一是行业在全国和当地极具代表性，二是该集群拥有"国字"称号。图5-2左侧显示1978—2022年昌邑市、柯桥区和武进区棉纺织及印染精加工的z值时间序列。昌邑市检测到一个集聚趋势，而柯桥区和武进区被分割为多个集聚趋势，昌邑市的整体β值最大，武进区最后阶段β为负值。图5-2右侧显示武进区棉纺织行业在20世纪80年代末出现中断，此时集聚趋势增加。20世纪90年代，武进纺织业在全区工业的占比维持约25%，武进区也依托纺织业的优势，成为"苏南模式"的典范。1998年受亚洲金融危机影响，纺织品出口受到冲击。随着中国加入WTO，纺织行业迎来新一轮高速发展，棉纺织行业在当地集聚度大幅提高。从2008年开始，武进区棉纺织行业转向急剧下降的"去集聚化"集群衰落。从该地区的发展历史、时间序列图的竖线分割，以及后续Bai-Perron检验中发现这些中断的一致性。

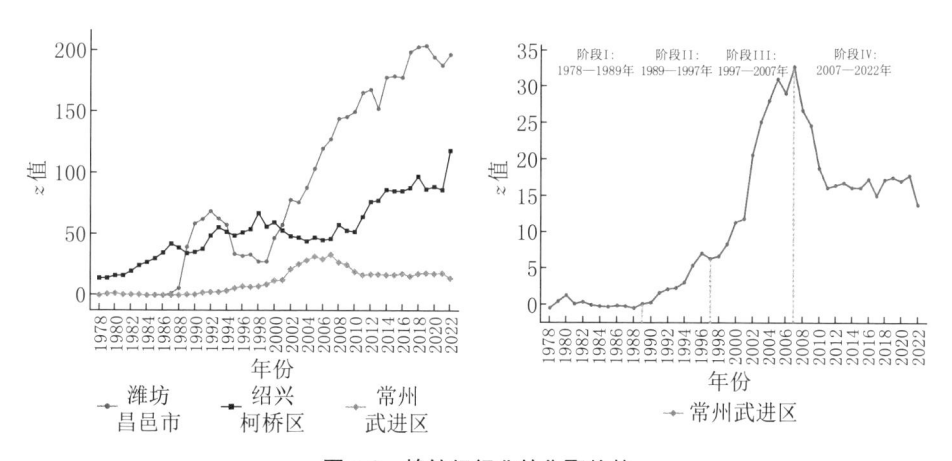

图 5-2　棉纺织行业的集聚趋势

对于这些传统制造业集群，$\sup F_T(k)$ 检验、双重最大检验（$UD_{\max}$ 和 $WD_{\max}$）得到的检验值都大于 5% 显著性水平的临界值，意味着拒绝"不存在结构中断"的零假设，即样本期间经历两种或两种以上的趋势。前两个检验和 $\sup F_T(\ell+1 \mid \ell)$ 检验结果不一致时，应以 $\sup F_T(\ell+1 \mid \ell)$ 统计量为准，故结果仅呈现第三种检验。本研究假设最大的中断数 $m=5$，但实际 $m=4$。如表 5-2 所示，武进区的 $\sup F_T(2 \mid 1)$ 检验值（199.63）大于 5% 显著性水平的临界值（11.47），$\sup F_T(3 \mid 2)$、$\sup F_T(4 \mid 3)$ 的检验值都大于临界值，而 $\sup F_T(5 \mid 4)$ 检验值小于临界值。揭示三个结构中断，意味着经历四个趋势：1978—1989 年、1989—1997 年、1997—2007 年、2007—2022 年，即图 5-3 的竖线分割区间。

结构中断和集聚趋势分析也显示加入 WTO 对针织或钩针编织行业的利好作用，2010 年之后柯桥区推动产业转型升级，潮阳区在 2015 年之后加快打造超千亿级纺织服装产业集群，都加速了集聚趋势上升。作为全国最大的家纺产业基地，南通通州区和海门市在 2003 年和 2015 年同步出现集聚趋势明显上升的结构中断点，分别与中国纺织工业协会协同地方推动纺织产业集群化发展试点工作，以及通州区被列入工信部"产业集群区域品牌建设试点区"的时间吻合。2002 年被评为"中国针织名城"的即墨服装产业集群获得四个趋势。

产业集群的动态特性在高科技产业中也很明显，但无论相同地区或是跨地区，集聚趋势都表现出较大的差异性。如图 5-3 左侧所示，作为中国无菌医疗器械自动化装备制造产业基地的玉环市，医疗设备行业经历了 20 世纪 90 年代长达十年的集聚增长趋势，在 2000 年呈现集聚下降趋势，而地理邻近的临海市和椒江区是单一上升趋势。模式不同源于玉环市的部分企业搬迁到这两地，而当地本身的医疗仪器设备企业依然迅速发展。"中国眼镜之都"丹阳市的医疗器械产业在 1998 年后逐渐成形，2015 年后又经历新一轮的集聚增长趋势。高科技产业另一种表现为受到外部冲击影响较小。如图 5-3 右侧所示，2020—2022 年三年新冠疫情期间，在时间序列图中出现集聚度（z 值）下降，但天长市和慈溪市电子元件 F 检验都只检测到一个集聚趋势，意味着这种影响还不足以对中国集成电路等制造业集群产生明显结构性的突变，天长市甚至逆势上升。

表 5-2 传统制造业集群多阶段结构中断分析

集群名称	$\sup F_T\,(\ell+1\mid\ell)$ 检验	$\sup F_T\,(2\mid1)$	$\sup F_T\,(3\mid2)$	$\sup F_T\,(4\mid3)$	$\sup F_T\,(5\mid4)$
武进区棉纺织	检验值	199.63 [11.47]	105.84 [12.95]	113.98 [14.03]	0.00 [14.85]
	结构中断的年份	$T_1=1989$	$T_2=1997$	$T_3=2007$	
柯桥区针织	检验值	42.78 [11.47]	35.14 [12.95]	42.78 [14.03]	7.48 [14.85]
	结构中断的年份	$T_1=1985$	$T_2=2000$	$T_3=2010$	
潮阳区针织	检验值	269.21 [11.47]	194.20 [12.95]	199.15 [14.03]	0.00 [14.85]
	结构中断的年份	$T_1=1988$	$T_2=1999$	$T_3=2015$	
南通通州家纺	检验值	78.88 [11.47]	78.88 [12.95]	148.22 [14.03]	2.85 [14.85]
	结构中断的年份	$T_1=1992$	$T_2=2003$	$T_3=2015$	
海门市家纺	检验值	448.52 [11.47]	39.94 [12.95]	38.61 [14.03]	0.00 [14.85]
	结构中断的年份	$T_1=1989$	$T_2=2003$	$T_3=2015$	
即墨区服装	检验值	850.58 [11.47]	53.65 [12.95]	14.44 [14.03]	14.02 [14.85]
	结构中断的年份	$T_1=1992$	$T_2=1999$	$T_3=2015$	

注：中括号内为 5% 显著性水平的临界值。

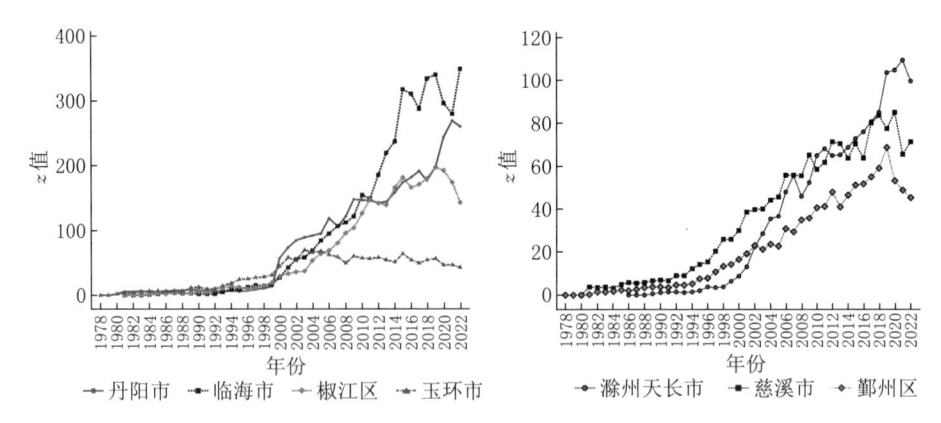

图 5-3　医疗设备和电子元件的集聚趋势

同一地理边界内不同行业的集聚趋势也有不同。如瑞安市 2003 年被授予"中国汽摩配之都"称号，此后汽车零部件集聚趋势保持 10 年增长，2013 年开始急剧下降，土地和劳动力成本等问题导致许多企业搬迁到其他地区，而当地制鞋业和医疗仪器设备等行业则经历上升趋势。又如深圳宝安区的塑料制品在 2011 年后出现"去集聚化"态势，而电子器件和计算机制造等高新技术行业则呈现持续上升的单一趋势，在时间点上与《宝安区关于促进产业转型升级加快转变经济发展方式的实施意见》相吻合。

在多阶段中还有一种递增趋势的表现形式，如乐清市输配电及控制设备的四个集聚趋势阶段不断处于增长状态，如图 5-4 所示。温州乐清市输配电及控制设备的集聚趋势四个阶段一直处于增长状态，除了 2008 年的经济危机时期视觉上略有下调。该集群生产的低压电气占全国市场份额高达 65% 以上，产品包括

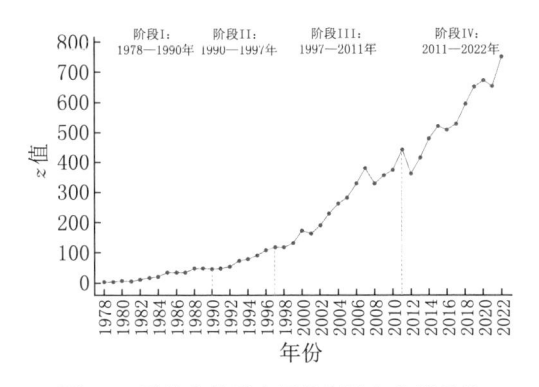

图 5-4　乐清市输配电及控制设备集聚趋势

电力能源输电、变电、配电等 200 多个系列，2022 年乐清电气产业成功入选国家先进制造业集群。

图 5-5 中呈现另一种形式，天津自行车产业集群起步于 1995 年，曾经全球 1/4 的自行车都是由武清区王庆坨镇生产，也因此出现"踏浪""三枪""新大洲"等一批驰名商标品牌。到 2015 年，该镇民营自行车中小企业有 500 余家，其中自行整车企业 160 余家、配件企业 260 余家，自 2015 年开始生存企业数量持续 6 年下滑，到如今呈现集群衰落的"去集聚化"态势。这些制造业集群的从序列 $\sup F_T (\ell+1 \mid \ell)$ 检验如表 5-2 所示，其中温州乐清市输配电及控制设备和武清区自行车和残疾人座车由结构中断分割的阶段分别在图 5-6 和图 5-7 中已经显示。

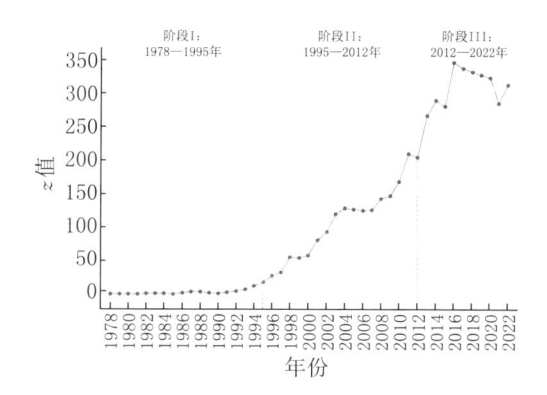

图 5-5　武清区自行车和残疾人座车集聚趋势

2. 集聚趋势的回归结果分析

对结构中断分析划分各阶段的集聚趋势进行回归分析，由 β 表示"动态集聚"方向和幅度的系数估计值。表 5-3 报告了上文提及的部分集群多阶段集聚趋势系数估计值 β，标准差 SE 和 R^2。在传统制造领域，如武进区棉纺织行业 1978—1989 年的趋势没有统计学意义（$R^2=0.095$，$p=0.173$）。换句话说，该时期未出现强烈的上升或向下的集聚趋势。1989—1997 年经历了上升的集聚趋势（$\beta=0.895$，$R^2=0.912$，$p<0.001$），随后上升幅度变得更大（$\beta=3.067$，$R^2=0.935$），2007—2022 年该行业经历急剧下降的趋势（$\beta=-0.728$，$R^2=0.444$）。本方法能捕捉到从增加到减少的变化，反之亦然，也能捕捉到增减的幅度。在高科技产业领域，如丹阳市医疗仪器 1999—2015 年的集聚趋势强烈上升（$\beta=$

表 5-3 主要制造业集群的多阶段集聚趋势

所属区县	集聚趋势	年份	β	SE	R^2	所属区县	集聚趋势	年份	β	SE	R^2
武进区棉纺织	阶段 I	1978—1989	0.058	0.040	0.095	乐清市输配电	阶段 I	1979—1990	4.371	0.349	0.928
	阶段 II	1989—1997	0.895	0.097	0.912		阶段 II	1990—1997	11.023	0.769	0.967
	阶段 III	1997—2007	3.067	0.255	0.935		阶段 III	1997—2011	23.413	1.380	0.953
	阶段 IV	2007—2022	−0.728	0.202	0.444		阶段 IV	2011—2022	31.195	2.912	0.912
	整体趋势	1978—2022	0.592	0.077	0.567		整体趋势	1978—2022	16.286	0.761	0.912
柯桥区针织	阶段 I	1979—1985	2.283	0.353	0.853	潮阳区针织	阶段 I	1979—1988	0.353	0.059	0.759
	阶段 II	1985—2000	0.852	0.268	0.378		阶段 II	1988—1999	1.933	0.219	0.885
	阶段 III	2000—2010	29.144	2.366	0.938		阶段 III	1999—2015	6.518	0.511	0.910
	阶段 IV	2010—2022	25.297	2.593	0.887		阶段 IV	2015—2022	42.878	4.126	0.939
	整体趋势	1978—2022	13.020	0.971	0.803		整体趋势	1978—2022	6.982	0.685	0.700
南通通州家纺	阶段 I	1979—1992	0.492	0.057	0.838	海门市家纺	阶段 I	1979—1989	0.161	0.039	0.597
	阶段 II	1992—2003	3.444	0.385	0.878		阶段 II	1989—2003	1.599	0.256	0.730
	阶段 III	2003—2015	10.674	1.987	0.699		阶段 III	2003—2015	3.529	1.522	0.267
	阶段 IV	2015—2022	28.796	3.691	0.895		阶段 IV	2015—2022	46.843	7.761	0.835
	整体趋势	1978—2022	8.638	0.602	0.823		整体趋势	1978—2022	7.506	0.830	0.648

续表

所属区县	集聚趋势	年份	β	SE	R^2	所属区县	集聚趋势	年份	β	SE	R^2
即墨区服装	阶段 I	1979—1992	0.155	0.043	0.462	丹阳市医疗仪器	阶段 I	1979—1990	0.671	0.112	0.742
	阶段 II	1992—1999	0.659	0.142	0.747		阶段 II	1990—1999	0.559	0.199	0.433
	阶段 III	1999—2015	3.148	0.204	0.937		阶段 III	1999—2015	7.891	0.672	0.895
	阶段 IV	2015—2022	11.687	1.745	0.862		阶段 IV	2015—2022	14.439	2.744	0.792
	整体趋势	1978—2022	2.387	0.197	0.769		整体趋势	1978—2022	5.893	0.346	0.868
玉环市医疗仪器	阶段 I	1979—1990	0.955	0.110	0.861	瑞安市汽摩配	阶段 I	1979—2004	3.801	0.183	0.943
	阶段 II	1990—2000	3.040	0.354	0.879		阶段 II	2004—2013	12.938	0.970	0.952
	阶段 III	2000—2022	−0.517	0.204	0.019		阶段 III	2013—2022	−0.581	1.632	0.107
	整体趋势	1978—2022	1.561	0.139	0.000		整体趋势	1978—2022	5.973	0.245	0.931
深圳宝安塑料制品	阶段 I	1979—1988	0.426	0.071	0.776	柯桥区棉纺织	阶段 I	1978—2001	2.139	0.145	0.904
	阶段 II	1988—2011	2.806	0.131	0.952		阶段 II	2001—2010	0.480	0.468	0.116
	阶段 III	2011—2022	−1.987	0.254	0.846		阶段 III	2010—2022	3.367	0.663	0.674
	整体趋势	1978—2022	1.981	0.133	0.834		整体趋势	1978—2022	1.941	0.367	0.381

注：β 值＋表示集聚提高，−表示集群衰落。p 值的显著性水平为 5%，大都显著。限于篇幅 p 值省略。

7.891），而 2015 年之后更明显（$\beta=14.439$），与图 5-3 的波段描述一致。其他制造业集群的分析方法类似。

表 5-3 中整体趋势表示未分割时间序列阶段进行整体回归（1978—2022）的结果。例如，武进区的整体趋势回归系数估计表明，该地区棉纺织行业在 45 年间经历了一个适度增长的趋势（$\beta=0.592$，$R^2=0.444$）。然而，它掩盖了 1997—2007 年的趋势增长变化，也低估了 2007—2022 年的下降趋势。丹阳市医疗仪器的整体趋势系数，将会严重高估 1999 年之前的增长趋势，并低估 1999 年之后的增长趋势。以上集聚趋势分析结果表明，本研究方法有助于揭示集聚如何随时间变化。如果没有分割时间段，将会忽略或低估集群"动态集聚"的时间变化。

（三）制造业集群韧性提升路径

1. 典型事实与集群韧性分类

集中投资于少数几个领域的"潮涌现象"，成就了制造业集群的形成与发展，在 20 世纪 90 年代前期对应着一个集聚高峰。1996 年之后，国内工业品开始"结构性过剩"，1998 年房地产业开始带动相关制造行业发展，国内外需求压力被成功化解。2001 年中国加入 WTO，通过淘汰落后产能、兼并重组、设备升级等结构调整，传统产业集群仍具备核心竞争力。2008 年全球金融危机对许多成熟产业集群的冲击很大，也有部分集群逆势而上。在国家 4 万亿元的投资及相关配套政策作用下，地方政府顺势打造各种产业集聚区。2013 年后，传统制造业普遍产能过剩，恰逢中国人口红利消失拐点，内需不足成为常态。2014 年下半年开始，沿海制造业出口大省的部分龙头企业倒闭，对传统行业的打击很大。而高端制造业，包括医药、仪器仪表、运输设备、专用设备等行业的需求空间开始展现，逐渐成长为新的主导产业集群。从多地集群中发现 2015 年是一个结构突变点，似乎对应当年《环境保护法》的实施，中国主动调整产业结构，提高产业集群的韧性。2019—2022 年新冠疫情的冲击，对中国制造业集群造成很大的负面影响，但尚未检测到结构性变化。

基于 153 个行业中类，在 2001 年、2008 年和 2015 年的结构中断所分布的行业—区县数量较多，进一步将中断前一年和后一年也归为中断年份，得到 3 个年份更多的行业和区县，这意味着中国内部调整和外部冲击都可能影响结构改变，无论是涉及的行业范围或地理空间范围。以上结构中断点与关键事件的时间高度吻合，证实韧性系统既与外部冲击相关，又具有独立的演化路径。将中国制造业集群发展大致分为集聚阶段（1978—2001 年）、发展阶段（2001—2008 年）和转型阶段（2008—2022 年），后续将三个中断点作为虚拟变量深入分析。

因 z 值和 β 值分别影响集群生命周期曲线的高度和斜率，本研究借鉴马丁等（Martin et al., 2011）和金等（Kim et al., 2022）的分析，并结合生命周期阶段理论将制造业集群归纳为三种类型。①强韧性集群。包括单阶段 $\beta>1$ 和分阶段 β 值逐渐变大（$\beta>1$），且 $z>1$ 的集群，对应生命周期产生阶段和硅谷型集群（Silicon Valley-type）。②弱韧性集群。多阶段 β 值变大又变小（$\beta<1$）然后再次回升，甚至比原来集聚趋势 β 值更大（$\beta>1$），且 $z>1$，这类集群的整体趋势 β 值一般也大于 1，对应生命周期收敛和重组阶段，以及马尔莫型集群（Malmo-type）。比如，武清区工艺美术及礼仪用品 2000—2011 年间，南海区结构性金属制品 2002—2014 年间的 $\beta<0$，表示出集群衰落，后又起死回生，与其经济史高度吻合。③缺乏韧性集群。分阶段 β 值持续变小（$\beta<1$），以至出现负值，对应生命周期衰落阶段和底特律型集群（Detroit-type）。表 5-4 呈现 31 个行业中类 142 个典型制造业集群所在区县的分类情况。

整体而言，广东、浙江和江苏三省占据制造业集群数量的绝对优势，中西部很少，仅在汽车零部件、电线电缆光缆、通用仪器仪表等行业存在制造业集群。纺织、服装、制鞋等传统产业是强韧性和缺乏韧性集群共存的行业，医疗仪器设备和电子器件等高新技术行业是强韧性集群集中的行业。传统制造业由弱变强是在行业内部重组的结果，而深圳宝安区等在传统制造业所呈现的"衰落"是为高新技术行业腾出空间，在区域层面发挥重新定位的机制。

2. 动态集聚与韧性提升路径

集群企业也加强与专门从事互补价值链阶段的集群相关企业进行跨集群联系，通过超集群学习（邬爱其，2009），从地理共同定位的集群结构到按价值链阶段分层的跨本地集群结构，即产业链集群的形成（刘志彪，2020）。本研究假设：集聚度越高（本地专业化）—集聚趋势增长（多阶段趋势）—产业多样化—重组机制—形成产业链集群—集群韧性提升。为确定重组机制相关的本地专业化和多样化路径，同时解决未观察到的集聚趋势对集群韧性的异质性作用，控制集群属性，采用多维面板数据估计，模型如式 5-4 所示：

表 5-4 制造业集群韧性分类

所属行业	强韧性集群所在区县 单阶段趋势	强韧性集群所在区县 多阶段趋势	弱韧性集群所在区县	缺乏韧性集群所在区县
棉纺织及印染精加工	昌邑市、崇川区、如东县	南通通州区	柯桥区、诸暨市	武进区
针织或钩针编织	潮南区、海安市、张家港、诸暨市	潮阳区、桐乡市、禅城区	常熟市	慈溪市、象山县
家用纺织	保定高阳县	南通通州区、海安市	柯桥区	桐乡市、诸暨市
机织服装	宝坻区、滕州市	即墨区、吴兴区	常熟市	嵊州市
服饰制造	增城区、石狮市		宝安区	中山市
皮革制品	保定白沟新城、高碑店市、海宁市	花都区		白云区
制鞋业	晋江市、惠安县、温岭市	鹿城区、瑞安市、白云区	永嘉县	即墨区
纸制品	满城区、苍南县、龙港市	醴陵市		即墨区
木制品	菏泽曹县			南浔区
木质家具	南康区、睢宁县、新会区、顺德区			东阳市
印刷业	安次区、龙港市			
工艺美术及礼仪用品	仙游县、曲阳县、海丰县、天台县	番禺区	武清区	
塑料制品	桐城市	澄海区		宝安区、宁海县
结构性金属制品	高要区、盐山县、临朐县		南海区	
金属工具	永康市、临沂河东区、阳东区			
金属制日用品	博兴县、永康市、榕城区	潮安区		南海区、三水区
金属加工机械	盐山县、滕州市			瑞安市

续表

所属行业	强韧性集群所在区县 单阶段趋势	强韧性集群所在区县 多阶段趋势	弱韧性集群所在区县	缺乏韧性集群所在区县
泵、阀门、压缩机等机械	安国市	永嘉县、温岭市	龙湾区	阜宁县
烘炉、风机、包装等设备	武城县、启东市	靖江市		
通用零部件	永年区、兴化市	武进区、惠山区、靖江市		余姚市
化工、木材、非金属加工	昆山市、黄岩区、吴中区	余姚市、宁海县		
电子和电工机械	苏州工业园区			
医疗仪器设备	衡水滨湖新区、临海市	丹阳市		
汽车零部件	清河县、茅箭区、玉州区、新北区	玉环市		玉环市
输配电及控制	吴中区、昆山市	乐清市、扬中市		瑞安市
电线、电缆、光缆	宁晋县、揭西县、无为市			
家用电力器具	中山市、顺德区	慈溪市、余姚市		
照明器具	高邮市、江阴市	常州钟楼区、中山市		
电子器件	丰顺县、宝安区	潮阳区		
电子元件	天长市、宝安区、乐清市、慈溪市	鄞州区		
通用仪器仪表	天长市、金湖县			

$$R_{jpt} = \beta_1 Div_{jpt} + \beta_2 Div_{jpt}^2 + \beta_3 Spe_{jpt} + \beta_4 t + \beta_5 t^2 + \beta_6 Shock_{jpt} + \gamma_{jpt} + \varepsilon_{jpt}$$

(式 5-4)

式中：因变量 R_{jpt} 表示 t 时位于 p 区域的 j 行业集群的韧性。时变的集群变量 Div_{jpt} 表示产业多样性，Spe_{jpt} 表示本地专业化。Div_{jpt}^2 表示多样化的非线性影响。t 和 t^2 表示集群韧性随时间的非线性变化，是对韧性时变的控制。$Shock_{jpt}$ 表示外部冲击和结构调整的处理效应。β_1—β_6 是各变量的估计系数。γ_{jpt} 表示行业、区域和时间的固定效应，ε_{jpt} 是误差项。实证分析在加入 t 和 $Shock$ 变量时不考虑 γ_{jpt} 的时间固定效应，集聚趋势用不同年份标准化的集聚水平衡量，所以影响集聚趋势和集群韧性之间关系的时间效应已被剔除。

(1) 因变量

借鉴文献关于集群在连续冲击事件中的稳健性，以及恢复性是高于平均水平的界定，用某集群（属于前1‰集群的时长/45）表示稳健性，其中45即1978—2022年的时长，用（分段 β 值－分段 β 均值）/（分段 β_{max}－分段 β_{min}）表示恢复性，其中分段 β 均值、分段 β_{max} 和分段 β_{min} 分别为按照区县—行业分类的当年 β 平均值、最大和最小值。基于年份—行业中类，构建式5-5表示韧性指标。借鉴斯托（Stough，2018）的方法，本研究将集聚趋势分段回归获得的 β 值作为韧性代理指标，构建中介效应模型显示传导和渠道的机制检验。

$$Re = 属于前1‰集群的时长/45 \times （分段\beta值－分段\beta均值）/（分段\beta_{max}－分段\beta_{min}）$$ (式 5-5)

(2) 解释变量

集群本地化经济随同行业共同定位的企业数增加而提高，不管企业的全国分布如何（Frenken et al.，2015），因此纳入区县行业中类企业数/区县生存企业总数（Spe）为MAR外部性的代理变量。多样化的产业结构允许主体将并非单个行业的知识和信息结合，以实现创新突破，使得重组机制发挥作用。熵指数是目前唯一测量Jacobs外部性的方法，本研究借鉴普德尔科等（Pudelko et al.，2018）和沈鸿等（2017）计算多样性，如式5-6和5-7所示，但采用的不是就业数据而是企业数量，Div_{jpt} 分解为整体多样性 TV 和相关多样性 HRV 两个指标。在行业两位码水平计算非相关多样性（UV）。其中，P_g 是两位码水平描述每个行业中类在区县的企业数份额。P_g 通过三位码的企业数份额 p_i 来计算。当行业共享相同的两位码时,假定它们在三位码水平是相关的。相关多样性(HRV)表示为两位码行业的熵加权之和。HRV 值越大,在两位码水平内三位码行业的企业分布越均匀,在共享或互补能力(如知识库、技术)方面的相关性越高。整体多样性 TV 等于 HRV 加 UV 之和。

$$UV = \sum_{g=1}^{G} P_g \log_2(1/P_g) \qquad (式 5-6)$$

$$HRV = \sum_{g=1}^{G} P_g H_g \qquad (式 5-7)$$

其中:$H_g = \sum_{i \in S_g} \frac{p_i}{P_g} \log_2\left(\frac{1}{p_i/P_g}\right)$ 和 $P_g = \sum_{i \in S_g} p_i$

(3)冲击变量

根据结构中断分析的主要节点年份,运用准自然实验方法解决模型的内生性问题。Y2001 表示加入 WTO 的处理效应,当企业处于 2001 年以后设定 Y2001=1,否则等于 0。类似的用 Y2008 表示全球金融危机的处理效应,Y2015 表示《环境保护法》的处理效应。为避免结构调整和外部冲击的"污染",同时纳入这三个时间虚拟变量。

表 5-5 显示多维固定效应模型的估计结果,第 2—4 列显示本地专业化和多样化的估计结果,但考虑区域—行业—时间三种固定效应。第 5—7 列加入时变,第 8—10 列再加入冲击变量。结果显示,集群时变特征差异,是影响集群韧性的重要决定因素,意味着多样化和专业化参数不能完全解释因变量,无集群时变特征控制将高估整体多样化的作用,而低估外部冲击对集群韧性的影响。无论分段 β 值或 Re 指标模型的系数都很显著。Spe 的系数为正,表明本地专业化能提升集群韧性。TV 为负而 TV^2 的系数为正数呈 U 形结构,表明区域产业多样化在短期内会降低集群韧性,而多样性发展到一定程度又会提升集群韧性。t 系数为正 t^2 系数为负呈倒 U 形结构,t^2 系数值比较小,但表明集群韧性在某个时点会下降。HRV 和 HRV^2 系数都显著为正,且检验不存在多重共线性,表明相关多样性加速提升集群韧性。表 5-5 采用逐步法检验显示间接效应比较显著,表明多样性和本地专业化可通过调整"动态集聚"这个中介变量影响集群韧性,而 Y2001 和 Y2008 的冲击存在一定的遮掩效应。

结合典型事实的分析,Y2001 对应传统制造业集群自身演化接近衰退期因发现新市场开启新成长,可以部分解释入世显然推动集聚增长,但 Y2001 系数为

表 5-5　制造业集群韧性的中介效应模型

	Re 值	分段 β 值	Re 值	Re 值	分段 β 值	Re 值	Re 值	分段 β 值	Re 值
β			0.0020****			0.0020****			0.0020****
TV	0.0944****	−1.6433****	0.0911****	−0.0954****	−1.7879****	−0.0918****	−0.0947****	1.6416****	−0.0914****
TV^2	0.2444****	6.2929****	0.2317****	0.2491****	6.8090****	0.2354****	0.2471****	6.3789****	0.2342****
HRV	0.0248****	1.5235****	0.0214****	0.0236****	1.3816****	0.0208****	0.0243****	1.5342****	0.0212****
HRV^2	0.0347****		0.02755****	0.0322****	3.1858***	0.0258***			0.0269***
Spe	0.0666****	3.5903**	0.0651****	0.0647****	0.6304****	0.0634****	0.0342****	3.6196**	
t		0.7881****		0.0004****	0.1024****	0.0002****	0.0651****	0.7064****	0.0637****
t^2	0.0021***			−0.0007****	−0.0009****	−0.0005****	0.0005****	0.1325****	0.0002****
Y2001	NO	NO	NO	NO	NO	NO	−0.0008****	0.0017****	−0.0005****
Y2008	NO	NO	NO	NO	NO	NO	−0.0008*	0.0093	−0.0008*
Y2015	NO	NO	NO	NO	NO	NO	−0.0003***	−0.0400*	−0.002
常数项		4.0693****	0.0061****	−0.0034****	1.9772****	−0.0074****	0.0009****	0.4341****	0.0003
区域固定	YES	YES	YES	YES	YES	YES	−0.0045****	1.7282****	−0.0080****
行业固定	YES	YES	YES	YES	YES	YES	YES	YES	YES
时间固定	YES	YES	YES	NO	NO	NO	YES	YES	YES
Adj R^2	0.1415****	0.5646****	0.2112****	0.1409****	0.5642****	0.2107****	NO	NO	NO
F 检验	205.53****	28.90****	542.59****	183.59****	987.40****	438.62****	0.1410****	0.5645****	0.2108****
N	267487	267632	267487	267487	267632	267487	130.84****	703.89****	319.76****
							267487	267632	267487

注：****，***，** 和 * 分别表示 0.1%，1%，5% 和 10% 显著性水平。

较小负值的原因。Y2008 对应传统制造业集群生命周期的成熟阶段，不利冲击对 β 值的影响显著为负（－0.04）。Y2015 对应传统制造业集群生命周期处于成熟阶段，但同时有高新技术产业集群涌现的成长阶段，整体估计系数为正。根据第 6 和第 9 列 t 和 t^2 系数计算集聚趋势倒 U 形结构拐点值，由 50 变为引入冲击变量后的 38，表明外部冲击缩短制造业集群自身演化的生命周期，使得演化路径呈现更多阶段叠加的形态。基于上述分析可提炼出集群韧性提升的三种路径：一是在行业中渐进创新或发现新市场实现原路径扩展，与 2001 年情形对应；二是新技术改变集群发展方向，实现整体结构升级，与 2015 年情形对应；三是由相关和非相关多样性发展出行业新分支。新冠疫情期间，富士康、比亚迪和五菱以及大批服装企业改造原有生产线，跨界生产口罩、防护服等医疗产品，是非相关多样性的一种表现。而医药制造业和医疗器械（诊断试剂）相互借鉴和融合，是相关多样性的典型案例。跨行业跨领域的技术得以快速积累，制造业在生产模式、产品类型和设计方式上都显现诸多新特征。三条路径的综合结果是在一定空间形成具有"多样性专业化"的产业链集群，以构建新的价值链，由此 Jacobian 集群成为提升韧性的重要路径，中国制造业集群发展普遍经历多阶段 S 形曲线嵌套叠加的韧性提升过程。

3. 模型的稳健性检验

分段 β 值和 Re 两个因变量回归结果的比较，本身就是稳健性验证。本研究再次通过采用不同估计方法，以及减少样本量进一步检验模型的稳健性。第一种，使用 Lasso 方法来筛选变量。将多样化变量、专业化变量、时间变量和冲击变量都作为备选变量，考虑 AIC 判断准则，由 Lasso 方法来决定纳入模型的变量，结果如表 5-6 中模型 1 所示。第二种，将区县—行业中类企业数的集聚阈值筛选条件从 25 家提高到 100 家，以减少样本区县个体量。第三种去掉"企业元年"1984 年之前的数据，以减少样本年份数量。表 5-6 显示 Re 值为因变量的多维固定效应模型回归验证结果依然显著，证实基准模型的稳健性。

（四）结论与讨论

本研究借助区县—行业—年度数据集，探讨制造业集群动态与负面冲击适应能力之间的关系，梳理了集群韧性提升的影响因素和具体路径。主要的研究发现如下。

表 5-6　稳健性检验

	Lasso方法	减少个体数量			减少年份数量		
	模型1	模型2	模型3	模型4	模型5	模型6	模型7
TV	−0.0652	−0.1385***	−0.1406***	−1.395****	−0.1016****	−0.1022****	−0.1019****
TV^2	0.1692	0.2815***	0.2885****	0.2856****	0.1784****	0.1805****	0.1796****
HRV	0.0172	0.0378****	0.0363***	0.0373***	0.0192***	0.0187***	0.0191***
HRV^2	0.0434	0.0390****	0.0339*	0.0372*	0.1136**	0.0169**	0.0181**
Spe	0.0789	0.0862***	0.0843***	0.0846***	0.1136**	0.1132***	0.1133***
t	0.0008		0.0006****	0.0007****		0.0003***	0.0004***
t^2	−0.0001		−0.0009****	−0.0001****		−0.0004****	−0.0005****
$Y2001$	−0.0012	否	否	−0.0006	否	否	−0.0005***
$Y2008$	−0.0005	否	否	−0.0004*	否	否	−0.0005*
$Y2015$	0.0009	否	否	0.0013**	否	否	0.0004***
常数项	−0.0105	0.0034****	−0.0056****	−0.0067****	0.0021****	−0.0019****	−0.0028****
区域固定		是	是	是	是	是	是
行业固定		是	是	是	是	是	是
时间固定		是	否	否	是	否	否
Adj R^2		0.2116****	0.2111****	0.2113****	0.1460****	0.1458****	0.1459****
F检验		157.02****	144.91****	102.53****	203.00****	161.38****	113.97****
N	267487	108614	108614	108614	260801	260801	260801

注：****、***、**和*分别表示0.1%、1%、5%和10%显著性水平。

一是制造业集群的"集聚动态"具有明显阶段性和叠加性，许多集群经历不止一种集聚趋势，而是遵循多个生命周期阶段。"动态集聚"因行业和地域存在差异，同一地区不同行业以及同一行业不同地区的集群变化模式也有所不同。相比传统产业而言，高新技术产业的集聚呈加速趋势。根据集聚特征和动态趋势可将制造业集群区分为强韧性、弱韧性和缺乏韧性三种类型。

二是韧性系统既与外部冲击相关，又有独立的演化路径。影响"动态集聚"的因素包括集群的历史条件、专业化和多样化程度，以及外部冲击和政府行为等。内部重组机制影响集群的集聚趋势，也是集群增强适应能力的关键。

三是经由"动态集聚"所展现的既有路径扩展、发展行业新分支和整体结构升级三条路径的综合作用，形成具有"多样性专业化"的产业链集群是提升韧性的核心。可通过"制度创业"和产业结构调整，构建具有多种专业化且具有上下游关系的产业链集群，以及通过多样化实现跨产业部门的混合路径（Jacobian 集群），从而提升制造业集群的韧性。实证检验和理论分析的结论保持一致，稳健性检验和经济事实都支持了上述研究结论。

1978年至今，中国制造业经历了多次较大的经济冲击和长期的结构调整，明确制造业集群在危机时期的适应能力，以及"缓慢燃烧"中的重组机制，对当前三重压力下经济高质量发展具有重要意义。本研究为深化理解集聚促进集群韧性提升提供了经验证据，同时为有效推动产业集聚、促进产业升级提供政策参考。根据结论带来如下政策启示。①进一步推动产业集聚，发挥集群集体行动的"固链"作用，同时鼓励集群内的多样化和产品创新，以减轻国内外冲击的负面影响。②抓住企业转变核心业务和产业的机会，加快"补链"，推动产业链集群的建设步伐。需要了解企业何时和为何转变其核心业务，需要知道集群及其组成、影响和塑造这些产业转型的方式。③支持产业调整的政策应考虑到集群的异质性，了解集群的方式、组成以及企业运作、影响和塑造这些产业转型的当地环境，为有根植性的地方创新系统和地方生产系统提供各种保障。

第二节 增强制造业集群韧性的动态模拟

本研究基于弗罗姆霍尔德—艾斯比思（Fromhold-Eisebith，2015）的调整领域，以制造业集群韧性调节因素联动机制的验证结果和组织优化为标准，从微观（脆弱性）、中观（适应性）和宏观层面（可持续性）进行路径设计。很少有研究采用演化视角来解决集群生命周期的可持续性（Nadvi，1999），马拉菲奥蒂等（Marafioti et al.，2021）的分析表明，将集群内部和集群之间的行为者连接起来的竞争和商业过程的相互作用是集群衰落的内源性解释，并将这种现象命名为去集群化（declusterization）。而理解相互作用，离不开对结构的分析。集群结构的异质性仍然对系统研究构成了重大障碍。大多数关于集群的研究要么是现有结构的静态表示，要么是回顾性实地研究，对特定网络为了达到观测状态而承担的轨迹提出推测。不同的是，为了检验假设，本研究采用计算机模拟作为实验环境，仔细研究了关于特定因果关系的相互关联的结构，以及这些假设的行为之间的联系。

一、脆弱性路径的动态模拟

(一) 供应链中断连锁效应的系统动力学建模

1. 供应链中断与连锁效应

制造业集群作为供应链的一个关键环节,会由于外部冲击而产生中断,但并不止于此。供应链(SC)中断会通过一个更广泛的网络,造成连锁反应,破坏组织的财务和运营业绩(Dolgui et al.,2018;Hosseini,Ivanov,2020)。连锁效应规模大幅增长,对全球几乎所有的行业和服务都产生了不利影响(Singh et al.,2021;Ruel et al.,2024)。关于连锁效应的供应链文献集中于概念化(Dolgui et al.,2018)或建立风险类型对特定供应链节点的影响(Kinra et al.,2020)。连锁效应的概念化、建模和捕获连锁效应对于理解供应链网络脆弱性和构建韧性供应链结构至关重要。第一,连锁效应的概念化(Dolgui et al.,2018)。一般认为连锁效应(Ripple effect)就是从一个节点到供应链网络其他部分的中断传播(Gholami-Zanjani et al.,2021),包括供应、生产和分销节点。另外,涉及多个与连锁效应基本相同的概念,包括风险扩散(Basole,Bellamy,2014)、滚雪球或多米诺骨牌效应(Swierczek,2016)和级联效应(Heckmann et al.,2015)。第二,连锁效应的建模,主要基于层级、链式、网络结构讨论供应链风险的传导模式。包括供应链风险五种传导模式(程国平等,2009)、小世界模型(刘纯霞等,2015)、级联失效演化模型(Sun et al.,2020),以及基于复杂网络病毒传播动力学的SIS模型(杨康等,2013)。第三,连锁效应的影响,主要讨论中断期限延长和中断扩大等问题。风险传导路径复杂,且供应商之间相互依赖,当一个供应商中断时,可能影响到其他供应商(Kamalahmadi et al.,2017)。当中断发生在密集型供应链、复杂供应链中,或者造成中断的因素发生在供应链的密集部分、复杂部分,或者引起中断的原因是多个关键节点受到了破坏,这些情况下供应链中断的严重程度都可能会更高。

中国已经深深嵌入全球价值链,保持产业链供应链韧性和稳定性在当前经济形势下具有重要的战略意义。制造业集群作为供应链的关键环节,由于外部冲击而导致生产中断,通过功能上的相互依赖造成连锁反应(Goldbeck et al.,2020),破坏相关组织的运营绩效。新冠疫情凸显了供应链网络连锁效应的范围和规模大幅增长,对全球几乎所有的行业和服务产生不利影响(Singh et al.,

2021；Ruel et al.，2024）。常见的外部冲击是国际资本流动，当经济处于上行周期，外资集中流入将增加国内企业数量，当经济处于下行周期，外资集中流出会导致国内企业减少。弗比斯和沃诺克（Forbes，Warnock，2012）将国际资本总流动的异常状态区分为"激增""中断""外逃"和"回流"四类，前两类由国际投资者的行为决定，后两类由国内投资者驱动。研究表明，国际资本流入"激增"显著增加了随后发生"中断"的概率（Agosin，Huaita，2012）。另一些研究证实了国际投资者风险偏好等因素对新兴市场国际资本流动异常状态的重要作用（如Blanchard et al.，2016）。

现有文献明确中断风险会影响到关联企业且有着不同的传导模式，但未对风险传播过程进行细化研究。直到伊万诺夫等（Ivanov et al.，2014）开始关注供应链网络中断风险传导方向的问题，李等（Li et al.，2021）研究中断风险向前或向后传播对供应链网络结构和企业脆弱性的影响，耶尔玛兹等（Yılmaz et al.，2021）从可持续性和经济两个维度研究连锁反应对逆向供应链的影响。文献研究不同风险类型对特定供应链节点的影响（Kinra et al.，2020），主要集中于生产、运输和供应等单一中断引起的连锁反应（Dolgui et al.，2018），很少考虑多风险联合中断的影响，比如，赖新峰等（2022）构建了系统动力学的仿真模型，研究产品、需求和利润三个子系统组成的离岸外包全球生产网的中断风险问题。总体上，实证研究试图量化风险对供应链网络的连锁反应（如Ojha et al.，2018），但现有模型通常针对少量供应链节点和时间间隔（Kinra et al.，2020），缺乏分析多重供应链节点组合风险的级联破坏性影响（Llaguno et al.，2021），对于需求、供应和物流在长期中断时的连锁效应研究不足，从而无法深刻理解连锁效应的触发和传播机制。

2. 连锁效应建模方法

中断传播建模正被用于提高供应链性能和韧性。然而，很少有研究模拟模型可以分析具有多重和长期风险的多级供应链行为，以了解中断传播触发和机制（Macdonald et al.，2018；Llaguno et al.，2022）。现有的模拟模型通常捕获有限数量的供应链节点和时间间隔（Bueno-Solano et al.，2014；Kinra et al.，2020），对不同供应链节点同时（组合）风险的级联破坏性影响缺乏了解（Llaguno et al.，2021）。研究新冠疫情等全球灾害有助于全面评估整个供应链网络的中断传播（Ivanov，2022）。

系统动力学（SD）建模、基于主体的建模（ABM）、离散事件模拟（DES）等都用于建模真实系统。其中，ABM模拟自主决策实体的行动和交互作用（Nilsson，Darley，2006），但基于主体的模型考虑的是空间交互作用，并非这些因素的反馈效应，而系统动力学模型关注的是流动、反馈和累积纵向效应（Foerster，1968）。离散事件模拟对一系列离散事件进行建模，并考虑了队列网络，但离散事件模型是随机的，更多地关注数值结果，但系统动力学模型通常表现确定性行为，并关注导致系统变化的事件（Tako，Robions，2009）。我们考虑多个供应链风险和相关变量之间的相互作用。许多因素/变量和多个反馈回路的相互依赖导致了复杂性（Mingers，White，2010），而评估这种复杂的交互作用，系统动力学模型是最合适的方法（Foerster，1968；Sterman，2010）。系统动力学模型的显著优势在于能够捕获不同变量、风险因素及其行为之间的因果关系，并可视化和量化复杂的动态系统（Wilson，2007）。以往的研究中已经证实，系统动力学模型可以真实地、相对简化地解决复杂系统的非线性和线性行为（ErKara et al.，2020）。此外，系统动力学模型支持不同场景的敏感性分析。敏感性分析有助于评估和解释不同风险情景下风险传播的潜在后果，为决策提供建议。

目前大多数模型主要采用优化方法，缺乏可视化模型来模拟不同场景，从多方面和微观角度评估连锁效应。本研究基于系统动力学方法模拟长期、多个组合风险对不同供应链节点的连锁效应，分别包括需求、供应、物流风险和三者并存的中断情景，提供一个可视化的量化结果。

（二）典型性事实：国际资本流动及影响

1. 国际资本流动基本状况

国际收支平衡表的金融账户中，资产端表示国内资本向国外流动的规模，负债端表示国外资本向国内流动，国际资本流动可分为FDI（外商直接投资）、证券投资和其他投资。其中，FDI具有顺周期积累的影响，一些FDI本质上是为了掩盖集团公司内部债务增加，这类FDI在风险方面更类似于债务（Ostry et al.，2010）。跨国证券投资是典型的短期国际资本流动，具有明显的顺周期和超调特点（管涛，殷高峰，2022）。其他投资主要包括外国直接向国内银行和企业提供的贷款，对国内信贷增长的正向影响最显著（Blanchard et al.，2016）。本研究借鉴刘莉亚等（2013）文献的处理方法，对国际资本流动指标用当期的名义

GDP 进行调整，将代理变量表示为三种形式：①每季度末金融账户负债余额占GDP 的百分比，表示国际资本流入（王莹等，2021）；②每季度末金融账户 FDI 占 GDP 的百分比（张礼卿等，2023）；③每季度末银行代客结售汇与同年 GDP 的比值（杨雨晴等，2023）。图 5-6 显示 2010—2022 年分季度的国际资本流动状况，以上三种形式的波动情况基本类似，其中金融账户负债比和其他投资的波幅较大，并且与制造企业存量增量的波动大致对应。

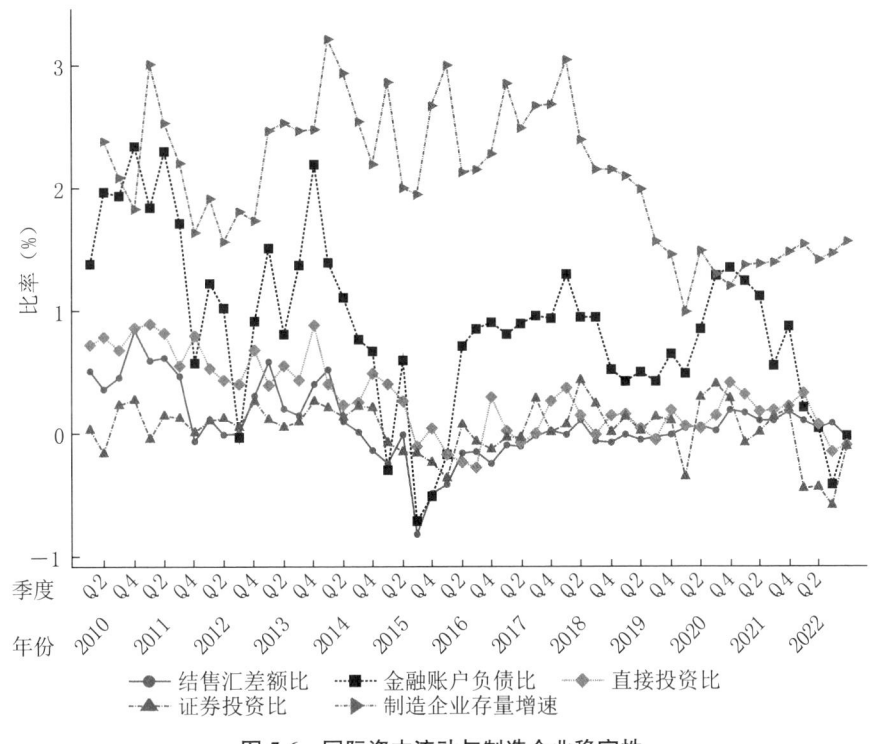

图 5-6　国际资本流动与制造企业稳定性

2. 国际资本流动与产业链的潜在关系

在市场需求和供应链等外部条件稳定的情况下，制造业集群的规模（或生存企业数）主要由集聚效应和拥挤效应自发调节。作为某一时刻（Time）的外部冲击，如图 5-7 所示，国际资本的"激增"将提高企业新设率和产业多样性，而国际资本"中断"或者由多样性间接加剧的产业链空间错配导致供应链中断，伴随着市场需求下降，将发生一系列的连锁反应，归结到企业新设率和企业死亡率的增减，从而影响制造业集群的规模，进一步影响到供应链的生产环节。可以简单地将图 5-7 外圈表示为国际大循环，圈内对应国内循环，由于国际资本流动与本地产业链的结合，推动着"国内国际"双循环。

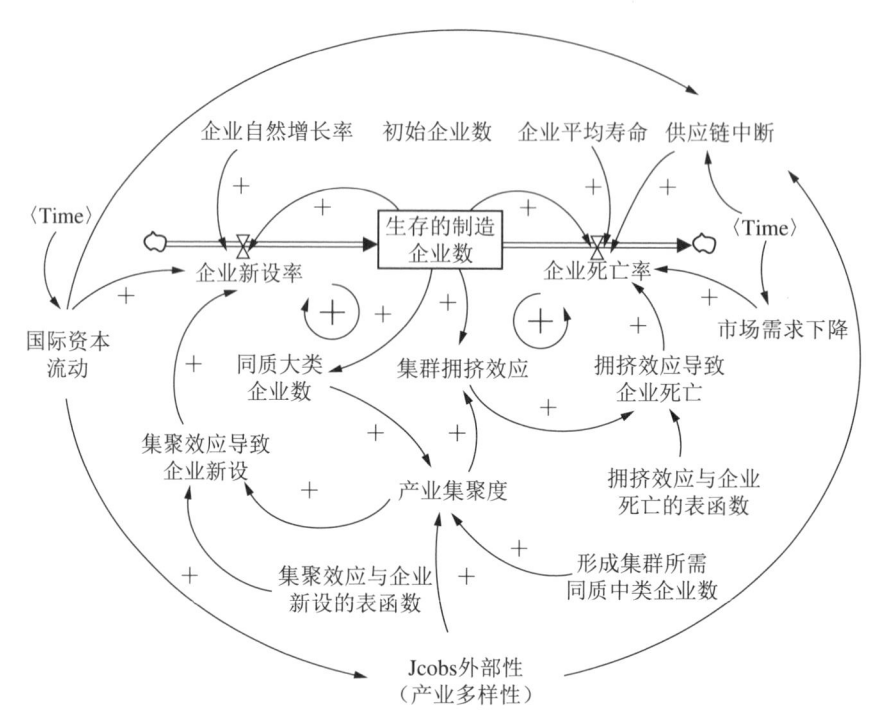

图 5-7　国际资本流动与产业链的潜在关系

（三）研究方法和建模

产业链上下游因空间分散配置而被切断，资金流、信息流和物流无法有序运转，生产系统随之遭受破坏。系统动力学（SD）能够表示不同变量、风险因素及其行为的因果关系，并可视化和量化复杂的动态系统，系统动力学模型可以相对简化地解释复杂系统的线性和非线性行为，可以对不同风险场景进行敏感性分析，有助于评估和量化连锁效应的潜在后果。针对冲击和风险的系统模拟，有助于主动进行风险管理，并确定有效的恢复策略。本研究考虑多个供应链风险和相关变量的相互作用，以理解供应链节点的中断传播，包括需求、供应、物流单一中断，以及三者同时中断的情景。第一，定义供应链系统内关键变量和参数的相互关系。基于此建立因果循环图（CLD），然后转换为存量—流量图，使用 VensimPLE 软件对系统进行定量分析，反映不同影响变量的动态。通过验证干预措施是否具有预期效果，可以了解因果循环图和存量—流量图的准确性。第二，考虑经典的四梯队供应链模型，包括供应商、制造商、分销商和零售商，以分析风险沿整个供应链的传播。第三，在供应能力、运输能力、市场需求风险和组合风险四种场景下进行模拟。供应链的变量，以及风险影响等变化情况用"脆弱性指数"来衡量。

1. 因果循环图

通过改变不同风险参数来模拟两种情况：中度中断（下降 25%）和高度中断（下降 50%）。模拟中使用的参数值基于调研数据，包括企业过去五年中面临的人为和自然供应链风险，考虑供应商、制造商和经销商的实际库存水平、制造商的运输能力和市场需求，以此了解不同节点在风险情况下的供应链及其整个制造业的影响。模型因果循环图（CLD）显示关键的风险因素、供应链变量和揭示级联现象的变量间反馈回路。通过多次测试检验干预措施是否具有预期效应，验证了因果循环图的准确性。CLD 可展示多个影响变量的数值变化，方向用"＋"和"－"表示，例如供应商能力提高则改善供应商的实际库存。系统中存在的负反馈回路，包括每个供应链实体的输出数量与实际库存水平的关系。循环的数量呈偶数，所以该供应链系统是稳定的。鉴于篇幅以及与存量—流量图的部分重叠，故文中不显示 CLD。

供应链变量的变化和差异被表示为脆弱性，它破坏了供应链系统。供应商的供应量与制造商收到的实际数量之间的差异代表与供应商相关的风险，导致库存风险或运输风险。其他供应链相关风险的识别方法类似。制造商从供应商和分销商那里收到的数量与实际收到的数量之间的差异表示制造商相关的风险，包括库存、运输和生产相关的风险。除了关键变量外，CLD 还考虑了几个相关的辅助变量，如计划数量和供应链每个节点的运输能力，它们连接了每个节点，构成了整体的供应链系统。为简化仿真模型，做以下假设：①变量之间的变化和差异的原因只考虑主要风险，即每个供应链节点的库存和运输风险；②每个供应链节点上的预期库存水平、初始库存水平、容量和运输容量都基于辅助数据。

2. 存量—流量图

从因果循环图过滤直接和间接影响变量到"存量"和"流量"转化为存量—流量图。将初始值和流量等输入存量—流量图，对该模型进行相关性、一致性、敏感性和极端条件检验,结果显示模型对捕获中断传播的预期目的是可行和有效的。根据图5-6中资本流出波动的时间节点,该系统动力学模型模拟13年52个季度,供应链在2014Q1—2015Q4,2018Q3—2019Q3,以及2020Q4—2022Q3期间暴露于需求、运输和供应风险中,以分析整个供应链的连锁效应。

(1) SD模型的参数设置

开始季度=0,结束季度=52,时间间隔=1季度。平均市场需求=50万个单位/季度,变化70%—130%,变化开始于第9个季度。在每个供应链实体形成需求期望的时间=1个季度。

供应商风险根据调研数据中可用的供应商节点上确定的库存和运输风险变量来计算。制造商风险根据制造商的库存、生产和运输风险来衡量。在经销商和零售商节点上的特定风险暴露水平在可用数据中显示相对稳定的水平。其中,供应商风险的权重:库存风险=0.6,运输风险=0.4。生产商风险的权重:生产风险=0.5,库存风险=0.3,运输风险=0.2。分销商风险的权重:库存风险=0.6,运输风险=0.4。零售商风险的权重:销售风险=0.5,库存风险=0.3,运输风险=0.2。

每个供应链实体的初始库存水平为20万个单位。每个供应链实体的期望库存水平为55万个单位。每个供应链实体的供应/生产/分配/销售能力:介于[30,60]万个单位。每个供应链实体的每车容量=2.5万个单位/车(不同节点上的车辆运输容量在存量—流量图中以1、2、3、4区分)。每个供应链实体的车辆数:介于[15,25]车。库存调整=Time([(0,0)−(52,10)],(0,0),(8,0),(12,0.35),(24,0),(32,0),(40,0),(50,0),(52,0))。比如,(12,0.35)表示库存调整将于第12季度生效,库存量减少35%。

(2) SD模型的主要方程式

① 供应商实际库存=供应商供应数量−供应商容量

② 制造商实际库存=制造商供应数量−生产数量

③ 经销商实际库存=经销商分配数量−经销商容量

④ 零售商实际库存=零售商销售数量−零售商销售容量

⑤ 运输容量=车辆数×每车容量

如果实际库存=预期库存,则库存风险=0;否则,库存风险=|实际库存−预期库存|/预期库存。如果实际运输量≤运输容量,运输风险=0;否则,

运输风险＝（实际运输量－运输容量）/实际运输量。如果实际生产数量≥计划生产数量，生产风险＝0；否则，生产风险＝（计划生产数量－实际生产数量）/计划生产数量。如果销售量≥计划销售量，销售风险＝0；否则，销售风险＝（计划销售量－实际销售量）/计划销售量。

(3) 脆弱性指数

脆弱性是企业在供应链中业务活动的时间和关系依赖造成的，脆弱性程度与时间和依赖程度以及依赖关系的负面结果成正比。扰动是对正常值或预期值的随机偏差，干扰的负面结果是指在经济成本、时间增加和中断时间等方面对目标实现情况恶化。本研究采用"脆弱性指数"（Wagner，Neshat，2010）描述每个供应链节点的脆弱性变化，以及对其他供应链节点的级联破坏。脆弱性指数是衡量风险暴露程度的数值，介于0—1之间，通过定量加权风险评分进行加总计算。图5-8中假设，供应商和分销商节点的脆弱性指数（vulnerability index）＝0.6×库存风险＋0.4×运输风险。制造商和零售商节点的脆弱性指数＝0.5×生产（或）销售风险＋0.3×库存＋0.2×运输风险。

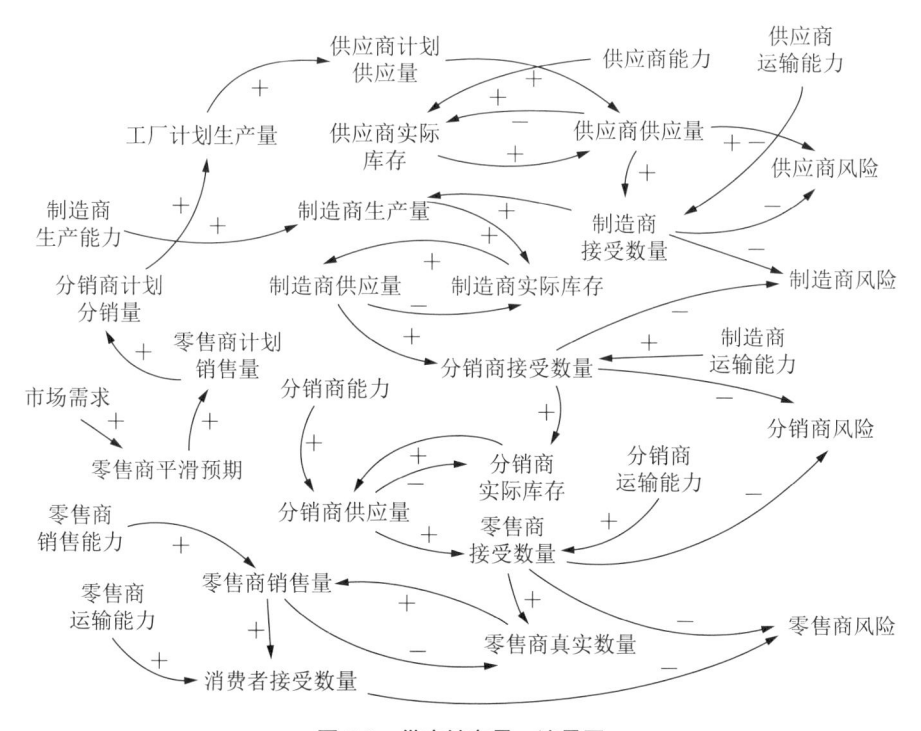

图 5-8 供应链存量—流量图

（四）系统动力学模拟结果

仿真模拟使用 Vensim PLE 平台，每种场景运行一次，每次运行包含 200 次迭代。根据供应链节点上发生的市场需求变化、运输能力短缺、供应问题，设计四种不同的风险场景，以分析每个供应链节点由于中断传播的级联影响而产生的制造业集群脆弱性变化。

1. 需求风险

假设一个集群在 2014Q1—2015Q4 期间市场需求分别减少 25% 和减少 50%，图 5-9 反映 13 年（52 个季度）期间单阶段市场需求风险对制造商节点的影响。市场需求减少沿供应链传播，其影响被滞后，一直延续到 2016Q3，形成预期的时间在该模型中为 1 个季度。随着供应链网络平均需求的减少，级联到库存水平的增加，分销商必须处理积压库存，需求风险造成的中断进一步传播到上游的制造商和供应商，因为每个节点之间形成需求预期的时间延迟了，存在一种"市场需求变化的扭曲信息"（Dolgui et al., 2018）。作为供应链初始节点的供应商往往无法及时应对风险，也就无法满足制造商的需求。总之，需求下降越明显，表现出越高的脆弱性指数。

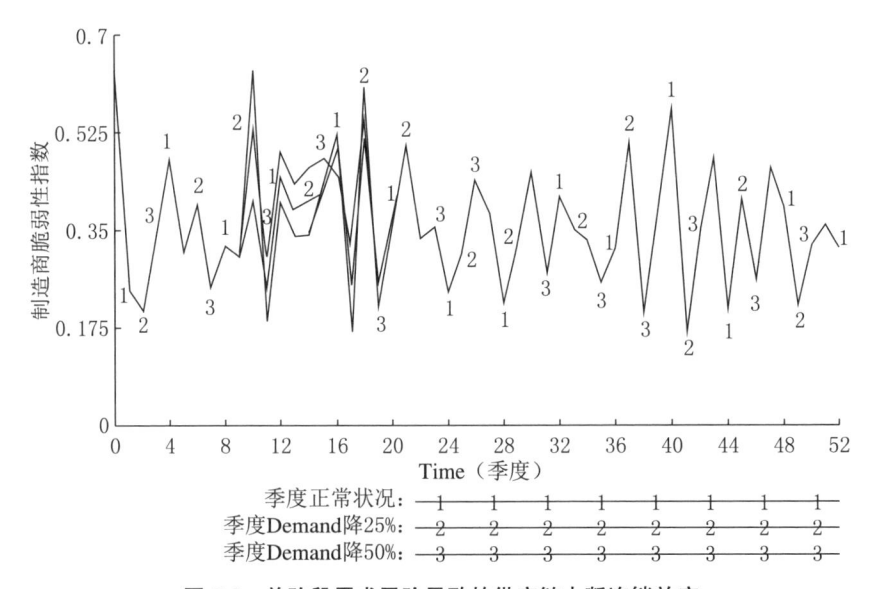

图 5-9 单阶段需求风险导致的供应链中断连锁效应

2. 物流风险

足够的运输能力才能确保产品的移动和准时交付。本研究同样考虑在 2014Q1—2015Q4 期间，运输能力分别下降 25% 和 50%。图 5-10 显示，单阶段物流中断对整个供应链造成影响。制造商的运输能力降低，导致库存水平增加，由于缺乏来自制造商的库存补充，对分销商和零售商有显著的影响。从脆弱性指数的百分比变化来看，对制造业集群本身的滞后影响不显著，说明相比需求风险来看，物流风险连锁效应的级联特性不明显。

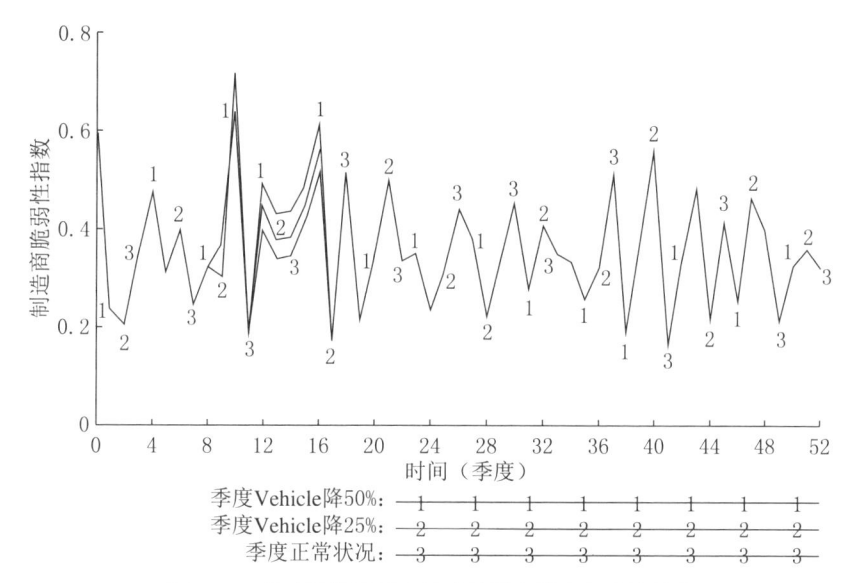

图 5-10 单阶段物流风险导致的供应链中断连锁效应

3. 供应风险

作为供应链系统的起始节点，供应商运营的变化通过后续各因素来影响整体供应链。供应商供应水平的稳定性直接或间接地影响库存水平、运输能力、生产和销售水平。本研究同样模拟在 2014Q1—2015Q4 期间供应量减少 25% 和 50% 的情况。仿真结果表明，连锁效应同时传播到供应链的下游节点。供应链中断的影响将首先传播到供应链的制造商，说明制造商面临库存短缺，并且由于来自供应商的级联中断，无法实现计划生产数量。分销商和零售商往往同时遭受库存短缺，导致在销售损失和客户满意度下降等方面造成不利影响。其连锁效应表现形式同上述两种风险。

4. 综合风险

综合风险场景模拟了同时发生三种风险（供应量、运输能力和市场需求）之间的相互关系，以及连锁效应（即通过网络传播局部中断）、牛鞭效应（即需求透明度不足导致的生产和订单数量变化的放大）和供应网络的交织。基本设置与前面描述的相同，本研究考虑三种情况，即正常脆弱性、中等脆弱性和高脆弱性。图 5-11 显示，多个风险驱动的中断比单个中断对供应链节点造成更大的级联影响。由于制造商从供应商那里获得的原材料较少，其生产和库存风险会增加，从而导致一定程度的运输风险，并导致库存或生产风险进一步上升。零售商的库存和销售风险也会增加，因为它从经销商那里收到的数量不足，导致供应短缺和上游供应链节点的运输能力和制造商产量的中断。多次中断对多梯队供应链的综合连锁效应以未满足需求和降低服务水平的方式传播到终端客户。与分销商相比，制造商在供应链中往往更脆弱，因为该节点上发生多个供应链活动，有较高的脆弱性指数。这一结果为供应链网络中断传播的不一致行为提供了强有力的证据。

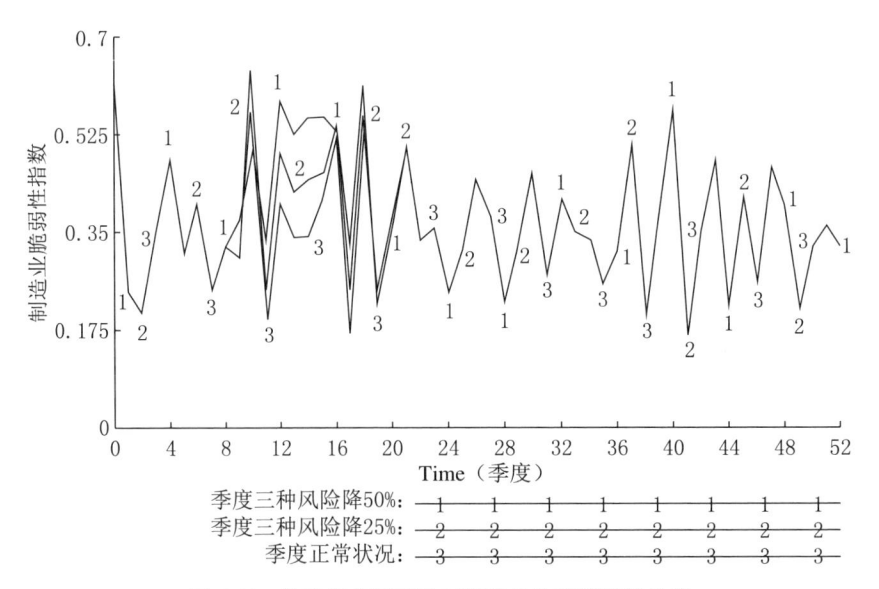

图 5-11 单阶段多重风险对制造业集群的连锁效应

图 5-12 显示多阶段风险叠加之后，制造业脆弱性指数相比正常状况下明显提高，几乎都高于 0.5，并且整体抬高了风险冲击之后的脆弱性指数。由于多个

风险同时作用的级联效应，脆弱性指数的标准偏差显著增加，导致整个供应链网络的高度脆弱性环境。

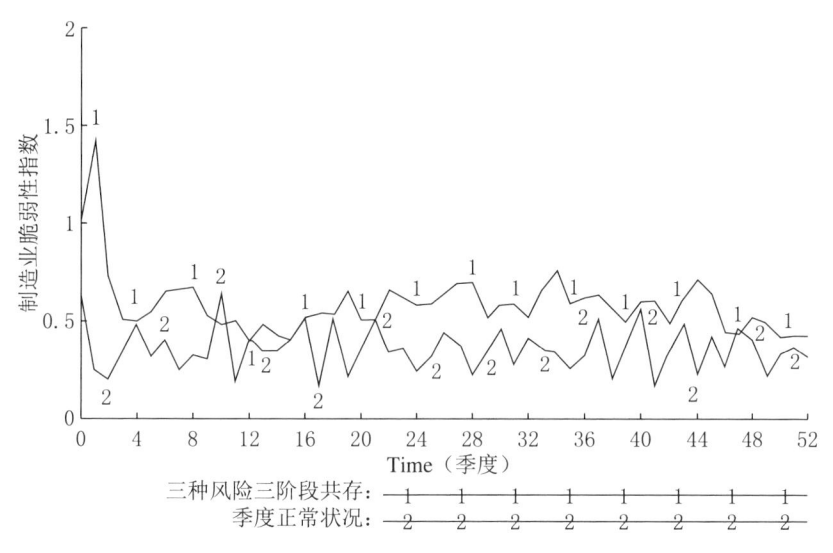

图 5-12 多阶段多重风险对制造业集群的连锁效应

5. 验证检验

本研究通过了多种 SD 模型的验证检验。①相关性检验（relevance test）：检查影响变量是否正确链接，以捕获 SD 模型中的潜在影响。这是手动检查的。②一致性检验（consistency test）：检查计算机模型是否正确地复制了真实供应链系统的行为。没有使用基准检验系统来验证 SD 模型，但我们使用供应链的文献知识来证实这一点。③敏感性检验（sensitivity test）：采用参数和结构一致性检验，以检验 SD 模型对参数值的合理变化（通过改变个体因素）和微小的结构变化的行为。在本研究中被多次进行。④极端条件检验（Extreme condition test）：检查为 SD 模型的方程是否有意义和逻辑。它还检查模型在极端条件下是否表现良好，但仅有可能的参数值。这是在 SD 建模专家的帮助下完成的。

（五）结论

本文研究国际资本流动引起的需求、供应和运输能力中断在较长时间内引起供应链的连锁效应，以及分析不同供应链梯队的动态生产—供应行为，考虑到多梯队系统面临着整个供应链的不同干扰。四种风险情景的模拟发现三个主要结论。第一，中断传播遵循供应链的上游和下游双向流动方向。具有需求风险的中断场景证实风险传播从供应链的下游开始，并向上游传播。由制造商运输风险驱动的中断往往会严重影响零售商，并面临着较大的库存风险暴露水平，库存水平降低的连锁效应导致每个节点的库存风险，最终导致销售减少和客户满意度下降。这些风险的影响往往在供应链中累积，进一步向上游传播。第二，与单个中断相比，多个中断在供应链上产生更大的连锁反应。由于暴露在更复杂的供应链活动中，零售商和制造商在多次中断下往往更加脆弱。第三，较长时间内同时存在多个风险，每个供应链节点的中断传播影响更显著，这与连锁效应对供应链网络的普遍理解相一致（Ojha et al., 2018）。

SD动态模拟方法帮助我们预测在节点和整个供应链网络的风险暴露水平，量化和可视化供应链中的连锁效应。基本确定了中断传播和恢复程度的主要影响因素，包括风险类型、风险组合、影响节点、风险持续时间、节点韧性、干预措施等。比如，持续时间较长的中断对更广泛的供应链网络产生负面影响，通常符合谢菲和赖斯（Sheffi, Rice Jr, 2005）所描述的"中断曲线"（disruption curve），在国际资本流动的情况下，"中断曲线"遵循"循环波"（recurring wave）模式，由于供应链节点的多次开放和关闭，以不同的中断集影响供应链运行。任何中断的连锁效应都会立即感受到，但在较长时间内继续影响，除非系统从中恢复。了解这些影响因素有助于出台及时干预的措施，以缓解连锁效应的负面影响，并提高产业链供应链的韧性水平。

根据以上结论可得出如下政策建议。第一，增强供应链的空间集聚程度，避免碎片化的分散布局。第二，推动供应链上游链条延伸，大力构建产业链集群闭环。基于中国强大的制造业体系和成熟的产业集群，着眼系统，推动各地同步协调发展供应链，将产能与供应链完美结合。第三，借助新基建攀升高端供应链，自主引导产业布局。

国际资本流动的冲击所带来的连锁效应，会影响产业链供应链的稳定性。本研究应用系统动力学建模，演示受需求风险、物流风险、供应风险和综合风险影响的连锁效应。对四种风险情景的模拟结果表明，中断传播及其影响因风险类型、风险组合和影响节点的不同而变化。双向的、增加的效应对较长时间的破坏是显著的。由于更广泛的风险暴露点，零售商和制造商对多种中断最为脆弱。本研究揭示了单个节点和整个供应链同时发生风险和相关中断的复杂行为，可以识别跨供应链网络的连锁效应级联的动态性质，还发现一些中断传播的系统性质和延迟影响。

二、适应性路径的动态模拟

从产业集群的特性来看，集群内部和集群之间的知识传播、转移和吸收，以及发展模式的复制，都要基于集群行为主体产生的积极互动过程，这是一种自适应组织的集体学习过程，也同样适用于集群企业的区位选择和寻找提升集群韧性的最佳途径。粒子群优化算法（PSO，particle swarm optimization）就是一种基于演化思想的随机搜索技术，是对生物适应环境演化过程的数学模拟，可以将其推演到关于企业和集群的研究范畴。本节旨在分析由这些单个个体（集群企业或区县—行业）组成的群体，如何在内生规律的作用下，表现出复杂而有序的群体行为，同时表现出经济机制在空间的非均匀分布。

（一）粒子群优化算法

粒子群优化算法也被称为鸟群觅食算法（PSO），这种演化计算技术首先由肯尼迪和埃伯哈特（Kennedy，Eberhart，1995）提出，源于对鸟群捕食的行为研究。该算法受到飞鸟集群活动规律的启发，进而利用群体智能建立一个简化模型。PSO类似于模拟退火算法（simulated annealing），从随机解出发，通过迭代寻找最优解，也是通过适应度来评价解的品质，但它比遗传算法规则更为简单，尤其是没有遗传算法的"交叉"（crossover）和"变异"（mutation）等运算操作，通过追随当前搜索到的最优值来寻找全局最优。PSO算法具有实现容易、精度高、收敛快等优点，并在解决实际问题中展示了其优越性。

PSO假设在某个区域里只有一块食物，所有飞鸟都不知道食物在哪里。但是它们都知道自己当前所在的位置距离食物还有多远。那么找到食物的最优策略是搜寻目前距离食物最近飞鸟的周边区域。在整个搜寻过程中，鸟群通过相互传递各自获得的信息，让其他飞鸟知道自己的位置，通过多次的个体协作，可以判断自己找到的是不是最优解，同时也将最优解的信息传递到整个鸟群。最终，所有飞鸟都能聚集在食物源周围，即找到全域最优解。

PSO中每个优化问题的解都是 D 维搜索空间中的一只飞鸟，称之为"粒子"。而所有 n 个粒子都有一个由被优化的目标函数决定的适应值（fitness value），每个粒子都存在位置 $X_i = (x_{i1}, x_{i2}, \cdots, x_{iD})$ 和速度 $V_i = (v_{i1}, v_{i2}, \cdots, v_{iD})$ 两个属性，其中的速度 V_i 进一步决定飞翔的方向和距离。然后粒子们就追随当前的最优粒子在解空间中搜索。PSO 初始化为一群随机粒子（随机解），通过迭代找到最优解。粒子在每次迭代中，通过跟踪两个"极值"来更新自己。第一个是个体极值 pBest，即粒子本身目前所找到的最佳位置（最优解），可以看作是某个粒子自身的飞行经验。另一个是全域极值 gBest，即整个种群找到的最佳位置（最优解），可以看作是某个粒子同伴的飞行经验，并且 gBest 就是 pBest 中的最优值。也可以不用整个种群而只是用其中一部分作为粒子的邻居，那么在所有邻居中的极值就是局部极值。每个粒子都根据自己和同伴的飞行经验来决定下一步的运动。

PSO 初始化为一群随机粒子（随机解），然后在每次迭代中，粒子通过跟踪两个极值 pBest 和 gBest 来更新自己。具体来说，每个粒子将其适应值（fitness value）与其经过的最好位置 pBest 作比较，如果哪个较好，则将其作为当前的最好位置 pBest。每个粒子也将其适应值与其经过的最好位置 gBest 作比较，如果哪个较好，则将其作为当前的最好位置 gBest。在找到这两个最优值后，粒子通过式 5-8 来更新自己的速度和位置。

$$v_{id}(t+1) = v_{id}(t) + c_1 \times \text{rand}() \times [pBest_{id}(t) - x_{id}(t)] \\ + c_2 \times \text{rand}() \times [gBest_{id}(t) - x_{id}(t)]$$

（式 5-8）

$$x_{id}(t+1) = x_{id}(t) + v_{id}(t+1) \quad \text{（式 5-9）}$$

其中，$x_i = (x_{i1}, x_{i2}, \cdots, x_{in})$；$pBest_i = (pBest_{i1}, pBest_{i2}, \cdots, pBest_{in})$；以及 $gBest_i = (gBest_{i1}, gBest_{i2}, \cdots, gBest_{in})$；$1 \leqslant i \leqslant n$；$1 \leqslant d \leqslant D$。

其中，粒子序号 $i=1, 2, \cdots, N$，而 N 是粒子群体的规模。粒子维度序号 $d=1, 2, \cdots, D$，而 D 是粒子维度。V_i 是粒子速度，rand() 表示介于 0—1 之间的随机数，x_i 是粒子当前位置，c_1 和 c_2 是学习因子，通常取值 $c_1=c_2=2$，设定 $c_1=c_2$ 值介于 0—4 之间。当 $c_1=0$ 时，表示粒子没有认知能力，即只有社会的无私型（social-only）模型，被称为全域 PSO 算法；当 $c_2=0$ 时，表示粒子之间没有社会信息，即自我认知型（cognition-only）模型，被称为局域 PSO 算法。

V_i 的最大值为 V_{max}（大于 0），并且如果 v_i 大于 V_{max}，则 $v_i = V_{max}$。式（5.2.1）的第一部分 $v_{id}(t)$ 为记忆项，表示上次飞行速度大小和方向对当前的影响；第二部分 $c_1 \times rand() \times [pBest_{id}(t) - x_{id}(t)]$ 为自身认知项，表示粒子动作来源于自身经验；第三部分 $c_2 \times rand() \times [gBest_{id}(t) - x_{id}(t)]$ 为群体认知项，表示粒子间的协同合作和知识共享。

粒子根据自己和同伴的最好经验来决定下一步的运动，基于式 5-8 和式 5-9 形成 PSO 的标准模型，如式 5-10 所示：

$$v_{id}(t+1) = \omega \times v_{id}(t) + c_1 \times rand() \times [pBest_{id}(t) - x_{id}(t)] \\ + c_2 \times rand() \times [gBest_{id}(t) - x_{id}(t)]$$

（式 5-10）

其中，ω 为惯性因子，$\omega > 0$，ω 值越大，则全域寻优能力越强，局部寻优能力越弱；ω 值越小，则全域寻优能力越弱，局部寻优能力越强。当 $\omega = 1$ 时，退化成基本粒子群算法，当 $\omega = 0$ 时，粒子失去对本身经验的思考。推荐取值范围：[0.4, 2]，典型取值包括：0.9、1.2、1.5 或 1.8。动态 ω 可在 PSO 过程中线性变化，也可根据 PSO 性能的某个函数动态改变。

目前采用较多的是施（Shi，1998）提出的线性递减权重（LDW，Linearly Decreasing Weight）：

$$\omega^{(t)} = (\omega_{ini} - \omega_{end})(G_k - g)/G_k + \omega_{end} = \omega_{ini} - (\omega_{ini} - \omega_{end}) \times g/G_k$$

（式 5-11）

其中，g 表示当前迭代次数，G_k 表示最大演化（迭代）次数，ω_{ini} 表示初始惯性权值，ω_{end} 表示迭代到最大演化迭代数时的惯性权值。一般研究的典型权值取 $\omega_{ini} = 0.9$ 和 $\omega_{end} = 0.4$。或又表示为：$\omega = \omega_{max} - (\omega_{max} - \omega_{min}) \times k/G_k$，其中，$\omega_{min}$ 表示最小惯性权值，ω_{max} 表示最大惯性权值。

（二）粒子群优化算法的应用

集群企业就是上述理论所述的"粒子"，在集群的局部空间搜寻最好位置 $pBest$，也在全国的全域空间搜寻最好位置 $gBest$。企业的区位选择不仅有历史事件的作用（记忆项），也受到企业自身认知能力（自生认知项）的影响，还受到其他企业经验（群体认知项）的影响。本研究取群体粒子个数 $N = 2986$（借用

2986个区县），粒子维数 $D=32$（借用全国32个省份），最大迭代次数 $T=50$（根据研究期限45年），个体学习因子 $c_1=2$ 和社会学习因子 $c_2=1.5$，惯性权重最大值 $\omega_{\max}$ 和最小值 $\omega_{\min}$ 根据附录3调查问卷中"过去经验决定当前生产经营情况的最大和最小可能性"来选择，位置最大值 $X_{\max}=25$ 和位置最小值 $X_{\min}=-25$，速度最大值 $V_{\max}=5$ 和速度最小值 $V_{\min}=-5$（根据集聚趋势 $\beta=10$ 对半分）。

1. 适应度评价函数

根据本章第一节"集群韧性提升路径的实证研究"回归系数，取多样化和专业化两个关键指标，将适应度函数设置为如下四种，引入这些函数所表示的复杂行为。其中，式①和式②选择考虑整体多样化和本地专业化。式③和式④仅考虑多样性（包括整体多样化和相关多样化）。鉴于整体多样化的系数值较大，且具有典型的非线性波动特征，后文主要分析式①的具体结果。

① $f(x_1, \cdots, x_n) = -1.64 \times x_1 + 6.29 \times x_1^2 + 0.78$

其中，x_1 表示整体多样化 TV，x_2 表示本地专业化 Spe。

② $f(x_1, \cdots, x_n) = -0.09 \times x_1 + 0.24 \times x_1^2 + 0.06$

其中，x_1 表示整体多样化 TV，x_2 表示本地专业化 Spe。

③ $f(x_1, \cdots, x_n) = -1.64 \times x_1 + 6.29 \times x_1^2 + 1.52 \times x_2 + 3.59 x_2^2$

其中，x_1 表示整体多样化 TV，x_2 表示相关多样化 HRV。

④ $f(x_1, \cdots, x_n) = -0.09 \times x_1 + 0.24 \times x_1^2 + 0.02 \times x_2 + 0.03 x_2^2$

其中，x_1 表示整体多样化 TV，x_2 表示相关多样化 HRV。

另外，式①—公④都满足 Minnimum at $f(0, \cdots, 0) = 0$

2. 惯性权重 ω 的敏感性分析

本研究根据调查问卷中"过去经验决定当前生产经营情况的最大和最小可能性"的主要选择结果来组合惯性权重，包括（$\omega_{\max}=0.9, \omega_{\min}=0.4$）、（$\omega_{\max}=0.7, \omega_{\min}=0.3$）和（$\omega_{\max}=0.5, \omega_{\min}=0.2$）三种情况。

当适应度函数为式①时，如图5-13—图5-15中所示演化曲线，（$\omega_{\max}=0.9$, $\omega_{\min}=0.4$）和（$\omega_{\max}=0.7, \omega_{\min}=0.3$）的迭代次数相对较多，大约要经过40次实现收敛，（$\omega_{\max}=0.5, \omega_{\min}=0.2$）的迭代次数较少，大约要经过10次就可以收敛，反映出随着惯性权重 ω 的区间值缩窄，将以更少的迭代次数取得全局最优解。表示较小的惯性权重有利于对区域的精确局部搜索，导致算法快速收敛，类似于企业区位选择的路径依赖较弱。也反映出 ω 较大时容易犹豫不决，而导致在全局最优解附近的震荡现象。当设置适应度函数为②的时候，得到大致相同的结果，而设置适应度函数为③和④的时候，迭代次数明显减少。

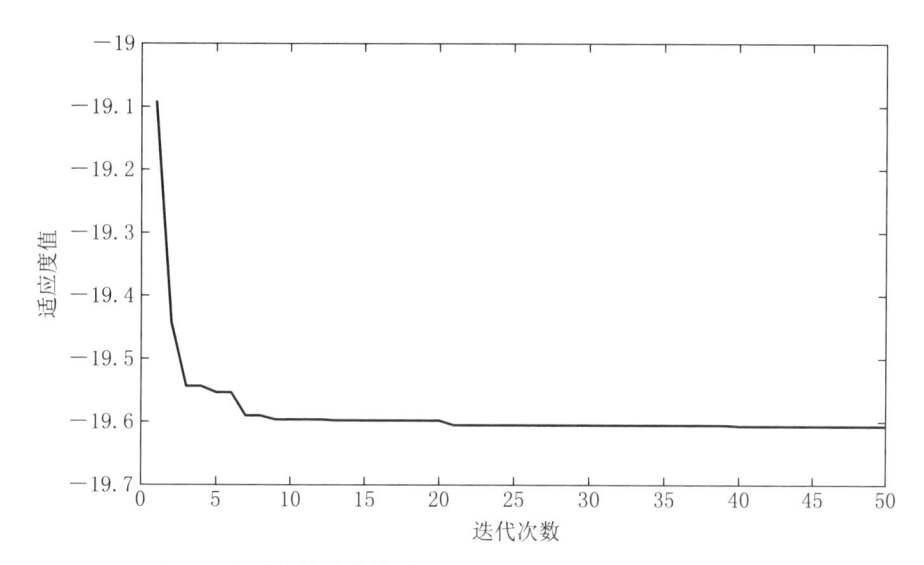

图 5-13 适应度演化曲线（$\omega_{max}=0.9$，$\omega_{min}=0.4$；$c_1=2$，$c_2=1.5$）

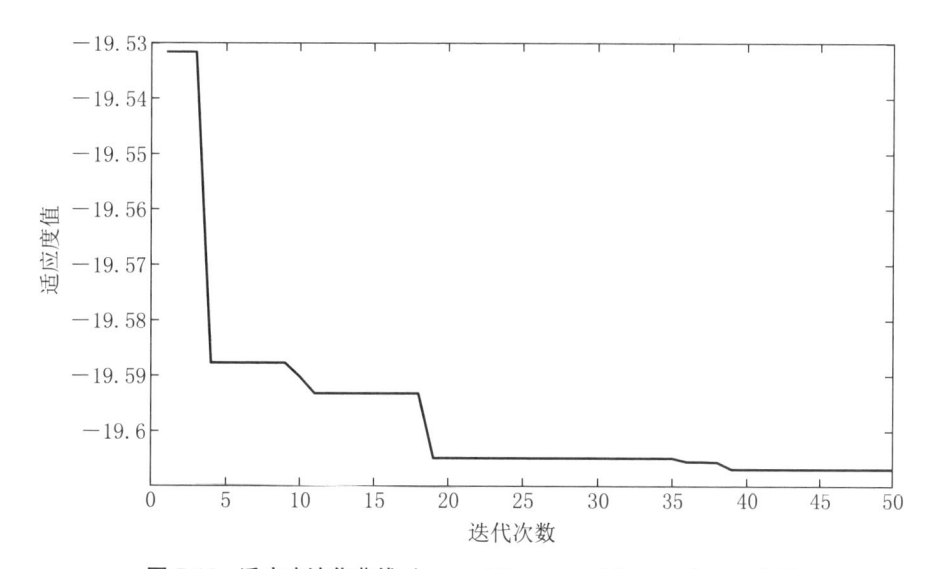

图 5-14 适应度演化曲线（$\omega_{max}=0.7$，$\omega_{min}=0.3$；$c_1=2$，$c_2=1.5$）

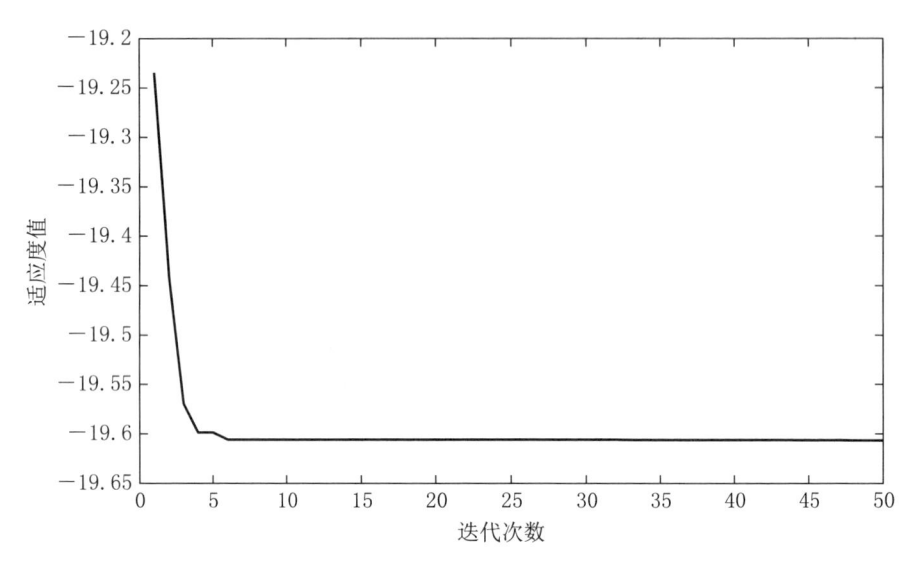

图 5-15　适应度演化曲线（$\omega_{max}=0.5$, $\omega_{min}=0.2$; $c_1=2$, $c_2=1.5$）

3. 学习因子 c 的敏感性分析

假设适应度函数为式①，惯性权重组合（$\omega_{max}=0.9$, $\omega_{min}=0.4$）时，在图 5-17 中迭代次数仍为 35 次以上，但如图 5-16 所示，比较图 5-13 的演化曲线可发现，随着个体学习因子 c_1 和社会学习因子 c_2 变大，迭代次数减少，迭代次数从

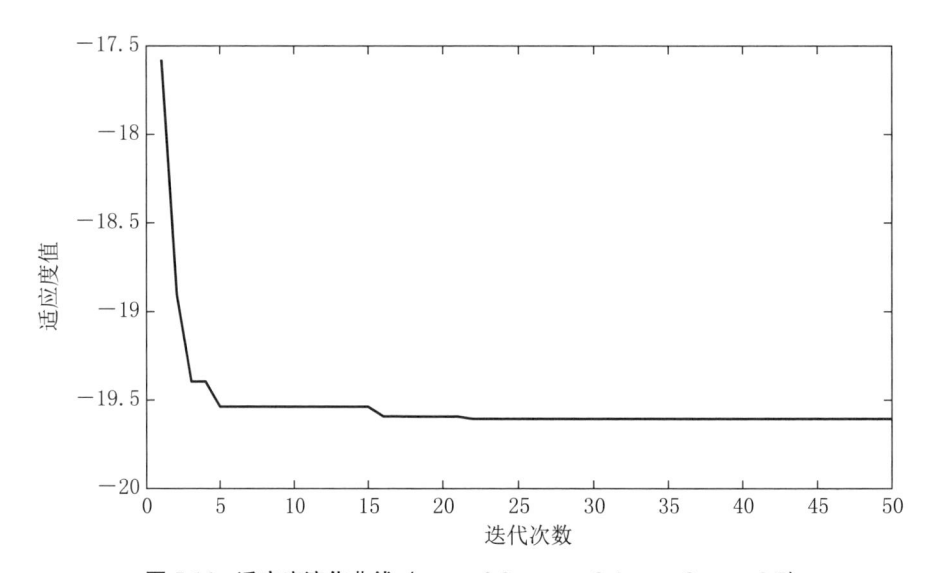

图 5-16　适应度演化曲线（$\omega_{max}=0.9$, $\omega_{min}=0.4$; $c_1=3$, $c_2=2.5$）

原来的约 40 次或 30 次减少到约 20 次就实现收敛，表示学习能力越强的企业或集群越有能力做出最优选择。可以理解为集群企业越有创新性，整个社会充满创业创新氛围，则制造业集群越容易提高韧性。

(1) 个体学习因子 $c_1=3$ 和社会学习因子 $c_2=2.5$

(2) 个体学习因子 $c_1=1$ 和社会学习因子 $c_2=0.5$

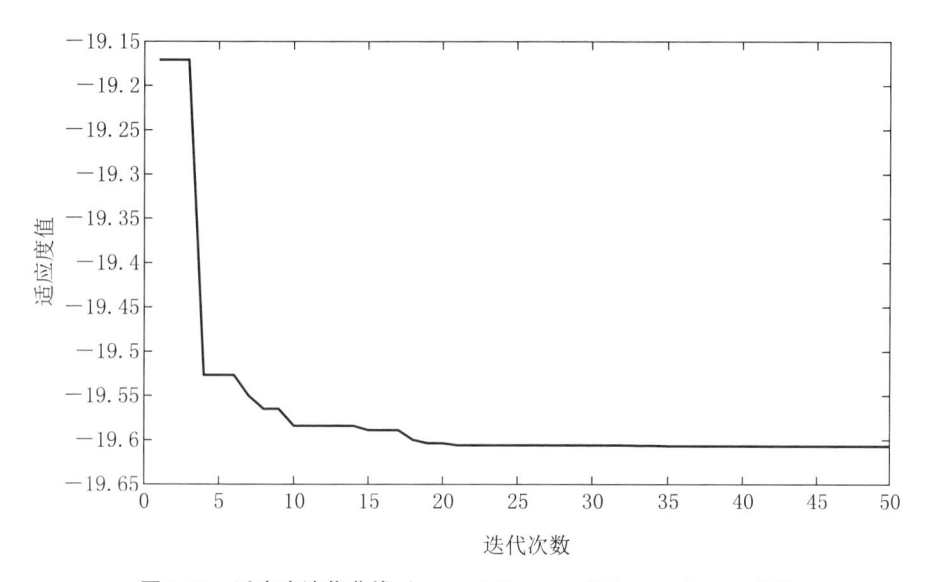

图 5-17　适应度演化曲线 ($\omega_{max}=0.9$, $\omega_{min}=0.4$; $c_1=1$, $c_2=0.5$)

在本节中优化后收敛曲线表示受到外部冲击后，制造业集群的企业数量等相关指标，经过一段时期的线性和非线性（类似 sin 函数或 cos 函数）形式的震荡后，逐渐达到一个新的稳态。适应度曲线就是达到新稳态的最佳路径，可以通过主动调整惯性权重 ω、个体学习因子 c_1 或社会学习因子 c_2 的大小，来间接实现集群韧性提升。

三、可持续性路径的动态模拟

从集群生命周期的角度，前文提到集群衰落的内源性解释：去集群化（de-clusterization）同样强调集群内部和集群之间的行为者互动，对理解集群可持续性路径具有重要性。学者们确定了产业集群进行知识空间转移的三种机制：劳动力流动，用户和制造商、供应商和客户之间的互动，以及集群衍生（Keeble,

Wilkinson,1999)。集群企业可以通过三种方式相互联系：垂直、横向和交叉（Bellandi,1982)。比如，纺织、服装业之中，垂直联系发生在纺纱，横向联系是指男装和女装等之间的关系，交叉联系则发生在维修、交易、收集信息等活动。在产业集群中，这些联系嵌入了企业间和人际关系之中，并深植于当地环境，在特定的历史和文化背景中形成（Becattini,1989)。基于资源的观点（Resource-Based View），资源和能力是集群实现可持续的条件。集群就是（有形、无形）资源和能力的独特组合，这些资源和能力积累缓慢，通过本地企业之间的复杂互动（即历史因变量）(Dahl, Pedersen, 2004; Iammarino et al., 2006)。基于社交网络的观点，有价值的知识是高度隐性的，难以复制，只能通过社会互动来创造，故从社会资本或社会关系的角度分析知识创造和转移（Bolino et al., 2002; Kostova, Roth, 2003)。创新网络和集群生命周期的相关研究，为更好地理解关系如何在集群演变的同时保持创新能力奠定了基础。空间集聚有助于协调集群企业之间的知识交换，从而为产业集群部分替代垂直关系和横向多样化的出现提供了基础。

（一）程式化模型

为检验产业集群衰落和死亡的生命周期假设，可以通过建立系统动态模拟模型来解释。本研究依然采用本节"图 5-7 国际资本流动与产业链的潜在关系"相同的因果模型，然后将定性的因果模型转化为程式化模型。一般状态变量 x 在 t 时刻的值是先前变化的积分，如下式 5-12 所示：

$$x_t = \int_0^t dx dt + x_0 \qquad \text{(式 5-12)}$$

其中，x_t 表示当年生存企业数，dx 表示每年（新设企业数－死亡企业数）。

该程式化模型包括多个控制状态变量的行为方程，被描述为微分方程组。主要的行为方程如下：

① 每年新设企业数＝（企业自然增长率＋集聚效应导致企业新设＋政府计划）×生存的制造企业数

② 每年死亡企业数＝（生存的制造企业数/企业平均寿命）×拥挤效应导致企业死亡＋（供应链中断＋市场需求下降）×生存的制造企业数

③ 产业集聚度＝Jacobs 外部性×同质大类企业数/形成集群所需同质中类企业数

④ 集聚效应与企业新设的表函数、拥挤效应与企业死亡的表函数。

⑤ 政府计划、供应链中断和市场需求下降均采用〈Time〉变量方程。

本系统模型中的各表函数依据实际背景，结合问卷调查、专家评估以及模型的参考行为特征确定，具体函数式如系统动力学方程所示，研究使用 Vensim 软件模拟程式化模型。

（二）模拟结果

根据程式化模型的设置，得到生存的制造企业数模拟结果。模拟表明，上文中"图 5-7 国际资本流动与产业链的潜在关系"所示的因果模型一旦被模拟，就能够产生与下图 5-18"国内集群生命周期的模拟结果"类似的行为。从图 5-18 中可以看出，制造业集群在 1997—2022 年的振荡变化过程中，大致可以分为三个阶段：①1997—2003 年，国内集群的扩张，制造企业数量不断增长，因当地利基市场的存在，因此不依赖出口，集聚化比较明显；②2004—2008 年，随着制成品市场的饱和，国内制成品厂商数量开始震荡，直至去集聚化；③2009—2022 年启动新一轮的国内的机器制造商开始了他们国际化的进程，集聚化加强，直到被突如其来的外部冲击所影响。

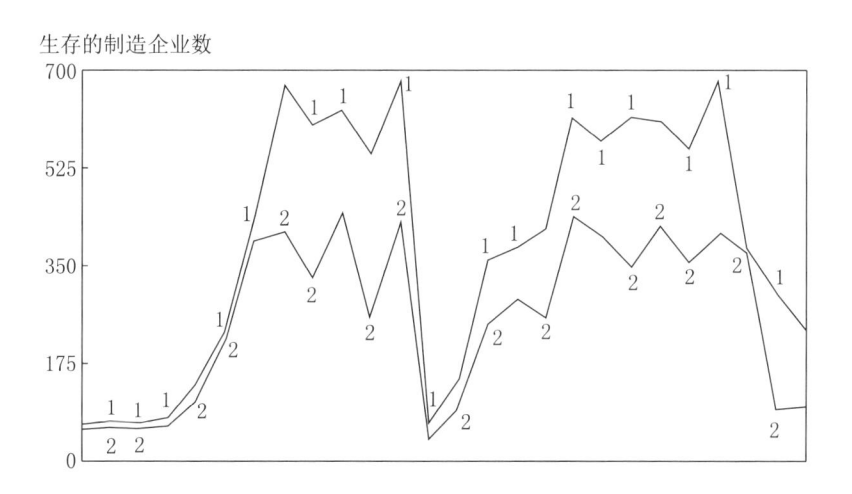

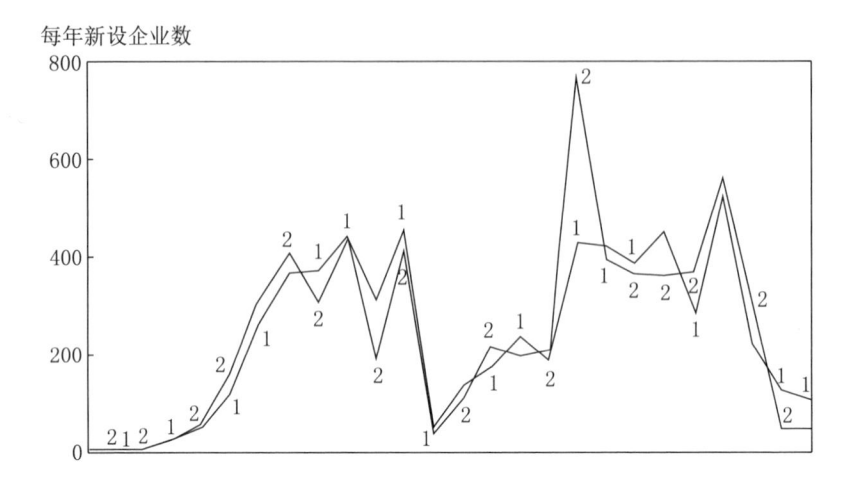

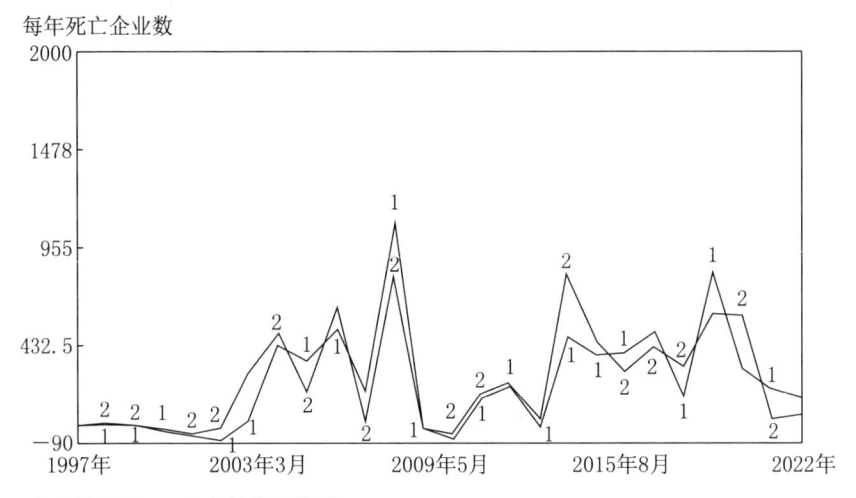

产业集聚度 1：仿真结果无脉冲
产业集聚度 2：仿真结果有脉冲

图 5-18　国内集群生命周期的模拟结果

总体来看，下图 5-19 所示集聚度变化趋势与制造业集群生命周期模拟基本匹配。主流文献将国际化描述为一个线性的、增量的、阶段性的过程（Johanson，Vahlne，1977，1990；Chang，Rozensweig，2001）。这些研究大多主张国际化是企业增长的一个重要驱动力。本研究结果表明，国际化可能会引发违反直觉的长期后果。建议企业在国际市场上协调其战略，集群的可持续性要求能够协调技术出口和新知识生产的政策。同时，基于资源的观点（RBV）论证了企业竞争优势的根源在于它们的关系，而不是它们各自拥有的资源和能力。我们支持对 RBV 的动态解释（Dierickx，Cool，1989），模拟研究生动地描述了资源存量之间的相互连通性（Dierickx，Cool，1989）。

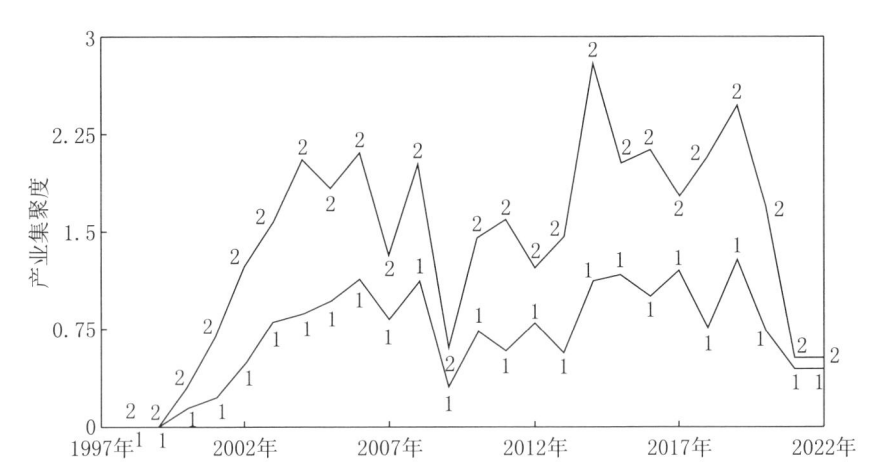

产业集聚度 1：仿真结果无脉冲
产业集聚度 2：仿真结果有脉冲

图 5-19　国内产业集群集聚度的模拟结果

集群国际化可能引发知识转移和集群内关系资本的侵蚀，以及国内集群能力优势的消散，来自外国制成品的竞争压力变得更强，这是一个自我强化的机制。正如图 5-18 和图 5-19 中的模拟所体现的强化回路特征，任何相互关联的变量受到震动，信号在沿着回路传输时会被放大，以加强初始干扰，并促进呈指数增长或衰减。因此，集群可持续的原因由集群内部决策和外部竞争压力这两个相关联的因素决定。

第三节　增强制造业集群韧性的案例分析

美国的《先进制造伙伴计划（AMP）》和《制造业发展战略：创造就业机会，提升美国竞争力》，英国的《英国发展先进制造业主要策略和行动计划》，瑞典、法国、西班牙和比利时的重振制造业再工业化战略，德国的工业4.0 制造业发展战略，日本的《日本制造业竞争策略》，这五大战略性产业发展蓝图，以及巴西、印度、越南等新兴经济体在发展装备制造业上的布局，无一例外都在推动制造业向高端化发展，抢占未来经济和科技发展的制高点，积极谋求关键工业技术和装备的国际领先地位，争抢制造业的领导权。另外，自 2000 年以来，德国、美国、欧盟、日本等发达国家和地区纷纷掀起世界级先进制造业集群发展热潮，制定国家战略和计划，多部门、多组织联合推进。

根据国内外产业集群的不同界定，以及各国产业集群发展历程，形成了如表 5-7 所示的相关制造业集群分类，其中部分涉及生产性服务业。

表 5-7 产业集群分类

类型	英文名称	典型例子
传统产业集群	Classical Industrial Cluster	意大利工业区、中国长三角服装制造集群
工业城	Manufacturing pole/cities	德国鲁尔地区、美国底特律、中国东北工业区
工业区	Industrial/Development Zone	中国的经济开发区
专业园区	Specialized Park/Area	各种物流园区、上海国际汽车城、上海国际钢铁服务区
传统企业孵化器	Traditional Business Incubator	企业孵化器、创业服务中心
科技城	Science/Technology City	欧洲的埃因霍温—鲁汶—亚琛三角
高技术集群	High-Technology Cluster	硅谷、波士顿 128 号公路、德国比奥地区
高技术发展区	High-tech Development Zone	日本筑波科技城、中国中关村科技园、中国张江高科技园、中国台湾新竹科技园
卓越中心	Center of Excellence	法国科技园区、荷兰化学实验室、印度班加罗尔软件科技园、中国中关村科技园
综合技术孵化器	Comprehensive Technology Incubator	中国科技创业服务中心、科技园（区/大学）
创新中心	Specific Center of Innovation	德国的 IT-Speicher、BioPark 和 Sensorik

资料来源：Zhao Y, Zhou W, Hüsigs, Vanhaverbeke W. Environment, Network Interactions and Innovation Performance of Industrial Clusters: Evidences from Germany, Netherlands and China [J]. Article in Journal of Science and Technology Policy in China, 2010.

一、国外制造业集群韧性提升的典型模式和经验

（一）美国

根据美国经济发展协会（EDA）的数据，美国有380个集群，雇用了美国一半以上的劳动力，生产了美国60%的工业产出。美国最著名和最成功的集群形成包括硅谷（美国加利福尼亚州）计算机技术集群；美国底特律（美国底特律）；新墨西哥州（美国新墨西哥州）的纳米技术、生物技术、可再生能源和数字印刷中心。

1. 底特律和硅谷的企业衍生与多样化

美国历史上最典型的两个产业集群是硅谷（半导体行业）和底特律（汽车行业）。20世纪50年代，硅谷所在的圣克拉拉县（Santa Clara）人口为30万。随后的30年里，近100家半导体企业进入硅谷，其中包括5家行业前10的企业，硅谷的人口增加到130万。同样。在二战后汽车工业发展的头30年里，超过100家汽车企业进入底特律，其中包括超过一半的行业领导者，底特律所在的韦恩县（Wayne）人口从30万增加到180万。

硅谷和底特律集群具有惊人的相似之处。这两个行业中，最初没有一家企业位于硅谷或底特律，当有一家优秀的创新企业进入之后，该企业通过衍生或分包合同，推动附近其他领先企业的创建。由于衍生企业没有远离这两个地区，导致底特律和硅谷成功企业数量累积增加。衍生是硅谷半导体产业（Moore, Davis, 2004）和底特律汽车产业集聚的关键（Klepper, 2007），衍生在底特律汽车和硅谷半导体集群的演变中发挥重要作用（Klepper, 2010）。另外，衍生也在美国俄亥俄州阿克伦附近的轮胎行业的历史集聚中发挥关键作用（Buenstorf, Klepper, 2009），而缺乏成功的衍生是导致美国电视接收器行业集聚度降低的一个关键因素（Klepper, 2008）。

衍生如何推动这两个集群的增长？换句话说，为什么企业衍生过程不是一个零和博弈，即衍生企业的收益以牺牲母公司（或其他公司）为代价？20世纪80年代，四家衍生企业Signetics、National、Intel和AMD所占市场份额为32%，而仙童公司作为硅谷半导体的先驱者，其市场份额仅占约7%，且从未超过13%。可以看出，衍生企业在某种程度上做的是与"父母"不同的事情，或者说该地区半导体产业集群呈现一种相关或非相关多样化。

2. 底特律和硅谷的合作与新路径形成

在20世纪50年代，底特律还是当时的"硅谷"，20世纪60年代末期逐渐变成历史遗迹，即使汽车技术进入新的高科技领域，底特律似乎无法动摇其"铁锈带"的形象。但与底特律的衰落相比，硅谷持续保持活力。目前，谷歌和优步等硅谷企业使得该地区继续作为未来创新家园的形象存在。

在过去的十年里，硅谷和底特律这两个彼此相距不远的地区，开始结合在一起。这是汽车技术两个关键领域融合的结果：电动汽车和自动驾驶。特斯拉和优步等公司的成立，使加州成为汽车技术发展的主要场所。新汽车技术建立在先进的软件和电子产品的基础上，发挥了硅谷的优势。但开发应用程序与汽车制造不是一回事，后者需要考虑汽车在极端环境中的可靠性、达到严格的安全标准、易于制造，等等，这些并不是硅谷科技专业人士所擅长的。另外，在底特律的汽车越来越多地由电子产品驱动，这也使得该地区高科技工程师不断增长，他们从事电子刹车、先进燃料控制和自动安全系统等方面的工作。

在新的时代背景下，底特律汽车城和硅谷从相反方向的两端变成了合作伙伴，他们创造的技术使电动汽车和自动驾驶汽车成为可能。谷歌公司衍生企业Waymo与菲亚特克莱斯勒（Fiat Chrysler）合作开发自动驾驶汽车。2016年，位于底特律的通用汽车公司以超过10亿美元收购了旧金山湾区的自动驾驶软件初创企业克鲁斯（Cruise）。福特公司对ArgoAI投资了超过10亿美元，这家匹兹堡公司的开发基地在加州和密歇根州。Veoneer和Aptiv等汽车供应商也在湾区增加其办事机构。目前的经济衰退削弱了这一趋势，但汽车行业已将这些新技术列为首要任务，意味着它将是一个反弹的行业。显然，在新技术的冲击下，底特律找到了一条提升汽车制造业集群韧性的新路径。

3. 西雅图航空航天制造与产业链集群

根据哈佛商学院和美国经济发展协会（EDA）开发的集群地图，美国在51个行业有贸易集群（国家和国际级），16个行业分布有本地集群。其中，贸易集群（traded clusters）是指集中在提供竞争优势的特定地区，但跨地区和跨国销售产品或服务的集群。本地集群（local clusters）主要为本地市场销售产品和服务。在制造业领域，农业食品、航空航天、生物技术、信息和通信技术等是美国最有希望的一些行业。

世界上主要的航空航天集群（Aerospace clusters）位于华盛顿州的西雅图

(Seattle)，也是波音公司等知名公司所在地。该集群有175家与航空制造直接相关的企业，以及1400多家机构中拥有约13.6万名相关从业人员。除了商用飞机，华盛顿州的航空航天行业还包括无人机/系统、维护、维修；大修（MRO）、太空探索、军用飞机和旋翼飞机、航空旅行和货运航空生物燃料。在这方面，华盛顿航空航天工业战略旨在发展多样化航空航天集群，培养航空航天劳动力，促进航空航天创新文化，并加强华盛顿的航空航天制造。该集群拥有四个专业地区：皮吉特湾（Puget Sound）利用及时和精益生产流程；华盛顿州西北部，包括生产下一代复合材料和材料的制造集群；华盛顿州西南部是UAS制造、航空电子、工程的中心，以及以金属加工、塑料和电子支持航空航天工业的供应链集群；华盛顿州东部地区提供低成本的可再生能源，已建立和不断增长的供应商集群和预先允许的非常适合航空航天公司的工业基地。

4. 欧美合作与跨国产业链集群

美国与欧盟的跨国集群（C2C）合作促进知识交流，基于共同利益的现实，如促进创新、创造就业机会和经济增长。比较成功的案例如Niedersachsen Aviation（Niedersachsen，德国）和Pacific North-West Aerospace Alliance（PNAA，美国华盛顿）。其中，Niedersachsen Aviation是欧洲航空航天供应链中领先的制造集群。它位于德国尼德萨克森州（Niedersachsen），拥有德国北部航空航天工业的250多家企业。PNAA是位于美国西北部的航空航天供应商集群，位于西雅图的波音公司附近，由数千家企业组成，从商用和军用飞机到无人系统和太空火箭。尼德萨克森航空集群和PNAA自2010年以来开始合作，在发展区域之间更紧密的业务关系方面相互支持。尼德萨克森航空集群领导了针对西雅图航空航天集群的合作活动，并将与PNAA的双边合作提高到欧洲层面。在尼德萨克森州和华盛顿州签署的谅解备忘录中，尼德萨克森航空集群成为整个欧盟EACP网络的联络点。欧洲航空航天集群（EACP）是一个由欧洲18个国家的43个航空航天集群组成的网络，尼德萨克森航空集群是其创始成员。

此外，来自几个欧盟成员国的组织已在硅谷建立机构，以促进和加强欧盟集群与总部位于硅谷的组织和公司合作，主要关注ICT，但也关注生物技术等其他领域。佛罗里达光子学集群与欧洲光子学工业联盟（EPIC）开展了合作活动；而OptoNet. V（德国）和纽约罗切斯特区域光子学集群也确定了国际C2C合作。马萨诸塞州生命科学中心一直在与BioWin（比利时）和Alsace BioValley

(法国）合作。此外，BioTechMed Mazovia 集群（波兰）还与旧金山 BioBay 开展合作活动。

（二）德国

1. 鲁尔地区的产业转型与新路径形成

鲁尔地区（Ruhr Industrial Base）是德国也是世界最重要的工业区之一，其工业总产值曾占德国的 40%，人口达到 570 万。鲁尔工业区以采煤工业起家，随后发展钢铁、化学工业，并建立机械制造业，不断调整区内产业结构是其具有较强生命力的原因，与其他资源型老工业区的衰退形成鲜明对比。

德国鲁尔地区的改造始于 1968 年，通过调整产业结构，推动老企业改造，同时大力扶持新兴产业，在 20 世纪 80 年代之后终于实现了产业结构的多样化。自 20 世纪 60 年代中期以来，北莱茵威斯特伐利亚州（North RhineWestphalia）开始实施结构政策来减轻结构变化的影响。在第一阶段（1966—1974 年）采取综合化结构政策，通过 Entwicklungsprogramm Ruhr（EPR，鲁尔发展计划）促进空间结构合理化和新的工业化，例如在 Bochum 启动欧宝（Opel）汽车生产，建立 Bochum 鲁尔大学（1965 年）和多特蒙德大学（1968 年），扩建高速公路和公共交通系统。在第二阶段（1975—1986 年）采取集中化结构政策，1979 年启动 Aktionsprogramm Ruhr（APR，鲁尔行动计划）发展技术导向的新行业，如信息和通信技术以及生物医疗技术。建立各种技术中心，比如 1985 年成立的多特蒙德技术中心。通过启动推广煤炭、钢铁和能源技术项目，将北莱茵—威斯特法伦州和鲁尔地区改造为德国的能源中心，工业结构的现代化引发了再工业化。在第三阶段（1987—1999 年）采取区域化结构政策，始于 Zukunftsinitiative Montanregionen（ZIM，创新煤炭和钢铁地区倡议）。建立更多的技术中心，如杜伊斯堡纽多夫科技园（1989 年）。将更多企业和其他参与者融入结构性政策以扩大内生潜力。第四阶段采用"自组织结构性政策"，2000 年启动 Projekt Ruhr GmbH program。这次结构性政策选择了一种集群方法，确定了 12 个应得到加强的领域，包括研究机构、开发单位和企业之间应存在创新的网络和合作，共同测试新的应用、交流经验，开发和销售技术和产品。结构支柱集中在有望自给自足增长和拥有大量企业以及专业知识的经济领域。

除了加强优势之外，也在鲁尔大都市范围内启动区域合作。比如，杜伊斯堡、奥伯豪森、马尔海姆和德鲁尔、埃森、盖尔森基兴、赫恩、波鸿和多特蒙德（Duisburg, Oberhausen, Mülheim an der Ruhr, Essen, Gelsenkirchen, Herne, Bochum and Dortmund）八个城市在"Städteregion Ruhr 2030"（鲁尔城市 2030）项目中合作。由此，鲁尔地区成为一个区域实体，而不是像以前仅在各城市和农村地区之间单一主体的竞争。

创新型公司始于 20 世纪 80 年代，随着多特蒙德技术中心的成立，该中心已成为一个成功的信息技术产业集群。与此同时，在鲁尔大都市建立了大约 30 个技术中心。不同的技术针对一个特定的能力领域，例如博特罗普的两个技术和创业中心。经过实施几十年的结构性政策，鲁尔地区成功地从一个以煤炭、钢铁为主的工业区转变为具有新的多元经济基础的大都市区，成为一个全球导向的地区。更为重要的是，煤炭和钢铁企业经历了彻底的重组，但并没有离开鲁尔都市区的基地。

(1) 煤炭企业的重构

比如，成立于 1968 年的煤炭企业 Ruhrkohle AG（RAG）在 2003 年成立了化学公司，现在继续注册的"黑色"RAG 部分仍然专注于煤矿开采，还开设了一些分配给附属公司的活动领域。RAG 采矿解决方案利用德国煤矿开采的丰富技术专长，采矿机械正在出口到全球。除了采矿技术，RAG 采矿解决方案还为俄罗斯、中国和印度的深井采矿提供量身定制的服务。RAG 的"白色"部分包括化学、房产管理和能源，Evonik Industries AG 成立于 2007 年，在"消费者、健康和营养""资源效率"和"特殊材料"领域开发未来技术的新物质，具有强大的市场地位。能源领域主要运营化石燃料发电站，Evonik 以可再生能源为基础，经营着 8 个燃煤发电站、2 个炼油站和各种能源发电厂，包括哥伦比亚、土耳其和菲律宾的发电站。

(2) 钢铁企业的重构

比如，ThyssenKrupp 生产钢铁产量占德国所有钢铁产量的三分之一以上。自 1999 年以来，ThyssenKrupp 成为一家全球性的钢铁和技术公司，新的总部建在老 Krupp 附近，在 Thyssen 的家乡杜伊斯堡保留了最后的综合冶炼厂，包括焦化厂、高炉、钢铁厂和轧机厂。ThyssenKrupp 专注于高质量扁钢，通过应用现代材料、产品和工艺，在竞争激烈的全球钢铁市场上保持盈利。该公司投资建设新高炉，对一些设备进行现代化改造，投资焦化厂从而保证高炉的需求。这些措施提高了生产率和钢铁质量,同时减少了对材料和能源的消耗。随着亚洲新兴经济体钢铁业的繁荣,ThyssenKrupp通过在海外的新投资来应对这一发展,并在巴西和美国建立了新的ThyssenKrupp钢铁生产基地。ThyssenKrupp还在促进研发,在Bochum鲁尔大学建立了跨学科的先进材料模拟中心(ICAMS),开发新材料,以调整最终产品的性能。ThyssenKrupp是中国主要的汽车供应商,是客运系统(自动扶梯、电梯等)的重要生产商。工业解决方案业务区域为化工厂、炼油厂和其他工业设施的设计和建造提供端到端工程服务,水泥和矿产行业的设备,以及原材料和矿物的采矿、加工、处理和运输的机械和系统。组件技术商业区是世界领先的大型回转轴承制造商,用于输送、采矿和提取系统,港口、船舶和建筑起重机,以及土方机械;其他应用包括太阳能和风能发电厂、海上工程和工业机器人。业务区域还包括生产采矿、林业和农业机械、挖掘机、推土机和履带式拖拉机的履带部件;最后生产了车辆的转向轴、转向柱和转向装置。直到2009年,各种业务领域都分为钢铁、不锈钢、技术、电梯和安全服务等。但ThyssenKrupp不仅改变了公司的组织结构,还将总部从杜塞尔多夫转移到埃森(Essen)。

(3) 发展高科技集群

在北莱茵—威斯特伐利亚州,中小企业创造了42%的营业额,并提供了80%的工作岗位。在大都市鲁尔市,许多中小企业一直是大型煤炭、钢铁公司的供应商。特别成功的是多特蒙德的技术中心发起的IT高科技集群。自1985年在"多特蒙德共识"(Dortmund consensus)框架下,技术大学、技术中心和科技园合作开发新产品,大学为创新发展提供专业知识,技术中心将其转化为产品,当产品达到一定的市场性时就转移到实际生产的科技园,该集群拥有240多家高新技术企业,员工8000多人。1997年ThyssenKrupp放弃多特蒙德的生铁生产,将这一过程转移到杜伊斯堡基地。为了弥补失业,启动"多特蒙德项目"(Dortmund-project)的目标是建立新的软件、IT和电子商务、微系统技术(MST)、生物技术和物流企业的集群,并扩大这些分支机构的现有企业,从而创造约7万个工作岗位来替代煤矿开采和钢铁行业中失去的8万个工作岗位。目前,多特蒙德共拥有800家IT企业、831家物流企业、100家电子商务企业、微技术和纳米技术企业45家,这些新分支机构有41000个新工作岗位,"多特蒙德项目"的就业目标基本实现,多特蒙德已经成为一个高科技企业集群。

2. 沃格特兰乐器制造与非相关多样化

德国撒克逊—沃格特兰地区（Saxon Vogtland）的古典乐器制造历史可以追溯到 17 世纪。19 世纪和 20 世纪初，该地区是欧洲乐团乐器的主要生产中心。该地区的乐器工业在 20 世纪 90 年代经历了巨大的结构性变革，包括大规模的去工业化、裁员和企业重组，以及两次主要的搬迁，大量生产商从巴伐利亚州转移到沃格特兰地区。该行业中规模较大的制造商在 20 世纪初出现。与整个德国乐器制造工业一样，以沃格特兰为基础的乐器制造工业的特点是中小企业占主导地位，有 100 多家企业。这些小微企业使用传统的手工制造技术，通常在车间进行增量创新或工艺改进。

根据 OECD 对不同技术强度行业的分类，乐器制造被列为低技术、研发支出水平低的类别（OECD，2005）。乐器制造面临的挑战主要是需求转变（对古典乐器的需求下降，电子产品和数字化音乐生产的比例上升），以及亚洲和东南欧生产商的激烈竞争。为应对这些挑战，大多数企业专门从事高端产品定制，不与低成本的对手竞争。

如今，该地区单一的乐器制造格局被密集的相关行业网络所填补，其中不乏一些同样具有悠久历史的机构。比如，培训乐器制作的专业学校早在 19 世纪就建立了，如今该地区仍有一所职业培训学院。1988 年，在马克尼基琴（Markneukirchen）成立了一所工程培训学院的附属机构，后来变为一所应用科学大学的附属机构。该地区还有成立于 20 世纪 50 年代的应用材料和技术进行声学和振动工程方面的研究所，以及一些较小的管弦乐队、乐队协会、历史乐器博物馆和国际音乐比赛（如国际弦乐器比赛、国际手风琴比赛）。另外，将制造业和旅游业相结合，乐器制造工厂参观成为该地区的旅游亮点。

3. 安哈尔特机械制造与产业链集群

德国萨克森—安哈尔特（Saxony-Anhalt）具有悠久的工业传统，其中机械工程是最重要的工业部门，每年营业额超过 40 亿欧元，占该行业总营业额的 10% 左右。安哈尔特 20% 的工人在该行业工作，机械工程也是安哈尔特地区最大的出口业务部门之一，约 40% 的营业额来自海外市场。

位于安哈尔特的特殊用途机械工程集群（SMAB）包括来自科学研究和工业生产的 1 万多名员工。SMAB 集群企业通过"再制造"（remanufacturing）对机械部件进行改造，将机械设备改造升级为"像新的"或"优于新的"状态。

SMAB集群企业通过开发相互关联的系统解决方案（航空航天、汽车、能源经济和医疗技术部门）、节能系统和制造技术以及医疗技术产品和服务，SMAB集群与许多互补的产业集群保持合作关系，包括汽车、化学品/塑料和可再生能源集群，SMAB集群还与欧洲企业网络（EEN）有密切合作。通过建立联系，促进国内和国际伙伴关系，维持该集群的高出口形象，使集群定位为国际集群。

二、国内制造业集群韧性提升的典型模式和经验

中国发展了各种产业集群，中国的集群政策也体现了通过高新区获得外资总额的60%以上的有效性（Lavrov，2012）。集群的发展可以通过一些因素来追溯：需求条件、配套产业相关的生产因素；战略、研发；技术实施的方法和结果；共同生产；产业间的相互作用。因此，中国企业采用该技术，不断改进设计和质量控制（区域产业集群组织模型，2013；Rahmat，2017；Titova et al.，2017）。目前，在浙江省的手机制造集群可能是典型的研发生产基地，许多外国公司（西门子、摩托罗拉、三菱和诺基亚）都在此建立了企业和研究中心。通过对中国汽车行业的投资，形成了拥有广泛的供应商网络、研究基地、工程公司和创新发展中心的汽车制造集群。在广东省，围绕日本公司日产、本田和丰田的组装厂形成了一个汽车集群。除了中心城市广州，集群逐渐扩展到东莞等邻近城市，占据了几乎广东全省的领土，集中在那里（除了主要生产）300多个企业制造商的零部件、备件、电子产品、配件和原材料供应商。从事制造产品销售的公司网络在那里被广泛呈现（Faizova et al.，2015；Ablaev，2017）。

根据前文对集群企业的界定，计算$C_{a,1978}$前1%企业数作为门槛值构成制造业集群，然后，将2008—2022年均存在于前1%的集群，且2007年之前属于1%集群的界定为强韧性集群，将2008—2022年有1—2年退出前1%集群，2007年之前属于1%集群的，以及1997—2015年仅1—2年退出前1%集群的界定为弱韧性集群。最后根据强韧性的界定，去掉1982—2022年之间属于前1%集群仅1—2年的集群，得到最稳健集群，分别按照行业—区县进行汇总。

最稳健集群所属省份有19个，所属城市59个和区县142个，涉及22个行业大类（不包括其他制造业），59个行业中类（不包括行业大类中其他未列明制造业）。从企业总体样本量来看，长三角地区约占30.32%，珠三角地区约占13.95%，而京津冀地区约占7.71%。三大城市群合计约占51.87%，东部沿海省

份合计约占 68.58%，加上河南、湖北、湖南、四川等主要省份后占到 82.61%。根据区县—行业排列方式，集群行业大类最多的是浙江，第二是广东，第三是江苏。浙江省内则主要集中在宁波、台州和温州，广东省集中在深圳、佛山和东莞，江苏省集中在苏州、无锡和常州三地。结合这些地区的经济发展状况，似乎也证实了"产业致富"的道理。下面针对这三个省分别选择宁波慈溪市、深圳宝安区和无锡江阴市进行具体分析。

（一）宁波慈溪市家电集群的企业衍生与多样化

宁波慈溪市长期稳居浙江省第一经济强县，主要依靠其强大的制造业。慈溪市制造企业约2万家，拥有一个千亿级产业集群（智能小家电产业集群）和两个百亿级产业集群（轴承产业集群、汽车产业集群）分别对应表5-8中电气机械和器材制造业、金属制品业、汽车制造业等稳健性行业类别。

表5-8 宁波慈溪市最稳健行业分布

所属行业大类（9个）	行业中类（14个）
专用设备制造业	①化工、木材、非金属加工专用设备；②纺织、服装和皮革加工专用设备
仪器仪表制造业	其他仪器仪表
橡胶和塑料制品业	①塑料制品业；②橡胶制品业
汽车制造业	汽车零部件及配件制造
电气机械和器材制造业	①家用电力器具；②电机制造
纺织业	针织或钩针编织及其制品
纺织服装、服饰业	机织服装制造
计算机、通信和其他电子设备制造业	电子元件及电子专用材料
金属制品业	①建筑、安全用金属制品；②金属制日用品；③铸造及其他金属制品

资料来源：作者统计整理。

目前，慈溪市智能小家电产业集群拥有家电亿元企业176家（包括方太和公牛等龙头企业），家电整机企业约两千家，配套企业近万家。家电产品涉及30多个系列、1000多个品类，包括冰箱、洗衣机、油烟机、饮水机、净水器、电风扇、电吹风、烘烤器、果汁机、墙壁开关等。其中，饮水机、电熨斗、制冷家电等家用产品行业已居全国领先地位。

比如，宁波沁园集团成立于1988年，从事净水设备、饮水设备及商用水设备生产，该企业首次发明饮水机专用净水器（1998年）和无热胆饮水机（2005年），2007年成为全国净水器及其系统标准化工作组组长单位，2014年联合利华持股沁园集团。目前，该企业产品包括厨房纯水机、超滤机、客厅净饮机、茶吧机、全屋净（软）水机、商用净水器、管线机等全线产品。另外，作为"宁波市制造业企业百强"之一的卓力集团，自1993年以来精耕熨烫和衣物护理领域，不断推出电熨斗、挂烫机、熨烫机、暖被机和衣物护理机等系列产品，已成为国家熨烫器具标准制定组组长单位（2009年），在越南等国建有海外生产基地，从最初的全球OEM订单生产商到ODM制造商。

而作为"中国十大冰箱及冷柜出口企业"和"宁波市制造业企业百强"之一的韩电集团，源于1983年作坊式五金厂，到1997年开始生产电源连接器，后续启动冰箱（2006年）和洗衣机（2011年）项目，推出空调产品（2014年）和厨卫产品（2015年），以及烤箱、电视机（2016年）的面市，形成多品类系列。在企业发展历程中衍生出宁波凯峰电器（1997年成立）、宁波韩电线缆（2002年成立，2018年更名为宁波韩电通信科技）、宁波韩电电器（2006年成立）、韩电集团宁波洗衣机有限公司（2009年成立）、宁波博莱特光电科技（2009年成立）、韩电集团宁波空调有限公司（2017年成立）等6家全资或控股企业，成功实现多元化转型。

（二）深圳宝安区多元化生态的产业链集群

宝安作为"中国工业第一城"深圳市下辖的主要产业集聚区，目前有制造企业5.45万家，占全市1/3以上，其中，规模以上工业企业5101家，占全市37%[①]。

宝安区拥有四个千亿级的产业集群（智能终端产业集群、超高清视频显示产业集群、网络与通信产业集群、安全节能环保产业集群），两个500亿级集群（工业母机产业集群、新材料产业集群），以及六个100亿级集群（半导体与集成电路产业集群、软件与信息技术服务产业集群、数字创意产业集群、精密仪器设备产业集群、新能源产业集群、智能网联汽车产业集群）。如表5-9所示，宝

---

① 数据来源：2023年11月27日《新闻联播》播出《深圳六个90%的背后》。

安区拥有最稳健区县—行业的行业大类 10 个和行业中类 17 个。其中，专用设备制造业，电气机械和器材制造业，计算机、通信和其他电子设备制造业等稳健性行业正好分别对应这些重点产业集群的行业类别。

表 5-9 深圳市宝安区最稳健行业分布

所属行业大类（10 个）	行业中类（17 个）
专用设备制造业	化工、木材、非金属加工专用设备
化学原料和化学制品制造业	①日用化学产品；②涂料、油墨、颜料及类似产品
印刷和记录媒介复制业	印刷业；装订及印刷相关服务
文教、工美、体育和娱乐用品制造业	工艺美术及礼仪用品
橡胶和塑料制品业	①塑料制品业；②橡胶制品业
电气机械和器材制造业	①家用电力器具；②电线、电缆、光缆及电工器材；③照明器具；④输配电及控制设备
皮革、毛皮、羽毛及其制品和制鞋业	皮革制品制造
计算机、通信和其他电子设备制造业	电子元件及电子专用材料
造纸和纸制品业	纸制品制造
金属制品业	①结构性金属制品；②金属制日用品；③金属表面处理及热处理加工

资料来源：作者统计整理。

从作为"制器之器"的工业母机（拥有创世纪机械等龙头企业），到作为重要基础的新材料（富骏材料等龙头企业），再到新能源锂电池（欣旺达等龙头企业）和新兴的智能网联（法雷奥、航盛电子等龙头企业），包括国家级科技企业孵化器（如高新奇战略新兴产业园、桃花源科技创新园等）和产学研合作平台（如南方工业技术研究院、西北工业大学新材料概念验证中心等），以及大批上下游产业链配套企业，形成了多样化的企业生态，涵盖各集群的龙头企业（如智能终端产业集群的立讯精密、超高清视频显示产业集群的创维集团、网络与通信产业集群的亚太星通，以及安全节能环保产业集群的乾行达）、国家级专精特新"小巨人"企业（如工业母机产业集群的华成工业、世椿智能等，新材料产业集群的飞扬骏研、中凝科技等）、省级专精特新企业和创新型中小企业。这些多元化的主体和行业之间的互动，形成了宝安区工业经济稳步增长的动力，成为该区制造业集群的价值链攀升，集群韧性的提升的源泉。产业链的完整度已经成为衡量一个地区投资环境和竞争力最重要的因素，需要围绕产业链形成集群或产业链集群式发展，优化配置产业链。

（三）无锡江阴市产业集群的智能化新路径

无锡江阴市作为"中国制造业第一县"，拥有2万多家制造企业，其中2462家规模以上工业企业，拥有高端纺织服装、金属新材料、石化新材料三大千亿级产业集群，高端装备产业和新能源产业也有望成为新的千亿级产业集群。分别对应表5-10中最稳健行业大类：纺织业和纺织服装、装饰业；金属制品业；橡胶和塑料制品业；以及专用设备制造业等。沿袭历史上的"草根工业"，江阴制造业大多属于传统产业。随着纺织业竞争激烈和订单减少、钢材采购量下降、用工成本和原材料价格上涨等问题凸显，工艺改进和技术升级，成为制造业转型的必然选择，江阴制造业集群也给出了智能化探索的新路径。

表5-10 无锡江阴市最稳健行业分布

所属行业大类（10个）	行业中类（17个）
专用设备制造业	①化工、木材、非金属加工专用设备；②纺织、服装和皮革加工专用设备；③采矿、冶金、建筑专用设备
印刷和记录媒介复制业	印刷业
橡胶和塑料制品业	①塑料制品业；②橡胶制品业
电气机械和器材制造业	输配电及控制设备
纺织业	①棉纺织及印染精加工；②针织或钩针编织及其制品
纺织服装、服饰业	机织服装制造
通用设备制造业	①烘炉、风机、包装等设备；②通用零部件制造
金属制品业	①结构性金属制品；②金属丝绳及其制品；③金属表面处理及热处理加工
铁路、船舶、航空航天和其他运输设备制造业	船舶及相关装置
黑色金属冶炼和压延加工业	钢压延加工

资料来源：作者统计整理。

如今，智慧工厂遍布江阴市各行业领域，实现企业生产的全流程自动操控，比如在纺织服装行业（海澜集团、阳光集团等龙头企业）、金属制品行业（兴澄特钢、法尔胜泓昇等龙头企业)、石化新材料(三房巷集团、邦特科技等龙头企业),以及不断成长的高端装备行业(如精奇数控、赛特精工等科技型中小企业)。通过智能化设备的智能识别,不仅保障了操作的安全性,降低了生产成本,还提高了产品的性能,更好地满足差异化市场需求。

当然,从"江阴制造"到"江阴智造"离不开创新要素的集聚,离不开政府稳抓实体经济的决心。其发展依然需要领军企业不断创新示范,专精特新"小巨人"企业深耕产业链细分领域,以及政府构筑良好的营商环境。通过数字化技术提升产业协作水平,强化协同创新,不断探索新型工业化的新路径。

第四节 本章小结

本章从"三化"(集聚化、服务化和多样化)的角度探索韧性提升的实现路径。首先,在本章第一节,从制造企业衍生和服务化两个角度验证了创业实验是一种功能,其有利环境是集聚经济和空间邻近性相关的正外部性的结果,并可能引发整个集群创新系统的自我累积过程。有关实证分析也显示服务化战略是创业实验的一种实现机制。其次,基于跨国公司和其他制度机构两类主体验证构建联系网络和探索新路径的可能性。并且从跨集群和"双重嵌入"两个角度,探讨制造业集群的外部—本地网络涉及跨集群的知识、信息交流,也涉及"双重嵌入"价值链的攀升问题。再次,基于典型事实和结构中断分析归纳出制造业集群的集聚趋势。实证研究证明了经由"动态集聚"所展现的既有路径扩展、发展行业新分支和整体结构升级三条路径的综合作用,形成具有"多样性专业化"的产业链集群是提升韧性的核心,国内外的经验也符合这样的观点。关于集群韧性提升的实现路径与产业生命周期等理论所强调衍生动力学作为集群驱动因素的证据相当一致。由于更多样化的城市化地区将有更高的可能性拥有一个或多个与新行业相关的行业,新行业有望出现在这些多元化的领域,这也符合空间产品生命周期理论。然后,在第二节,基于国际资本流动引起需求、供应和运输能力中断,引发供应链连锁效应的动态模拟显示,任何中断的连锁效应将在较长时间内继续影响,需要出台及时干预的措施,以缓解连锁效应的负面影响。程式化模拟结果表明,集聚度变化趋势与制造业集群生命周期模拟基本匹配，进一步验证了"动态集聚"与韧性路径的关系。最后，在第三节中，用国内外的典型案例的模式归纳，验证了本章第一节和第二节中实证和模拟分析的结论，主要强调企业衍生和多样化、新路径形成，以及产业链集群等相关内容。

第六章　双重压力下制造业集群韧性的提升策略

通过彻底控制集群发生的特定空间和时间背景，事件将失去"偶然性"，"意外事件"可以被战略行动引发和利用（Martin，Sunley，2006）。问题仍然是，某些事件为何以及如何在某个区域触发产业集群的出现，而不是出现在另一个区域。发达国家集群政策的例子证明，无论集群（技术或产业）的偏好如何，它们都被视为在全球范围内通过创新进行竞争的主要工具。政府使用不同的政策措施来选择和培育世界级集群，特别是期望公共政策支持与产业集群发展需要相一致，以加强其战略地位并接近世界级集群。

集群发展绝非一个平稳的过程，而是受到各种中断和非连续性的影响。为了保持竞争力以及避免出现危机和衰退，集群需要适应不断变化的全球经济条件。制定政策既要加强现有的产业结构（可能导致负面锁定），也要推动新的增长路径和进一步发展。过去的政策方法可能适用于支持原路径的扩展，当目标是启动和培育新的发展路径时，它就达到了极限。毕竟只有少数成功的集群策略推动衰退集群的更新和转换，更不用说创建全新的集群。尤其是 2014 年以来，各国强调将集群纳入促进新业务和更新现代化经济部门的进程，改善国家或区域层面集群政策与其他政策的协调，并给予支持形式和范围的自主权。各国政府集中于对跨国集群合作、高技术集群和强集群的支持，但在生命周期、产业类型、地理范围、临界规模、广度、深度、活动水平、增长潜力、协调机制等方面的有效支持呈现多样性。集群政策非常适合支持现有产业和集群的增长和维持，但关于新路径发展的政策以多样化和创造多样性为目标，最好兼顾集群现有的优势和专业知识。

目前，在中国东部、南部沿海地区已形成多个区域性制造业集群，其产业基础雄厚、门类齐全，产品规模、技术水平、品牌优势等远高于其他地区，已具备"培育若干世界级先进制造业集群"的条件。本研究构建世界级集群培育机制的政策框架，关注集群政策实施过程中出现的主要问题，有助于加强现有政策之间的联系，或调整集群政策的方向，使其更有效地配置全球资源，从而实现世界级的集群优势。培育世界级产业集群的路径就是提高韧性的过程。本研究的深化主线：发展地方特色产业集群→对接全球价值链（国内价值链耦合）→培育世界级产业集群。即从重视本地资源的内生动力和本地声誉，到重视外部联系和全球管道，再到均衡外部联系和内部联系。通过重新构建"三链"（价值链、供应链和产业链），实现"两循环"（国内循环和国际循环）和采取"三化"（集聚化、服务化和多样化），改变"三性"（脆弱性、适应性和可持续性），最终提高制造业集群的韧性。

第一节 微观层面：缓解制造企业的脆弱性

一、确定集群目标，加大集聚力度

大力支持那些已经从本地现有业务和/或优势中涌现出来的集群。首先，扶持政策不必然寻求从零开始建立新的集群，事实上这与欧盟智能专业化战略的重点相一致，即开发一种研究和创新投资的战略方法，从现有区域优势中寻求智能多样化。其次，在结构薄弱地区建立强大集群的过程也与智能专业化战略提倡的创业探索过程紧密相关。一方面，在数字和绿色转型以及先进制造、自动化快速发展的背景下，新集群和强大集群可能出现在现有的、传统的活动和这些不断发展的交叉技术之间的联系中。另一方面，要紧紧把握"机会窗口"的敞开期，适时在某些区域提前布局前瞻性和战略性制造业集群。

形成优秀的制造业集群发展预期。基于现有工业园区、开发区和加工贸易区等，发挥有历史经验的集群管理组织的作用，引导企业、资金、人才、项目的集聚。开展世界级先进制造业集群的示范建设，激励已有企业和知识型组织的创新能力，促进知识和技术交流、产品创新以及知识型企业的建立。科学配置地方政府行政权力，从制度上保证园区的合理供给，同时引入市场化园区建设机制。

二、依托国内市场，突破临界规模

充分利用中国特色社会主义的制度优势，依托国内庞大市场，迅速实现各主体、资源和能力的临界规模，以长期维持集群内和集群间的互动并吸引新成员。足够的企业创建启动活动会导致企业的空间集中——这是区域集群的主要先决条件。基于"产业复杂模型"的论点，即公司之间明确的买卖联系（Gordon，McCann，2000），在最初几个月和几年里，本地市场和客户对许多初创企业来说是决定性的。临界规模是为更多和更密集的合作、更好地挖掘创新潜力、捍卫其市场地位等所必需的规模，取决于企业数量、雇员人数和其他条件（如区域人力资本，研发和服务支持）。主导活动、中间供应商部门和零部件行业都要达到生产和市场的（绝对和相对）临界规模，并且存在集群的多个要素或部门。

为实现突破临界规模的目标，要打破将资金吸引到具有更高组织基础设施的强大区域的循环。许多地区面临的一个关键障碍是政府能力较弱，结合促进合作动态的中介组织的"薄"结构，而这些中间机构能够更好地吸引投资和政策资金。一种可能的途径是从结构薄弱地区存在强大能力的地方开始，通常是所在的大学和大公司。利用区域生态系统中现有强大参与者的能力，部分克服最初的能力障碍，为建立能够支持新兴集群的强大集群组织提供基石。

三、做强龙头企业，推动集群专业化

将全球价值链中领先企业的战略和活动纳入国家经济和地方集群共生系统。通过专业化和定制化服务，重点培育一批跨国龙头企业（包括隐形冠军和独角兽企业），带动一批制造企业以及配套和协作企业的发展。鼓励现有的龙头企业在协作中发挥主导作用，以寻求逐步接触到更广泛的中小企业群体，构建龙头企业的战略管理体系、加快新业态新模式探索、提升预测能力和风险防控等。

开展智能制造新模式试点示范，建设云制造平台和服务平台，加快构建技术成果转化应用推广机制。培育智能制造系统解决方案供应商，大力发展智能制造配套龙头企业。推进创新产业联盟建设和重点领域的集成应用，鼓励制造企业建设数字化车间和智能工厂，推广应用数字化技术、系统集成技术。

第二节　中观层面：增强制造业集群适应性

一、提升集群管理，加强链接力度

响应集群管理人员的培训需求，以提高他们在改善区域治理和业务环境质量方面的成功潜力，是在结构薄弱地区建立强大集群的关键途径。因为集群管理本身是一种经常被忽视的能力，它需要一套独特的技能集，将特定部门的知识和精心调整的人类技能结合起来，以支持不同的、经常相互竞争的集群参与者之间的协作。重点是不要低估建设强大集群所涉及的人为因素，特别是在商业环境质量较差和资源难以获得的不利环境下。此外，与新的数字商业模式、服务化、循环经济和资源效率等关键横向领域相关的具体培训，可能会提高这些地区产业集群利用工业转型机会的潜力。同样，防范集群出现衰退，高度重视产业集群的更替和升级，准确把握产业集群的生命周期，提高适应性，实现及时转型，并聚焦附加值高的产业环节，不断加强关键共性技术、前沿引领技术、颠覆性技术的科研投入。

二、推动集群内合作，促进协同动态

集群组织可以通过与其他商业组织，如雇主组织、产业组织和贸易组织的合作，促进对中小企业更广泛的拓展。可利用其他类型组织来建立基本的关注其成员之间的合作，可通过与其他商业组织在共同感兴趣的项目上进行合作，并扩大其覆盖范围。比如，利用集群组织和金融机构之间的合作来加强中小企业长期对集群倡议的参与，特别是在区域发展机构的支持下。因为在面对内外部冲击的背景下，集群内部协作的需求变得越来越大和越来越复杂。集群行动者之间建立信任的时效和协作程度，取决于决策者和关键集群行动者的长期承诺。

通过利用同一区域内集群之间的联系，可以扩大在结构较弱区域新出现的协作动态的范围并增强影响。首先，通过与类似部门和其他地区不同发展阶段的集群组织进行配对、研究访问和同行交流，具有巨大的学习和能力建设潜力。

其次，在通常跨部门边界的绿色和数字转型的背景下，有选择性的集群间协作可以支持智能多样化、升级和增强价值链的韧性。优化制造业集群供应链，探索产业组织模式创新，纵向整合上下游产业链、横向联合配套企业，通过补链、强链、延链，实现全产业链协同发展，利用大数据、"互联网＋"及人工智能等新技术，突破制约制造业发展的瓶颈，提升全要素生产效率。

三、推动跨集群合作，促进相关多样化

协调生产要素的区域配置，进行集群的合理优化布局，明确各省份在世界级制造业集群培育中的不同地位，及其重点发展的优势产业，建立合作共赢的长效机制。将集群政策与其他创新有关的政策（国家和区域层面）联系起来，鼓励各省份特色产业跨集群合作，关注建立在品牌效应和运作模式基础上的产业集群"飞地"，以及"平台型"产业集群。重点培育通信设备、轨道交通装备、电力装备、医疗装备等制造业集群，争取步入世界领先行列。

通过平台政策，在共享、互补的知识库和能力，以及区域外部联系的基础上构建"相关多样化"进程，设立前瞻性产业的预集群。新兴产业最有可能形成跨部门联系，集群中的创新是在行为主体所共享的知识中成长起来的，知识溢出更有可能发生在相关部门或行业之间。集群中创新活动是不同形式知识的结合，多样性比专业化更能促进创新。相关行业类型是生产力的驱动因素，应当更广泛地利用区域具体政策，而非某一特定行业或价值链的政策。

第三节　宏观层面：推动制造业可持续发展

一、营造创业氛围，链接技能生态系统

必须为创业活动营造一种普遍的积极气氛。本地创业态度和创业活动可以成为一个区域集群演变的起点。创业态度和创业活动相互作用，并且它们的特征通常与该地区有关。产业集群通常作为自发现象，其形成较少是由于政治意图的存在。通过分析国民经济中潜在的集群和现有集群的分布情况，可能有助于避免在一个错误的区域内推广太多的集群。宏观层面需要在原有基础上沿着

地区产业集群—国家产业集群—世界级产业集群的方向发展，从政府加强产业布局规划、完善风险预警体系、加大危机情况下援助力度、加强国内国际双循环等方面完善支撑体系。

需要快速和适应性地升级技能生态系统，以保持区域集群的竞争力，并建立更强大的、面向未来的集群。集群带来的关键优势之一是容易获得专门的地方劳动力市场，从而适应并随着集群的需要而发展，在当前技术迅速变化、向绿色和数字产业过渡的背景下，这种优势尤为重要。在集群组织存在的地方，可以通过代理技能生态系统和集群参与者之间的联系，在这一过程中发挥关键作用。在集群组织还不存在或只是处于初期的地方，现有技能生态系统中关键行动者——尤其是大学、职业教育与培训中心——的活动可以解决当地集群企业初始协作活动需要面向技能的挑战。这是一个可以迅速取得成果的关键合作领域，技能升级的过程可以确定其他战略合作领域，例如创新领域。

二、融入全球价值链，适应集群生命周期

决策者在对待集群政策时需要组织结构的开放性，以制定适应地方特色和全球趋势的良好政策组合。从世界级集群的三种类型来看，政府也需要分析集群的发展阶段，以确定执行哪种类型的政策，以及何时放弃直接补贴等措施。在集群的动态进化过程中，集群的联系是不稳定的。强调全球性外部联系和网络联系多样性，以获得外部互补的知识库和全球创新进程，为解决创新进程中各行为主体间的网络失灵而制定集群政策提供新的信息。加强国际合作，借助"一带一路"建设实施"走出去"战略，整合国际资源，在全球进行优化布局，快速提升制造业集群及其参与者的国际知名度和声誉。通过与国际一流企业和产业集群的分工协作，快速提升中国制造业集群在全球价值链中的地位和"中国制造"的整体形象。

三、推动技术进步，构建集群韧性新路径

需要借助新技术来构建韧性新路径。在未来不确定且变化迅速的世界中，制造业集群需要超越短期绩效和基本健康状况，必须能够应对不可预测的变化，而且必须变得更加强大。集群企业需要应对来自政府、投资者和整个社会，以及国外的压力，集群从供应链到信息流比以往更加互联但也更易受威胁。而且

关于制造业集群在全球生产体系中的角色并未充分考虑稳健性，以确保即使联系突然中断也能保持平稳运转。技术进步和地缘政治的不确定性给制造业集群带来了结构性变化，并将以非线性方式加速。数字化技术对制造业集群的发展和效率提高具有赋能作用，数字革命提高了数据可用性、集群连接程度和管理决策速度。因此，首先需要评估技术生命周期，并将技术韧性融入集群系统架构，以应对可能的大规模产业链或供应链运行故障和安全漏洞，以及供应链中断的连锁效应。其次，对制造业集群发展的监控和验证不能仅限于较低成熟度级别的反应性或回顾性指标，而应在较高成熟度水平上转向主动采取措施，寻找韧性问题的早期指标，并测试可能发生情况的响应和应急计划。然后，在冲击响应和恢复方面，不仅针对外部冲击做出响应，而且不断从运营、行业趋势和灾难性事件中学习，然后将其反馈到技术开发之中。

第四节　本章小结和展望

本章分别从微观、中观和宏观三个层面构建韧性提升的支持系统，并结合"培育若干世界级先进制造业集群"为此创造条件。首先，本章第一节从微观层面缓解制造企业的脆弱性，包括进一步加大集聚力度、突破临界规模、做强龙头企业，主要强调解决制造业集群的 MAR 外部性问题。其次，本章第二节从产业中观层面增强制造业集群的适应性，包括进一步加强链接力度、促进集群协同、增进相关多样性，主要强调制造业集群的 Jacobs 外部性问题。最后，本章第三节从宏观层面推动制造业集群可持续发展，包括链接技能生态系统、不断适应集群生命周期，同时构建韧性新路径，主要强调综合制造业集群的 MAR 外部性和 Jacobs 外部性问题。

制造业集群是巩固和壮大实体经济的根基，是国家综合实力迈上新台阶的抓手。从 2017 年党的十九大明确提出"培育若干世界级先进制造业集群"，到 2019 年工信部正式实施"先进制造业集群发展专项行动"，中国制造业集群的韧性得到明显提升，在应对新冠疫情和贸易摩擦等外部冲击时彰显了强大的恢复和适应能力。2022 年，党的二十大报告中进一步指出"坚持把发展经济的着力点放在实体经济上，推进新型工业化，加快建设制造强国""推动战略性新兴产业融合集群发展""打造具有国际竞争力的数字产业集群"。借助人工智能和数字技术的广泛应用,实体经济将与数字经济深度融合,制造企业的生产经营模式和内涵也将得到扩展和丰富,制造业集群将进一步提高转换和变革能力,并探索出更多的可持续发展路径,使得区域产业布局不断优化、区际产业联动不断活跃,中国制造业将得到进一步的产业升级,实现高质量发展,中国式现代化的产业体系将更加完备。

参考文献

Abiad A, Bluedorn J, Guajardo J, et al. The rising resilience of emerging market and developing economies [J]. World Development, 2015, 72: 1—26.

Ablaev I M. The main approaches to the cluster development in the russian economy [J]. European Research Studies Journal, 2017, 20 (2A): 431—442.

Acemoglu D, Ozdaglar A, Tahbaz-Salehi A. Systemic risk and stability in financial networks [J]. American Economic Review, 2012, 105 (2): 564—608.

Acemoglu D, Akcigit U, Kerr W. Networks and the macroeconomy: an empirical exploration [J]. NBER Macroeconomics Annual, 2016, 30 (1): 276—335.

Acs Z J, Armington C. The determinants of regional variation in new firm formation [J]. Regional Studies, 2002, 36 (1): 33—45.

Acs Z J, Autio E, Szerb L. National systems of entrepreneurship: measurement issues and policy implications [J]. Research Policy, 2014, 43 (3): 476—494.

Adger N W. Vulnerability [J]. Global Environmental Change, 2006, 16 (3): 268—281.

Agarwal R, Echambadi R, Franco A M, Sarkar M B. Knowledge transfer trough inheritance: Spinout generation, development and survival [J]. Academy of Management Journal, 2004, 47 (4): 501—522.

Agosin M, Huaita F. Overreaction in capital flows to emerging markets: Booms and sudden stops [J]. Journal of International Money and Finance, 2012, 31 (5): 1140—1155.

Agrawal A, Kapur D, McHale J. How do spatial and social proximity influence knowledge flows? Evidence from patent data [J]. Journal of Urban Economics, 2008, 64 (2): 258—269.

Alcácer J, Chung W. Location strategies and knowledge spillovers [J]. Management Science, 2007, 53 (5): 760—776.

Alcácer J, Zhao M. Local R&D strategies and multilocation firms: The role of internal linkages [J]. Management Science, 2012, 58 (4): 734—753.

Alcácer J, Chung W. Location strategies for agglomeration economies [J]. Strategic Management Journal, 2014, 35 (12): 1749—1761.

Alcácer J, Zhao M. Zooming in: A practical manual for identifying geographic clusters [J]. Strategic Management Journal, 2016, 37 (1): 10—21.

Aldrich H E, Fiol C M. Fools rush in? The institutional context of industry creation [J]. Academy of Management Review, 1994, 19 (4): 645—670.

Amiti M, Khandelwal A K. Import competition and quality upgrading [J]. The Review of Economics and

Statistics, 2013, 95 (2): 476—490.

Andersson M, Baltzopoulos A, Lööf H. R&D strategies and entrepreneurial spawning [J]. Research Policy, 2012, 41 (1): 54—68.

Andersson M, Klepper S. Characteristics and performance of new firms and spin-offs in Sweden [J]. Industrial and Corporate Change, 2013, 22 (1): 245—280.

Andersson M, Klaesson J, Larsson J P. How local are spatial density externalities? Neighbourhood effects in agglomeration economies [J]. Regional Studies, 2016, 50 (6): 1082—1095.

Andersson M, Larsson J P. Local entrepreneurship clusters in cities [J]. Journal of Economic Geography, 2016, 16 (1): 39—66.

Arthur W B. Increasing Returns and Path Dependence in the Economy [M]. Ann Arbor, MI: University of Michigan Press, 1994.

Arthur W B, Durlauf S N, Lane D A. Introduction: process and emergence in the economy [A]. In: Arthur W B, Durlauf S N, Lane D A. The Economy As An Evolving Complex System II [M]. MA: Addison-Wesley, 1997: 1—14.

Arts S, Fleming L. Paradise of novelty—or loss of human capital? Exploring new fields and inventive output [J]. Organization Science, 2018, 29 (6): 1074—1092.

Audretsch D B, Feldman M P. Innovative clusters and the industry life cycle [J]. Review of Industrial Organisation, 1996, 11: 253—273.

Audretsch D B, Houweling P, Thurik R. Firm survival in the Netherlands [J]. Review of Industrial Organization, 2000, 16: 1—11.

Augustine N, Wolman H, Wial H, et al. Regional economic capacity, economic shocks and economic resilience [R]. MacArthur Foundation Network on Building Resilient Regions, 2013.

Bacchiocchi E, Florio M, Giunta A. Internationalization and industrial districts: Evidence from the Italian automotive supply chain [J]. International Review of Applied Economics, 2014, 28 (1): 1—21.

Bai J, Perron P. Estimating and testing linear models with multiple structural changes [J]. Econometrica, 1998, 66 (1): 47—78.

Bai J, Perron P. Computation and analysis of multiple structural change models [J]. Journal of Applied Econometrics, 2003, 18 (1): 1—22.

Bailey M, Cao R Q, Kuchler T, et al. Social networks and housing markets [R]. Cambridge, MA: NBER, 2016.

Ball L, Romer D. Real rigidities and the non-neutrality of money [J]. Review of Economic Studies, 1990, 57 (2): 183—203.

Baptista R, Swann P. A comparison of clustering dynamics in the US and UK computer industries [J]. Journal of Evolutionary Economics, 1999, (9): 373—399.

Baqaee D. Labor intensity in an interconnected economy [R]. Harvard, 2015.

Basole R C, Bellamy M A. Supply network structure, visibility, & risk diffusion: a computational approach [J]. Decision Sciences, 2014, 45 (4): 753—789.

Bathelt H, Malmberg A, Maskell P. Clusters and knowledge: Local buzz, global pipelines and the process of knowledge creation [J]. Progress in Human Geography, 2004, 28 (1): 31—56.

Bathelt H, Li P-F. Global cluster networks—foreign direct investment flows from Canada to China [J]. Journal of Economic Geography, 2014, 14 (1): 45—71.

Barrot J-N, Sauvagnat J. Input specificity and the propagation of idiosyncratic shocks in production networks [J]. Quarterly Journal of Economics, 2016, 131 (3): 1543—1592.

Beaudry C, Swann P. Firm growth in industrial clusters of the United Kingdom [J]. Small Business Economics, 2009, 32: 409—424.

Behrens K, Corcos G, Mion G. Trade crisis? What trade crisis? [J]. The Review of Economics and Statistics, 2013, 95 (2): 702—709.

Behrens K, Boualam B, Martin J. Are clusters resilient? Evidence from Canadian textile industries [J]. Journal of Economic Geography, 2020, 20 (1): 1—36.

Bell G G. Clusters, networks, and firm innovativeness [J]. Strategic Management Journal, 2005, 26 (3): 287—295.

Bems R, Johnson R C, Yi K.-M. Vertical linkages and the collapse of global trade [J]. American Economic Review, 2011, 101 (3): 308—312.

Béné C, Newsham A, Davies M, et al. Resilience, poverty and development [J]. Journal of International Development, 2014, 26 (5): 598—623.

Bergek A, Jacobsson S, Carlsson B, et al. Analyzing the functional dynamics of technological innovation systems: A scheme of analysis [J]. Research policy, 2008, 37 (3): 407—429.

Berry H. Global integration and innovation: Multicountry knowledge generation within MNCs [J]. Strategic Management Journal, 2014, 35 (6): 869—890.

Bigelow L S, Carroll G R, Seidel M D L. Legitimation, geographical scale, and organizational density: Regional patterns of foundings of American automobile producers, 1885—1981 [J]. Social Science Research, 1997, 26 (4): 377—398.

Bishop P, Gripaios P. Spatial externalities, relatedness and sector employment growth in Great Britain [J]. Regional Studies, 2010, 44 (4): 443—454.

Blanchard O, Ostry J D, Ghosh A R, et al. Capital flows: Expansionary or contractionary? [J]. American Economic Review, 2016, 106 (5): 565—569.

Bloom N, Propper C, Seiler S, et al. The impact of competition on management quality: Evidence from public hospitals [J]. Review of Economic Studies, 2015, 82 (2): 457—489.

Boschma R A. New industries and windows of locational opportunity. A long-term analysis of Belgium [J]. Erdkunde, 1997, 51 (1): 12—22.

Boschma R, Lambooy J. Knowledge, market structure, and economic coordination: Dynamics of industrial districts [J]. Growth and Change, 2002, 33 (3): 291—311.

Boschma R A, Fenken K. Evolutionary economics and industry location [J]. Review for Regional Research, 2003, 23 (2): 183—200.

Boschma R A. Competitiveness or regions from an evolutionary perspective [J]. Regional Studies, 2004, 38 (9): 1001—1014.

Boschma R A, Frenken K. Why is economic geography not an evolutionary science? Towards an evolutionary economic geography [J]. Journal of Economic Geography, 2006, 6 (3): 273—302.

Boschma R A, Wenting R. The spatial evolution of the British automobile industry. Does location matter? [J]. Industrial and Corporate Change, 2007, 16 (2): 213—238.

Boschma R, Iammarino S. Related variety, trade linkages, and regional growth in Italy [J]. Economic Geography, 2009, 85 (3): 289—311.

Boschma R A, Martin R. The aims and scope of evolutionary economic geography [A]. In: Boschma RA, Martin R. The Handbook of Evolutionary Economic Geography [M]. Cheltenham: Edward Elgar, 2010: 3—39.

Boschma R A, Frenken K. Technological relatedness and regional branching [A]. In: Bathelt H, Feldman M P, Kogler DF. Dynamic Geographies of Knowledge Creation and Innovation [M]. London: Routledge, 2011: 64—81.

Boschma R, Minondo A, Navarro M. Related variety and regional growth in Spain [J]. Papers in Regional Science, 2012, 91 (2): 241—256.

Boschma R A, Minondo A, Navarro M. The emergence of new industries at the regional level in Spain: A proximity approach based on product-relatedness [J]. Economic Geography, 2013, 89 (1): 29—51.

Boschma R. Towards an evolutionary perspective on regional resilience [J]. Regional Studies, 2015, 49 (5): 733—751.

Bottazzi G, Gragnolati U. Cities and clusters: Economy-wide and sector-specific effects in corporate location [J]. Regional Studies, 2015, 49 (1): 113—129.

Bourlès R, Cette G, Lopez J, et al. Do product market regulations in upstream sectors curb productivity growth? Panel data evidence for OECD countries [J]. Review of Economics and Statistics, 2013, 95 (5): 1750—1768.

Brachert M, Kubis A, Titze M. Related variety, unrelated variety and regional functions: A spatial panel approach [J]. The Annals of Regional Science, 2015, 55: 7—32.

Brax S A, Visintin F. Meta-model of servitization: The integrative profiling approach [J]. Industrial Marketing Management, 2017, 60 (1): 17—32.

Brenner T. An identification of local industrial clusters in Germany [J]. Regional Studies, 2006, 40 (9): 991—1004.

Bresnahan T, Gambardella A, Saxenian A. "Old economy" inputs for "new economy" outcomes: Cluster formation in the new silicon valleys [J]. Industrial and Corporate Change, 2001, 10 (4): 835—860.

Bristow G, Healy A. Crisis response, choice and resilience: Insights from complexity thinking. Cambridge Journal of Regions [J]. Economy and Society, 2015, 8 (2): 241—256.

Brown L, Robert T, Greenbaum R T. The role of industrial diversity in economic resilience: An empirical examination across 35 years [J]. Urban Studies, Urban Studies Journal Limited, 2017, 54 (6): 1347—1366.

Bruneel J, de Velde E V, Clarysse B. Impact of the type of corporate spin-off on growth [J]. Entrepreneurship Theory and Practice, 2013, 37 (4): 943—959.

Buenstorf G, Klepper S. Heritage and agglomeration: The Akron tyre cluster revisited [J]. Economic Journal, 2009, 119 (537): 705—733.

Buenstorf G, Geissler M. The origins of entrants and the geography of the German laser industry [J]. Papers in Regional Science, 2011a, 90 (2): 251—271.

Buenstorf G, Guenther C. No place like home? Relocation, capabilities, and firm survival in the German machine tool industry after World War II [J]. Industrial and Corporate Change, 2011b, 20 (1): 1—28.

Burt R S. Structural holes and good ideas [J]. American Journal of Sociology, 2004, 110 (2): 349—399.

Bustinza O F, Vendrell-Herrero F, Baines T. Service implementation in manufacturing: An organisational transformation perspective [J]. International Journal of Production Economics, 2017, 192 (10): 1—8.

Camagni R. Innovation Networks. Spatial Perspectives [M]. London, New York: Belhaven Press, 1991.

Cantwell J. Location and the multinational enterprise [J]. Journal of International Business Studies, 2009, 40: 5—19.

Cantwell J. Blurred boundaries between firms, and new boundaries within (large multinational) firms: The Impact of decentralized networks for innovation [J]. Seoul Journal of Economics, 2013, 26 (1): 1—32.

Cantwell J. Innovation and international business [J]. Industry and Innovation, 2017, 24 (1): 41—60.

Capasso M., Cefis E., Frenken K. Spatial differentiation in industrial dynamics. A core-periphery analysis based on the pavitt-miozzo-soete taxonomy [R]. Eindhoven: Eindhoven Center for Innovation Studies (ECIS), 2011.

Capello R. SME clustering and factor productivity: A milieu production function model [J]. European Planning Studies, 1999, 7 (6): 719—735.

Carpenter S, Walker B, Anderies J M, et al. From metaphor to measurement: Resilience of what to what? [J]. Ecosystems, 2001, 4 (8): 765—781.

Carrie A. From integrated enterprises to regional clusters: The changing basis of competition [J]. Computers in Industry, 2000, 42 (2—3): 289—298.

Castelli C, Florio M, Giunta A. How to cope with the global value chain: Lessons from italian automotive suppliers [J]. International Journal of Automotive Technology and Management, 2011, 11 (3): 236—253.

Carlsson B, Stankiewicz R. On the nature, function, and composition of technological systems [J]. Journal of Evolutionary Economics, 1991, 1: 93—118.

Carlsson B, Eliasson G. Industrial dynamics and endogenous growth [J]. Industry and innovation, 2003, 10 (4): 435—455.

Carlsson B. Internationalization of innovation systems: A survey of the literature [J]. Research Policy, 2006, 35 (1): 56—67.

Carlsson B, Acs Z J, Audretsch D B, Braunerhjelm P. Knowledge creation, entrepreneurship, and economic growth: A historical review [J]. Industrial and Corporate Change, 2009, 18 (6): 1193—1229.

Cashian P. Economics, Strategy and the Firm [M]. London: Palgrave Mcmillan, 2007.

Cattaneo O, Gereffi G, Staritz C. Global value chains in a postcrisis world: A development perspective [R]. Washington: The World Bank, 2010.

Cedillo-Campos M, Sanchez J, Sanchez C. The new relational schemas of inter-firms cooperation: The case of the Coahuila automobile cluster in Mexico [J]. International Journal of Automotive Technology and Management, 2006, 6 (4): 406—418.

Cedillo-Campos M, Sanchez C. Dynamic self-assessment of supply chains performance: An emerging market approach [J]. Journal of Applied Research & Technology, 2013, 11 (3): 338—347.

Cefis E, Marsili O. Survivor: The role of innovation in firm's survival [J]. Research Policy, 2006, 35 (5): 626—641.

Certo S T, Semadeni M. Strategy research and panel data: evidence and implications [J]. Journal of Management, 2006, 32 (3): 449—471.

Chang S, Rozensweig P. The choice of entry mode in sequential foreign direct investment [J]. Strategic Management Journal, 2001, 22 (8): 747—776.

Cheyre C, Klepper S, Veloso F. Spinoffs and the mobility of U.S. merchant semiconductor inventors [J]. Management Science, 2015, 61 (3): 487—506.

Chiarella C, Flaschel P, Franke R. Foundations for a Disequilibrium Theory of the Business Cycle [M]. Cambridge: Cambridge University Press, 2005.

Christiano L J, Eichenbaum M, Evans C L. Nominal rigidities and the dynamic effects of a shock to monetary policy [J]. Journal of Political Economy, 2005, 113 (1): 1—45.

Christiano L, Eichenbaum M, Rebelo S. When is the government spending multiplier large? [J]. Journal of Political Economy, 2011, 119 (1): 78—121.

Christopherson S, Michie J, Tyler P. Regional resilience: Theoretical and empirical perspectives [J]. Cambridge Journal of Regions, Economy and Society, 2010, 3 (1): 3—10.

Chung W, Yeaple S. International knowledge sourcing: Evidence from US firms expanding abroad [J]. Strategic Management Journal, 2008, 29 (11): 1207—1224.

Coe N M, Dicken P, Hess M. Global production networks: Realizing the potential [J]. Journal of Economic Geography, 2008, 8 (3): 271—295.

Cooke P, Alaez R, Etxebarria G. Regional technological centres in the Basque country: An evaluation of policies, providers and user perceptions [R]. Cardiff: Cardiff University, 1991.

Cortright J. Making sense of clusters: Regional competitiveness and economic development [R]. Washington: The Brookings Institution, 2006.

Crawley A, Beynon M, Munday M. Making location quotients more relevant as a policy aid in regional spatial analysis [J]. Urban Studies, 2013, 50 (9): 1854—1869.

Cross R. On the foundations of hysteresis in economic systems [J]. Economics and Philosophy, 1993, 9 (1): 53—74.

Cubbin J. Market Structure and Performance: The Empirical Research [M]. London: Taylor & Francis, 2001.

Cusumano M A, Kahl S J, Suarez F F. Services, industry evolution, and the competitive strategies of product firms [J]. Strategic management journal, 2015, 36 (4): 559—575.

Dahl M S, Sorenson O. The embedded entrepreneur [J]. European Management Review, 2009, 6 (3): 172—181.

David P. Why are institutions the "carriers of history"? Path dependence and the evolution of conventions, organizations and institutions [J]. Structural Change and Economic Dynamics, 1994, 5 (2): 205—220.

Davoudi S. Resilience: A bridging concept or a dead end? [J]. Planning Theory and Practice, 2012, 13 (2): 299—307.

Dedrick J, Kraemer K L, Linden G. Who profits from innovation in global value chains? A study of the iPod and Notebook PCs [J]. Industrial and Corporate Change, 2010, 19 (1): 81—116.

Delgado M, Porter M E, Stern S. Clusters and entrepreneurship [J]. Journal of Economic Geography, 2010, 10 (4): 495—518.

Delgado M, Porter M E, Stern S. Clusters, convergence, and economic performance [J]. Research Policy, 2014, 43 (10): 1785—1799.

Delgado M, Porter M E, Stern S. Defining clusters of related industries [J]. Journal of Economic Geography, 2016, 16 (1): 1—38.

Delgado M, Porter M E. Clusters and the great recession [J/OL]. SSRN Electronic Journal, 2021. https://doi.org/10.2139/ssrn.3819293.

De Marchi V, Lee J, Gereffi G. Globalization, recession and the internationalization of industrial districts: Experiences from the Italian Gold jewellery industry [J]. European Planning Studies, 2014, 22 (4): 866—884.

Di Caro P. Recessions, recoveries and regional resilience: evidence on Italy [J]. Cambridge Journal of Regions, Economy and Society, 2015, 8 (2): 273—291.

Di Caro P, Fratesi U. Regional determinants of economic resilience [J]. Annals in Regional Science, 2018, 60: 235—240.

Dicken P. Global Shift: Reshaping the Global Economic Map in the 21st Century [M]. 5th edn. London: Sage Publications, 2007.

Dimitri U. Propaedeutics in the theory of the industrial organisation the SCP (structure, conduct, performance) model [J]. Journal of Innovation Economics & Management, 2016, 20 (2): 197—215.

Di Nardo E. A new approach to Sheppard's corrections [J]. Mathematical Methods of Statistics, 2010, 19 (2): 151—162.

Dierickx I, Cool K. Asset stock accumulation and sustainability of competitive advantage [J]. Management Science, 1989, 35 (12): 1504—1511.

Dolgui A, Ivanov D, Sokolov B. Ripple effect in the supply chain: An analysis and recent literature [J]. International Journal of Production Research, 2018, 56 (1—2): 414—430.

Dunne P, Hughes A. Age, size, growth and survival: UK companies in the 1980s [J]. Journal of Industrial Economics, 1994, 42 (2): 115—140.

Duranton G, Puga D. Nursery cities: Urban diversity, process innovation, and the life cycle of products [J]. American Economic Review, 2001, 91 (5): 1454—1477.

Duranton G, Overman H G. Testing for localization using microgeographic data [J]. Review of Economic Studies, 2005a, 72 (4): 1077—1106.

Duranton G, Puga D. From sectoral to functional urban specialization [J]. Journal of Urban Economics, 2005b, 57 (2): 343—370.

Duschl M, Schimke A, Brenner T, et al. Firm growth and the spatial impact of geolocated external factors: Empirical evidence for German manufacturing firms [J]. Journal of Economics and Statistics, 2014, 234 (2—3): 234—256.

Duschl M, Scholl T, Brenner T, et al. Industry-specific firm growth and agglomeration [J]. Regional Studies, 2015, 49 (11): 1822—1839.

Dyer J H, Singh H. The relational view: Cooperative strategy and sources of inter-organizational competitive advantage [J]. Academy of Management Review, 1998, 24 (4): 660—679.

Eaton J, Kortum S, Neiman B, et al. Trade and the global recession [R]. Sydney: University of Sydney, 2013.

Ellison G, Glaeser E L. Geographic concentration in U.S. manufacturing industries: A dartboard approach [J]. Journal of Political Economy, 1997, 105 (5): 889—927.

Ellul A, Pagano M, Schivardi F. Employment and wage insurance within firms: Worldwide evidence [J]. The Review of Financial Studies, 2018, 31 (4): 1298—1340.

Eriksson T, Kuhn J M. Firm spin-offs in Denmark 1981—2000: Patterns of entry and exit [J]. International Journal of Industrial Organization, 2006, 24 (5): 1021—1040.

Essletzbichler J. Relatedness, industrial branching and technological cohesion in US metropolitan areas [J]. Regional Studies, 2015, 49 (5): 752—766.

Faizova G, Kozhevnikova N, Kashipova G, et al. The role of clustering in provision of economic growth [J]. European Research Studies Journal, 2015, 18 (3): 91—102.

Falize M, Coeurderoy R. The network approach to rapid internationalization among born-global and born-again global firms: The case of the global innovation network [R]. Paris: Louvain School of Management, 2012.

Farhi E, Werning I. A theory of macroprudential policies in the presence of nominal rigidities [R]. Cambridge, MA: NBER, 2013.

Feldman M P, Francis J. Fortune favors the prepared region: The case of entrepreneurship and the capitol region biotechnology cluster [J]. European Planning Studies, 2003, 11 (7): 765—788.

Feldman M P, Francis J, Bercovitz J. Creating a cluster while building a firm: Entrepreneurs and the formation of industrial clusters [J]. Regional Studies, 2005, 39 (1): 129—141.

Feser E J. Old and new theories of industry clusters [A]. In: Steiner M (Ed.). Clusters and Regional Specialisation: On Geography, Technology and Networks [M]. London: Pion, 1998: 18—40.

Feser E J, Bergman E M. National industry cluster templates: A framework for applied regional cluster analysis [J]. Regional Studies, 2000, 34 (1): 1—19.

Feser E, Sweeney S, Renski H. A descriptive analysis of discrete US industrial complexes [J]. Journal of Regional Science, 2005, 45 (2): 395—419.

Figueiredo O, Guimaraes P, Woodward D. Home-field advantage: Location decisions of Portuguese entrepreneurs [J]. Journal of Urban Economics, 2002, 52 (2): 341—361.

Folta T B, Cooper A C, Baik Y S. Geographic cluster size and firm performance [J]. Journal of Business Venturing, 2006, 21 (2): 217—242.

Forbes K J, Warnock F E. Capital flow waves: Surges, stops, flight, and retrenchment [J]. Journal of International Economics, Elsevier, 2012, 88 (2): 235—251.

Fornahl D. Entrepreneurial activities in a regional context [A]. In: Fornahl D, Brenner T (Ed.). Co-operation, Networks and Institutions in Regional Innovation Systems [M]. Cheltenham UK, Northampton MA: Edward Elgar, 2003: 38—57.

Freeman C. Continental, national and sub-national innovation systems [J]. Research Policy, 2002, 31 (2): 191—211.

Frenken K, van Oort F, Verburg T, et al. Variety, employment and regional development in the Netherlands [R]. Porto: The 44th ERSA Conference, 2004.

Frenken K, van Oort F, Verburg T. Related variety, unrelated variety and regional economic growth [J].

Regional Studies, 2007a, 41 (5): 685—697.

Frenken K, Boschma R A. A theoretical framework for evolutionary economic geography: Industrial dynamics and urban growth as a branching process [J]. Journal of Economic Geography, 2007b, 7 (5): 635—649.

Frenken K, Cefis E, Stam E. Industrial dynamics and clusters: A survey [J]. Regional Studies, 2015, 49 (1): 10—27.

Fromhold-Eisebith M. Sectoral Resilience: Conceptualizing industry-specific spatial patterns of interactive crisis adjustment [J]. European Planning Studies, 2015, 23 (9): 1675—1694.

Fujita M, Thisse J-F. Does geographical agglomeration foster economic growth? And who gains and loses from it? [J]. The Japanese Economic Review, 2003, 54: 121—145.

Fujita M. Exploiting Linkages for Building Technological Capabilities: Vietnam's Motorcycle Component Suppliers under Japanese and Chinese Influence [M]. Tokyo: Springer, 2013.

Funk R J. Making the most of where you are: Geography, networks, and innovation in organizations [J]. Academy of Management Journal, 2014, 57 (1): 193—222.

Gabaix X. The granular origins of aggregate fluctuations [J]. Econometrica, 2011, 79 (3): 733—772.

Garnsey E, Longhi C. High technology locations and globalization: Converse paths, common processes [J]. International Journal of Technology Management, 2004, 28 (3): 336—355.

Garvin D. Spin-offs and the new firm formation process [J]. California Management Review, 1983, 25 (2): 3—20.

Gehrke B, Schiersch A. FuE-intensive Industrien und wissensintensive Dienstleistungen im internationalen Vergleich [R]. Berlin: Studien zum deutschen Innovationssystem, 2016.

Gereffi G. International trade and industrial upgrading in the apparel commodity chain [J]. Journal of International Economics, 1999, 48 (1): 37—70.

Gereffi G, Humphrey J, Sturgeon T. The governance of global value chains [J]. Review of International Political Economy, 2005, 12 (1): 78—104.

Geroski P A. What do we know about entry? [J]. International Journal of Industrial Organization, 1995, 13 (4): 421—440.

Ghadge A, Er M, Ivanov D, et al. Visualisation of ripple effect in supply chains under long-term, simultaneous disruptions: A system dynamics approach [J]. International Journal of Production Research, 2022, 60 (20): 6173—6186.

Gholami-Zanjani S M, Jabalameli M S, Klibi W, et al. A robust location-inventory model for food supply chains operating under disruptions with ripple effects [J]. International Journal of Production Research, 2021, 59 (1): 301—324.

Giannone D, Lenza M, Reichlin L. Market freedom and the global recession [J]. IMF Economic Review, 2011, 59 (1): 111—135.

Giordani P E. Decision-making under strong uncertainty: Five applications to sunspot theory and neo-schumpeterian growth theory [D]. Sapienza University of Rome, 2005.

Giroud X, Mueller H M. Firms' internal networks and local economic shocks [J] American Economic Review, 2019, 109 (10): 3617—3649.

Glaeser E L, Kallal H D, Scheinkman J A, Shleifer A. Growth in cities [J]. Journal of Political Economy, 1992, 100 (6): 1126—1152.

Glaeser E. Entrepreneurship and the city [R]. Cambridge, MA: NBER, 2007.

Goldbeck N, Angeloudis P, Ochieng W. Optimal supply chain resilience with consideration of failure propagation and repair logistics [J]. Transportation Research Part E: Logistics and Transportation Review, 2020, 133: 101830.

Goracinova E, Wolfe D A. Regional resilience and the future of ontario's automotive sector in the age of digital disruption [R]. Vienna, Austria: PEGIS, 2019.

Gordon I R, McCann P. Industrial clusters: complexes, agglomerations and/or social networks? [J]. Urban Studies, 2000, 37 (3): 513—532.

Gort M, Klepper S. Time-paths in the diffusion of product innovations [J]. Economic Journal, 1982, 92 (367): 630—653.

Goto K, Natsuda K, Thoburn J. Meeting the challenge of China: The Vietnamese Garment industry in the post MFA era [J]. Global Networks, 2011, 11 (3): 355—379.

Gould J. Why do honey bees have dialects? [J]. Behavioural Ecology and Sociobiology, 1982, 10 (1): 53—56.

Grabher G. The weakness of strong ties—the lock-in of regional development in the Ruhr area [A]. In: Grabher G (Eds). The Embedded Firm [M]. London: Routledge, 1993: 255—277.

Grabher G, Ibert O. Distance as asset? Knowledge collaboration in hybrid virtual communities [J]. Journal of Economic Geography, 2014, 14 (1): 97—123.

Grossman G, Rossi-Hansberg E. Task trade between similar countries [J]. Econometrica, 2012, 80 (2): 593—629.

Guiso L, Pistaferri Luigi, Schivardi F. Insurance within the Firm [J]. Journal of Political Economy, 2005, 113 (5): 1054—1087.

Gupta V, Subramanian R. Seven perspectives on regional clusters and the case of Grand Rapids office furniture city [J]. International Business Review, 2008, 17 (4): 371—384.

Hahn F, Solow R. A Critical Essay on Modern Macroeconomic Theory [M]. Cambridge, Massachussetts and London: The MIT Press, 1995.

Hall R E. Employment fluctuations with equilibrium wage stickiness [J]. The American Economic Review, 2005, 95 (1): 50—65.

Hallegatte S, Ghil M, Dumas P, et al. Business cycles, bifurcations and chaos in a neoclassical model with investment dynamics [J]. Journal of Economic Behavior and Organization, 2008, 67 (1): 57—77.

Haltiwanger J, Jarmin R S, Miranda J. Who creates jobs? Small versus large versus young [J]. Review of Economics and Statistics, 2013, 95 (2): 347—361.

Hannan M T, Carroll G R, Dundon E A, et al. Organizational evolution in a multinational context: Entries of automobile manufacturers in Belgium, Britain, France, Germany, and Italy [J]. American Sociological Review, 1995, 60 (4): 509—528.

Hansen G D, Prescott E C. Capacity constraints, asymmetries, and the business cycle [J]. Review of Economic Dynamics, 2005, 8 (4): 850—865.

Hansen G H. The far side of international business: Local initiatives in the global workshop [J]. Journal of Economic Geography, 2008, 8 (1): 1—19.

Hartog M, Boschma R, Sotarauta M. The impact of related variety on regional employment growth in Finland 1993—2006: High-tech versus medium/low-tech [J]. Industry and Innovation, 2012, 19 (6): 459—476.

Hassink R. How to unlock regional economies from path dependency? From learning region to learning cluster [J]. European Planning Studies, 2005, 13 (4): 521—535.

Hassink R. Regional resilience: A promising concept to explain differences in regional economic adaptability? [J]. Cambridge Journal of Regions, Economy and Society, 2010, 3 (1): 45—58.

Heckmann I, Comes T, Nickel S. A critical review on supply chain risk—Definition, measure and modelling [J]. Omega, 2015, 52: 119—132.

Helsley R W, Strange W C. Coagglomeration, clusters, and the scale and composition of cities [J]. Journal of Political Economy, 2014, 122 (5): 1064—1093.

Henkel J, Rønde T, Wagner M. And the winner is—Acquired. Entrepreneurship as a contest yielding radical innovations [J]. Research Policy, 2015, 44 (2): 295—310.

Henn S, Bathelt H. Knowledge generation and field reproduction in temporary clusters and the role of business conferences [J]. Geoforum, 2015, 58: 104—113.

Henning M, Stam E, Wenting R. Path dependence research in regional economic development: Cacophony or knowledge accumulation? [J]. Regional Studies, 2013, 47 (8): 1348—1362.

Hill C W, Rothaermel F T. The performance of incumbent firms in the face of radical technological innovation [J]. Academy of Management Review, 2003, 28 (2): 257—274.

Holl A. Start-ups and relocations: Manufacturing plant location in Portugal [J]. Papers in Regional Science, 2004, 83 (4): 649—668.

Holling C S. Resilience and stability of ecological systems [J]. Annual Review of Ecology and Systematics, 1973, (4): 1—23.

Holmes T J, Stevens J J. An alternative theory of the plant size distribution, with geography and intra-and international trade [J]. Journal of Political Economy, 2014, 122 (2): 369—421.

Hosseini S, Ivanov D. Bayesian Networks for supply chain risk, resilience and ripple effect analysis: A literature review [J]. Expert Systems with Applications, 2020, 161: 113649.

Human S E, Provan K G. Legitimacy building in the evolution of small-firm multilateral networks: A comparative study of success and demise [J]. Administrative Science Quarterly, 2000, 45 (2): 327—365.

Humphrey J, Schmitz H. Governance and upgrading: Linking industrial cluster and global value chain research [R]. Brighton: IDS, 2000.

Humphrey J, Schmitz H. How does insertion in global value chains affect upgrading in industrial clusters? [J]. Regional Studies, 2002, 36 (9): 1017—1027.

Humphrey J. Upgrading in global value chains [J/OL]. SSRN Electronic Journal, 2004, DOI: 10.2139/ssrn.908214.

Hvide H. The quality of entrepreneurs [J]. The Economic Journal, 2009, 119 (539): 1010—1035.

Ireland P N. Endogenous money of sticky prices? [J]. Journal of Monetary Economics, 2003, 50 (8): 1623—1648.

Isaksen A. Industrial development in thin regions: trapped in tath extension? [J]. Journal of Economic Geography, 2015, 15 (3): 585—600.

Ivanov D, Sokolov B, Dolgui A. The Ripple effect in supply chains: Trade-off "efficiency-flexibility-resilience" in disruption management [J]. International Journal of Production Research, 2014, 52 (7): 2154—2172.

Ivanov D. Viable Supply Chain Model: Integrating agility, resilience and sustainability perspectives: Lessons from and thinking beyond the COVID-19 pandemic [J]. Annals of Operations Research, 2022, 319: 1411—1431.

Jacobs J. The Economy of Cities [M]. New York: Vintage Books, 1969.

Johanson J, Vahlne J E. The internationalization process of the firm—A model of knowledge development and increasing foreign market commitments [J]. Journal of International Business Studies, 1977, 8 (1): 23—32.

Johanson J, Vahlne J E. The mechanism of internationalization [J]. International Marketing Review, 1990, 7 (4): 11—24.

Johanson J, Mattsson L G. Internationalisation in industrial systems—A Network Approach [A]. In: Forsgren M, Holm U, Johanson J (Eds.). Knowledge, Networks and Power [M]. London: Palgrave Macmillan, 2015.

Johannisson B. Modernising the industrial district—rejuvenation or managerial colonisation [A]. In: Taylor M, Vatne E (Eds.). The Networked Firm in a Global World: Small Firms in New Environments [M]. Ashgate: Aldershot, 2000: 283—309.

Kamalahmadi M, Parast M M. An assessment of supply chain disruption mitigation strategies [J]. International Journal of Production Economics, 2017, 184: 210—230.

Kastalli I V, Looy B V. Servitization: disentangling the impact of service business model innovation on manufacturing firm performance [J]. Journal of Operations Management, 2013, 31 (4): 169—180.

Keeble D, Wilkinson F. Collective learning and knowledge development in the evolution of regional clusters of high-technology SMEs in Europe [J]. Regional Studies, 1999, 33 (4): 295—303.

Kennedy J, Eberhart R C. Particle swarm optimization. Proceedings of ICNN'95 -international Conference on neural networks, Perth, WA, Australia, 1995, (4): 1942—1948.

Kim M J, Shaver J M, Funk R J. From mass to motion: Conceptualizing and measuring the temporal dynamics of industry clusters [J]. Strategic Management Journal, 2022, 43 (4): 822—846.

Kim D, Kim S, Lee J S. The rise and fall of industrial clusters: Experience from the resilient transformation in south Korea [J]. The Annals of Regional Science, 2022: 1—23.

King R, Rebelo S. Resuscitating real business cycles [A]. In: Taylor J, Woodford M (Eds.), Handbook of Macroeconomics [M]. North-Holland: Amsterdam, 2000: 927—1007.

Kinra A, Ivanov D, Das A, et al. Ripple effect quantification by supplier risk exposure assessment [J]. International Journal of Production Research, 2020, 58 (19): 5559—5578.

Klepper S. Entry, exit, growth, and innovation over the product life cycle [J]. American Economic Review, 1996, 86 (3): 562—583.

Klepper S. Employee startups in high-tech industries [J]. Industrial and Corporate Change, 2001, 10 (3): 639—674.

Klepper S. The capabilities of new firms and the evolution of the U.S. automobile industry [J]. Industrial and Corporate Change, 2002, 11 (4): 645—666.

Klepper S. The evolution of geographic structure in new industries [J]. Revue de l'OFCE, 2006, 97 (5): 135—158.

Klepper S. Disagreements, spinoffs, and the evolution of Detroit as the capital of the U.S. automobile industry [J]. Management Science, 2007, 53 (4): 616—631.

Klepper S. The Geography of Organizational Knowledge [M]. Mimeo, 2008.

Klepper S. The origin and growth of industry clusters: The making of Silicon Valley and Detroit [J]. Journal of Urban Economics, 2010, 67 (1): 15—32.

Klepper S. Nano-economics, spinoffs, and the wealth of regions [J]. Small Business Economics, 2011, 37: 141—154.

Kogut B. Designing global strategies: Comparative and competitive value-added chains [J]. Sloan Management Review, 1985, 26 (4): 15—28.

Krugman P. Increasing returns and economic geography [J]. Journal of Political Economy, 1991, 99 (3): 483—499.

Kydland F E, Prescott E C. Time to build and aggregate fluctuations [J]. Econometrica, 1982, 50 (6):

1345—1370.

Lavrov A A. Features of the functioning of high-tech clusters in China and Japan [J]. Bulletin of Tomsk State University, 2012, 329: 182—185.

Lazzeretti L, Sedita S R, Caloffi A. Founders and disseminators of cluster research [J]. Journal of Economic Geography, 2014, 14 (1): 21—43.

Lazzeretti L, Capone F. How proximity matters in innovation networks dynamics along the cluster evolution. A study of the high technology applied to cultural goods [J]. Journal of Business Research, 2016, 69 (12): 5855—5865.

Lee K, Szapiro M, Mao Z. From Global Value Chains (GVC) to innovation systems for local value chains and knowledge creation [J]. The European Journal of Development Research, 2018, 30 (3): 424—441.

Lindholm-Dahlstrand Å, Billström A. Corporate and university spin-offs: A study of long-term performance [R]. Lund, Sweden: Entreprenörskapsforum, 2014.

Llaguno A, Mula J, Campuzano-Bolarin F. State of the art, conceptual framework and simulation analysis of the ripple effect on supply chains [J]. International Journal of Production Research, 2022, 60 (6): 2044—2066.

Li Y, Chen K, Collignon S, et al. Ripple effect in the supply chain network: Forward and backward disruption propagation, network health and firm vulnerability [J]. European Journal of Operational Research, 2021, 291 (3): 1117—1131.

Lorenzen M, Mudambi R. Clusters, connectivity and catch-up: Bollywood and Bangalore in the global economy [J]. Journal of Economic Geography, 2013, 13 (3): 501—534.

Lundvall B-Å. (Ed). National Systems of Innovation: Towards a Theory of Innovation and Interactive Learning [M]. London: Pinter Publishers, 1992.

Lundvall B-Å. National business systems and national systems of innovation [J]. International Studies of Management & Organization, 1999, 29 (2): 60—77.

Lundvall B-Å. One knowledge base or many knowledge pools? [R]. Aalborg and Copenhagen: DRUID, 2006.

Lundvall B-Å. On the origins of the national innovation system concept and on its usefulness in the era of the globalizing economy [R]. Havana: The 13th Globelics Conference, 2015.

Lundvall B-Å. The Learning Economy and the Economics of Hope [M]. Anthem Press, 2016.

MacKinnon D, Cumbers A, Chapman K. Learning, innovation and regional development: A critical appraisal of recent debates [J]. Progress in Human Geography, 2002, 26 (3): 293—311.

Maine E M, Shapiro D M, Vining A R. The role of clustering in the growth of new technology-based firms [J]. Small Business Economics, 2010, 34 (2): 127—146.

Malerba F. Sectoral systems of innovation: Basic concepts [A]. In: Malerba F (Eds.). Sectoral Systems of

Innovation: Concepts, Issues and Analysis of Six Major Sectors in Europe [M]. Cambridge University Press, 2004.

Malerba F. Sectoral systems of innovation [J]. Economics of Innovation and New Technology, 2005, 14 (1—2): 63—82.

Malmberg A, Power D. (How) do (firms in) clusters create knowledge? [J]. Industry and Innovation, 2005, 12 (4): 409—431.

Manca A R, Benczur P, Giovannini E. Building a scientific narrative towards a more resilient EU society [M]. LU: Publications Office, 2017: 3—14.

Marafioti E, Mollona E, Perretti F. Long-term sustainability of clusters: A dynamic theory of declusterisation [J]. Journal of Simulation, 2021, 15 (1—2): 159—176.

Markusen A. Sticky places in slippery space: A typology of industrial districts [J]. Economic Geography, 1996, 72 (3): 293—313.

Martin R, Sunley P. Deconstructing clusters: Chaotic concept or policy panacea? [J]. Journal of Economic Geography, 2003, 3 (1): 5—35.

Martin, R, Sunley P. Path dependence and regional economic evolution [J]. Journal of Economic Geography, 2006, 6 (4): 395—437.

Martin R, James S. Path Dependence and local innovation systems in city-regions [J]. Innovation: Management, Policy & Practice, 2008, 10 (2—3): 183—196.

Martin R, Sunley P. Conceptualizing cluster evolution: Beyond the life cycle model? [J]. Regional Studies, 2011, 45 (10): 1299—1318.

Martin R. Regional economic resilience, hysteresis and recessionary shocks [J]. Journal of Economic Geography, 2012, 12 (1): 1—32.

Martin P, Mayer T, Mayneris F. Are clusters more resilient in crises? Evidence from French exporters in 2008—2009 [R]. London: CEPR, 2013.

Martin R, Sunley P. On the notion of regional economic resilience: conceptualization and explanation [J]. Journal of Economic Geography, 2014, 15 (1): 1—42.

Martin J, Mejean I. Low-wage country competition and the quality content of high-wage country exports [J]. Journal of International Economics, 2014, 93 (1): 140—152.

Martin R, Sunley P, Gardiner B, Tyler P. How regions react to recessions: Resilience and the role of economic structure [J]. Regional Studies, 2016, 50 (5): 561—585.

Martin R, Sunley P. Path Dependence and regional economic evolution [J]. Journal of Economic Geography, 2016, 6 (4): 395—437.

Martin R, Gardiner B. The resilience of cities to economic shocks: A tale off our recessions (and the challenge of Brexit) [J]. Papers in Regional Science, 2019, 98 (4): 1801—1833.

Maskell P, Malmberg A. Localised learning and industrial competitiveness [J]. Cambridge Journal of Economics, 1999, 23 (2): 167—185.

Maskell P. Towards a knowledge-based theory of the geographic cluster [J]. Industrial and Corporate Change, 2001, 10 (4): 921—943.

Maskell P, Bathelt H, Malmberg A. Clusters and knowledge: local buzz, global pipelines and the process of knowledge creation [J]. Progress in Human Geography, 2004, 28 (1): 31—56.

Maskell P, Kebir L. What qualifies as a cluster theory? [A]. In: Asheim B, Cooke P, Martin R (Eds.). Clusters and Regional Development: Critical Reflections and Explorations [M]. London: Routledge, 2006.

Maskell P, Bathelt H, Malmberg A. Building global knowledge pipelines: The role of temporary clusters [J]. European Planning Studies, 2007, 14 (8): 997—1013.

Maskell P. Accessing remote knowledge—the roles of trade fairs, pipelines, crowdsourcing and listening posts [J]. Journal of Economic Geography, 2014, 14 (5): 883—902.

Mason C, Brown R. Entrepreneurial ecosystems and growth-oriented enterprises [R]. The Workshop Organised by the OECD LEED Programme and the Dutch Ministry of Economic Affairs, 2014.

May W, Mason C, Pinch S. Explaining industrial agglomeration: The case of the British high-fidelity industry [J]. Geoforum, 2001, 32 (3): 363—376.

Mayer T, Melitz M J, Ottaviano G I P. Market size, competition, and the product mix of exporters [J]. American Economic Review, 2014, 104 (2): 495—536.

McCann B T, Folta T B. Performance differentials within geographic clusters [J]. Journal of Business Venturing, 2011, 26 (1): 104—123.

Menzel M-P, Fornahl D. Cluster life cycles-dimensions and rationales of cluster evolution [J]. Industrial and Corporate Change, 2010, 19 (1): 205—238.

Mian A, Sufi A. What explains the 2007—2009 drop in employment [J]. Econometrica, 2014, 82 (6): 2197—2223.

Modica M, Reggiani A. Spatial economic resilience: Overview and perspectives [J]. Networks and Spatial Economics, 2015, 15 (1): 211—233.

Moore G, Davis K. Learning the silicon valley way [A]. In: Timothy B, Gambardella A (Eds.). Building hightech clusters: Silicon Valley and beyond [M], Cambridge: Cambridge University Press, 2004.

Moral S S. Industrial clusters and new firm creation in the manufacturing sector of Madrid's metropolitan region [J]. Regional Studies, 2009, 43 (7): 949—965.

Moral-Arce I, Rodríguez-Póo J M, Sperlich S. Low dimensional semiparametric estimation in a censored regression model [J]. Journal of Multivariate Analysis, 2011, 102 (1): 118—129.

Morgan K. The exaggerated death of geography: Learning, proximity and territorial innovation systems [J]. Journal of Economic Geography, 2004, 4 (1): 3—21.

Morrison A, Pietrobelli C, Rabellotti R. Global value chains and technological capabilities: A framework to study learning and innovation in developing countries [J]. Oxford Development Studies, 2008, 36 (1): 39—58.

Mudambi R. Location, control and innovation in knowledge-intensive industries [J]. Journal of Economic Geography, 2008, 8 (5): 699—725.

Muller E, Doloreux D. What we should know about knowledge-intensive business services [J]. Technology in society, 2009, 31 (1): 64—72.

Murmann J P, Frenken K. Towards a systematic framework for research on dominant designs, technological innovations, and industrial change [J]. Research Policy, 2006, 35 (7): 925—952.

Mytelka L K, Smith K. Policy learning and innovation theory: An interactive and co-evolving process [J]. Research Policy, 2002, 31 (8): 1467—1479.

Nadvi K. Collective efficiency and collective failure: The response of the sialkot surgical instrument cluster to global quality pressures [J]. World Development, 1999, 27 (9): 1605—1626.

Nanda R, Sørensen J B. Workplace peers and entrepreneurship [J]. Management Science, 2010, 56 (7): 1116—1126.

Nasrabadi E, Hashemi S. Robust fuzzy regression analysis using neural networks [J]. International Journal of Uncertainty, Fuzziness and Knowledge-Based Systems, 2008, 16 (4): 579—598.

Nathan M, Overman H. Agglomeration, clusters, and industrial policy [J]. Oxford Review of Economic Policy, 2013, 29 (3): 383—404.

Navas-Alemán L. The impact of operating in multiple value chains for upgrading: The case of the Brazilian furniture and footwear industries [J]. World Development, 2011, 39 (8): 1386—1397.

Neffke F, Henning M, Boschma R, et al. Who needs agglomeration? Varying agglomeration externalities and the industry life cycle [J]. Papers in Evolutionary Economic Geography, 2008, (8): 1—34.

Neffke F, Henning M, Boschma R A, et al. The dynamics of agglomeration externalities along the life cycle of industries [J]. Regional Studies, 2011a, 45 (1): 49—65.

Neffke F, Henning M, Boschma R A. How do regions diversify over time? Industry relatedness and the development of new growth paths in regions [J]. Economic Geography, 2011b, 87 (3): 237—265.

Neffke F, Henning M, Boschma R A. The impact of ageing and technological relatedness on agglomeration externalities: A survival analysis [J]. Journal of Economic Geography, 2012, 12 (2): 485—517.

Norbäck P-J, Persson L. Born to be global and the globalisation process [J]. The World Economy, 2014, 37 (5): 672—689.

Nyström K. An industry disaggregated analysis of the determinants of regional entry and exit [J]. Annals of Regional Science, 2007, 41: 877—896.

Obstfeld D. Social networks, the tertius lungens and orientation involvement in innovation [J]. Administrative Science Quarterly, 2005, 50 (1): 100—130.

Ofosu F, Holstius K. Internationalization and networks: The case of an intermediary company in promoting business links between Ghana and Finland [R]. 14th IMP Annual Conference Proceedings, 1998.

Orsenigo L. The (failed) development of a biotechnology cluster: The case of Lombardy [J]. Small Business Economics, 2001, 17 (1—2): 77—92.

Østergaard C R, Park E K. What makes clusters decline? A study on disruption and evolution of a high-tech cluster in Denmark [J]. Regional Studies, 2015, 49 (5): 834—849.

Ostry J D, Ghosh A R. Habermeier K, et al. Reinhardt D. Capital inflows: The role of controls [J]. Revista de Economia Institucional, 2010, 12 (23): 135—164.

Otto A, Nedelkoska L, Neffke F. Skill-relatedness und resilienz: Fallbeispiel saarland [J]. Raumforschung und Raumordnung, 2014, 72: 133—151.

Oviatt B, McDougall P. Toward a theory of international new ventures [J]. Journal of International Business Studies, 1994, 25 (3): 45—64.

Owen-Smith J, Powell W. Knowledge networks as channels and conduits: The effects of spillovers in the Boston biotechnology community [J]. Organization Science, 2004, 15 (1): 5—21.

Pe'er A, Vertinsky I, Keil T. Growth and survival: the moderating effects of local agglomeration and local market structure [J]. Strategic Management Journal, 2016, 37 (3): 541—564.

Pellenbarg P H, Van Steen P J M. Spatial perspectives on firm dynamics in the Netherlands [J]. Tijdschrift voor Economische en Sociale Geografie, 2003, 94 (5): 620—630.

Pendall R, Theodos B, Franks K. Vulnerable people, precarious housing, and regional resilience: an exploratory analysis [J]. Hous Policy Debate, 2012, 22 (2): 271—296.

Pendall R, Foster K A, Cowell M. Resilience and regions: building understanding of the metaphor [J]. Cambridge Journal of Regions, Economy and Society, 2020, 3 (1): 71—84.

Pietrobelli C, Rabellotti R. Global value chains meet innovation systems: Are there learning opportunities for developing countries? [J]. World Development, 2011, 39 (7): 1261—1269.

Pike A, Dawley S, Tomaney J. Resilience, adaptation and adaptability [J]. Cambridge Journal of Regions, Economy and Society, 2010, 3 (1): 59—70.

Pimm S L. The complexity and stability of ecosystems [J]. Nature, 1984, 307 (5949): 321—326.

Ponte S, Ewert J. Which way is "up" in upgrading? Trajectories of change in the value chain for South African wine [J]. World Development, 2009, 37 (10): 1637—1650.

Porter M E. Clusters and the new economics of competition [J]. Harvard Business Review, 1998, 76 (6): 77—90.

Porter M E. Location, competition and economic development: Local clusters in the global economy [J]. Economic Development Quarterly, 2000, 14 (1): 15—31.

Porter M E. The economic performance of regions [J]. Regional Studies, 2003, 37 (6—7): 549—578.

Porter M E, Ketels C. Clusters and industrial districts: Common roots, different perspectives [A]. In:

Becattini G, Bellandi M, De Propris L (Eds.). A handbook of industrial districts [M]. Cheltenham, UK-Northampton, MA, USA: Ewdard Elgar, 2009: 172—186.

Pouder R, St. John CH. Hot spots and blind spots: geographical clusters of firms and innovation [J]. Academy of Management Review, 1996, 21 (4): 1192—1225.

Pudelko F, Hundt C, Holtermann L. Gauging two sides of regional economic resilience in western Germany—Why sensitivity and recovery should not be lumped together [J]. Review of Regional Research, 2018, 38 (1): 141—189.

Pumain D, Paulus F, Vacchiani-Marzucco C, et al. An evolutionary theory for interpreting urban scaling laws [J]. Cybergeo, 2006: 343.

Qian H, Acs Z J, Stough R R. Regional systems of entrepreneurship: The nexus of human capital, knowledge and new firm formation [J]. Journal of Economic Geography, 2013, 13 (4): 559—587.

Ojha R, Ghadge A, Tiwari M, et al. Bayesian network modelling for supply chain risk propagation [J]. International Journal of Production Research, 2018, 56 (17): 5795—5819.

Rabellotti R, Giuliani E, Pietrobelli C. Upgrading in global value chains: lessons from Latin America clusters [J]. World Development, 2005, 33 (4): 549—573.

Raddats C, Baines T, Burton J, et al. Motivations for servitization: the impact of product complexity [J]. International Journal of Operations & Production Management, 2016, 36 (5): 572—591.

Radosevic S, Yoruk E. Entrepreneurial propensity of innovation systems: Theory, methodology and evidence [J]. Research Policy, 2013, 42 (5): 1015—1038.

Rahmat A. Clustering in Education [J]. European Research Studies Journal, 2017, 20 (3A): 311—324.

Ramey V. Macroeconomic shocks and their propagation [R]. Cambridge, MA: NBER, 2016.

Rebelo S. Real business cycle models: Past, present, and future [J]. Scandinavian Journal of Economics, 2005, 107 (2): 217—238.

Renski H. External economies of localization, urbanization and industrial diversity and new firm survival [J]. Papers in Regional Science, 2011, 90 (3): 473—502.

Reggiani A. Network resilience for transport security: Some methodological considerations [J]. Transport Policy, 2013, 28: 63—68.

Reggiani A, De Graaff T, Nijkamp P. Resilience: An evolutionary approach to spatial economic systems [J]. Networks and Spatial Economics, 2002, 2: 211—229.

Rigby D L, Brown W M. Who benefits from agglomeration? [J]. Regional Studies, 2013, 49 (1): 28—43.

Ringwood L, Watson P, Lewin P. A quantitative method for measuring regional economic resilience to the great recession [J]. Growth and Change, 2019, 50 (1): 381—402.

Rocchetta S, Mina A. Technological coherence and the adaptive resilience of regional economies [J]. Regional Studies, 2019, 53 (2): 1—14.

Rodríguez-Pose A, Crescenzi R. Mountains in a flat world: Why proximity still matters for the location of economic activity [J]. Cambridge Journal of Regions, Economy and Society, 2008, (1): 371—388.

Rodrigue J-P. The geography of global supply chains: Evidence from third party logistics [J]. Journal of Supply Chain Management, 2012, 48 (3): 15—23.

Roelandt T, den Hertog P, van Sinderen J, et al. Cluster analysis and cluster policy in the Netherlands [R]. Amsterdam, Netherlands: OECD, 1997.

Romanelli E, Feldman M. Anatomy of cluster development: Emergence and convergence in the US human biotherapeutics, 1976—2003 [A]. In: Braunerhjelm P, Feldman M (Eds.). Cluster Genesis: Technology Based Industrial Development [M]. Oxford, UK: Oxford University Press, 2006: 87—112.

Rose A, Liao S Y. Modeling regional economic resilience to disasters: A computable general equilibrium analysis of water service disruptions [J]. Journal of Regional Science, 2005, 45 (1): 75—112.

Rose A. Economic resilience to natural and man-made disasters: multidisciplinary origins and contextual dimensions [J]. Environmental Hazard, 2007, 7 (4): 383—398.

Rosenthal S S, Strange W C. The geography of entrepreneurship in the New York metropolitan area [J]. Federal Reserve Bank of New York Economic Policy Review, 2005, 11 (2): 29—53.

Rosenthal S S, Strange W C. The attenuation of human capital spillovers [J]. Journal of Urban Economics, 2008, 64 (2): 373—389.

Rossi M, Tarba S, Raviv A. Mergers and acquisitions in the hightech industry: A literature review [J]. International Journal of Organizational Analysis, 2013, 21 (1): 66—82.

Rotemberg J J, Woodford M. Is the business cycle a necessary consequence of stochastic growth? [R]. Cambridge, MA: NBER, 1994.

Rotemberg J J, Woodford M. Real-Business-Cycle Models and forecastable movement in output, hours, and consumption [J]. American Economic Review, 1996, 86 (1): 71—89.

Ruel S, El Baz J, Ivanov D, et al. Supply chain viability: conceptualization, measurement, and nomological validation [J]. Annals of Operations Research, 2024, 335: 1107—1136.

Rugraff E, Sass M. How did the automotive component suppliers cope with the economic crisis in hungary? [J]. Europe-Asia Studies, 2016, 68 (8): 1396—1420.

Saxenian A. Regional Advantage: Culture and Competition in Silicon Valley and Route 128 [M]. Cambridge, MA: Harvard University, 1994.

Saxenian A. The New Argonauts: Regional Advantage in the Global Economy [M]. Cambridge, MA: Harvard University Press, 2006.

Schmitz Hubert. Learning and earning in global garment and footwear chains [J]. The European Journal of Development Research, 2006, 18 (4): 546—571.

Scholl T, Brenner T. Detecting spatial clustering using a firm-level cluster index [J]. Regional Studies, 2016, 50 (6): 1054—1068.

Schweizer L. Knowledge transfer and R&D in pharmaceutical companies: A case study [J]. Journal of Engineering & Technology Management, 2005, 25 (3): 168—183.

Scott A J, Storper M. High technology industry and regional development: A theoretical critique and reconstruction [J]. International Social Science Journal, 1987, 112 (2): 215—232.

Scott A J. Flexible production systems and regional development: The rise of new industrial spaces in North America and Western Europe [J]. International Journal of Urban and Regional Research, 1988, 12 (2): 171—185.

Sedita S R, De Noni I, Pilotti L. How do related variety and differentiated knowledge bases influence the resilience of local production systems? [R]. Centre for Innovation, Research and Competence in the Learning Economy (CIRCLE), Lunds Universitet, 2015.

Seeliger L, Turok I. Towards sustainable cities: Extending resilience with insights from vulnerability and transition theory [J]. Sustainability, 2013, 5 (5): 2108—2128.

Serfilippi E, Ramnath G. Resilience measurement and conceptual framework: A review of the literature [J]. Annals of Public and Cooperative Economics, 2018, 89 (4): 645—664.

Setterfield M. Hysteresis [R]. Department of Economics, Trinity College, 2010.

Shaver J M, Flyer F. Agglomeration economies, firm heterogeneity, and foreign direct investment in the United States [J]. Strategic Management Journal, 2000, 21 (12): 1175—1193.

Sheffi Y, Rice J B Jr. A supply chain view of the resilient enterprise [J]. MIT Sloan Management Review, 2005, 47 (1): 41—47.

Shih S. Reforging Acer: Create, Grow and Challenge [M]. Beijing: CITIC Publishing House, 2005.

Singh S, Kumar R, Panchal R, et al. Impact of COVID-19 on logistics systems and disruptions in food supply chain [J]. International Journal of Production Research, 2021, 59 (7): 1993—2008.

Simmie J, Martin R. The economic resilience of regions: Towards an evolutionary approach [J]. Cambridge Journal of Regions, Economy and Society, 2010, 3 (1): 27—43.

Sondermann D. Towards more resilient economies: the role of well-functioning economic structures [J]. Journal of Policy Modeling, 2018, 40 (1): 97—117.

Sorenson O, Audia P G. The social structure of entrepreneurial activity: geographic concentration of footwear production in the United States, 1940—1989 [J]. American Journal of Sociology, 2000, 106 (2): 424—462.

Sotarauta M, Suvinen N. Institutional agency and path creation: Institutional path from industrial to knowledge city [A]. In: Isaksen A, Martin R, Trippl M. New Avenues for Regional Innovation Systems—Theoretical Advances, Empirical Cases and Policy Lessons [M]. New York: Springer, 2018: 85—104.

Staber U. Spatial proximity and firm survival in a declining industrial district: The case of knitwear firms in Baden Wurttemberg [J]. Regional Studies, 2001, 35 (4): 329—341.

Stam E. Why butterflies don't leave. Locational behavior of entrepreneurial firms [J]. Economic Geography, 2007, 83 (1): 27—50.

Stam E, Audretsch D B, Meijaard J. Renascent entrepreneurship [J]. Journal of Evolutionary Economics, 2008, 18: 493—507.

Stam E. Entrepreneurial eco-systems and regional policy—a sympathetic critique [J]. European Planning Studies, 2015, 23 (9): 1759—1769.

Stam E, Spigel B. Entrepreneurial ecosystems and regional policy [A]. In: Blackburn R, et al (Eds). Sage Handbook for Entrepreneurship and Small Business [M]. California: SAGE, 2016.

Sternberg R. New firms, regional development and the cluster approach—what can technology policies achieve? [A]. In: BrÖcker J, R. Soltwedel R, Dohse D (Eds.). Innovation Clusters and Interregional Competition [M]. Heidelberg: Springer, 2003: 347—371.

Sternberg R, Litzenberger T. Regional clusters in Germany—their geography and their relevance for entrepreneurial activities [J]. European Planning Studies, 2004, 12 (6): 767—791.

Storper M, Walker R. The Capitalist Imperative. Territory, Technology, and Industrial Growth [M]. New York, US; Oxford, UK: Basil Blackwell, 1989.

Storper M. The resurgence of regional economies ten years later: The region as a nexus of untraded interdependencies [J]. European Urban and Regional Studies, 1995, 2 (3): 191—221.

Stough R R. Learning regions, clusters and resiliency: A typology of regional and cluster dynamics [A]. In: Baycan T, Pinto H (Eds.). Resilience, crisis and innovation dynamics: New horizons in regional science series [M]. Edward Elgar Publishing, 2018: 251—266.

Stuart T, Sorenson O. The geography of opportunity: Spatial heterogeneity in founding rates and the performance of biotechnology firms [J]. Research Policy, 2003, 32 (2): 229—253.

Sturgeon T, Biesebroeck V, Gereffi G. Prospect for Canada in the NAFTA automotive industry: A global value chain analysis [R]. Industry Canada, 2007.

Sturgeon T, Biesebroeck V, Gereffi G. Value chains, networks and clusters: Reframing the global automotive industry [J]. Journal of Economic Geography, 2008, 8 (3): 297—321.

Sturgeon T, Biesebroeck V. Effects of the crisis on the automotive industry in developing countries: A global value chain perspective [R]. The World Bank, 2010.

Sun J, Tang J, Fu W, et al. Construction of a multi-echelon supply chain complex network evolution model and robustness analysis of cascading failure [J]. Computers & Industrial Engineering, 2020, 144: 106457.

Sutton J. Gibrat's legacy [J]. Journal of Economic Literature, 1997, 35 (1): 40—59.

Swierczek A. The "snowball effect" in the transmission of disruptions in supply chains the role of intensity and span of integration [J]. The International Journal of Logistics Management, 2016, 27 (3): 1002—1038.

Tåg J, Åstebro T, Thompson P. Hierarchies, the small firm effect, and entrepreneurship: Evidence from Swedish microdata [R]. Stockholm, Sweden: IFN, 2013.

Tako A A, Robinson S. Comparing discrete-event simulation and system dynamics: Users' perceptions [J]. Journal of the Operational Research Society, Palgrave Macmillan; The OR Society, 2009, 60 (3): 296—312.

Tallman S, Jenkins M, Henry N, et al. Knowledge, clusters, and competitive advantage [J]. Academy of Management Review, 2004, 29 (2): 258—271.

Teece D. Business models, business strategy, and innovation [J]. Long Range Planning, 2010, 43 (2—3): 172—194.

Teresa M A, Elizabeth A S, Giovanni B M, et al. Leader behaviors and the work environment for creativity: Perceived leader support [J]. Leadership Quarterly, 2004, 15 (1): 5—32.

Ter Wal A, Boschma R. Applying social network analysis in economic geography: Framing some key analytic issues [J]. The Annals of Regional Science, 2009, 43: 739—756.

Thompson P, Chen J. Disagreements, employee spinoffs and the choice of technology [J]. Review of Economic Dynamics, 2011, 14 (3): 455—474.

Titova N. Yu, Pervuhin M A, Baturin G G. Identification of regional clusters in the russian far east [J]. European Research Studies Journal, 2017, 20 (4): 339—359.

Tripathy S, Prajapati V. Mergers and acquisitions: Trends in Indian pharmaceutical industry [J]. Journal of Medical Marketing, 2014, 14 (4): 182—190.

Trippl M, Todtling F. Cluster renewal in old industrial regions: Continuity or radical change? [A]. In: Karlsson C. Handbook of research on cluster theory [M]. Edward Elgar Publishing, 2008: 203—218.

Trippl M, Grillitsch M, Isaksen A, et al. Perspectives on cluster evolution: Critical review and future-research issues [J]. European Planning Studies, 2015, 23 (10): 2028—2044.

Trippl M, Asheim B, Miorner J. Identification of regions with less developed research and innovation systems [R]. Lund, Sweden, 2015.

Turkina E, Van Assche A, Kali R. Structure and evolution of global cluster networks: Evidence from the aerospace industry [J]. Journal of Economic Geography, 2016, 16 (6): 1211—1234.

Utterback J M, Suarez F F. Innovation, competition, and industry structure [J]. Research Policy, 1993, 22 (1): 1—21.

Uzunidis D, Laperche B. The new mercantilism and the crisis of the global knowledge economy [J]. Journal of the Knowledge Economy, 2011, 2: 373—392.

Vaillant Y, Lafuente E. Do different institutional frameworks condition the influence of local fear of failure and entrepreneurial examples over entrepreneurial activity? [J]. Entrepreneurship and Regional Development, 2007, 19 (4): 313—337.

Van Oort F, De Geus S, Dogaru T. Related variety and economic growth in a cross-section of european urban regions [J]. European Planning Studies, 2015, 23 (6): 1110—1127.

Van Soest D, Gerking S, Van Oort F G. Spatial impacts of agglomeration externalities [J]. Journal of Regional Science, 2006, 46 (5): 881—899.

Van Wissen L. A spatial interpretation of the density dependence model in industrial demography [J]. Small Business Economics, 2004, 22: 253—264.

Vasilaki A, Tarba S, Ahammad M F. The moderating role of transformational leadership on HR practices in M&A integration [J]. International Journal of Human Resource Management, 2016, 27 (20): 2488—2504.

Vendrell-Herrero F, Parry G, Bustinza O, et al. Servitization as a driver for organizational change [J]. Strategic Change, 2014, 23 (5—6): 279—285.

Vendrell-Herrero F, Wilson J. Servitization and territorial competitiveness: taxonomy and research agenda [J]. Competitiveness Review: An International Business Journal, 2017, 27 (1): 2—11.

Vernon R. International investment and international trade in the product cycle [J]. Quarterly Journal of Economics, 1966, 80 (2): 190—207.

Visser E J, Boschma R A. Learning in districts: Novelty and lock-in in a regional context [J]. European Planning Studies, 2004, 12 (6): 793—808.

Visser E J, Atzema O A. Beyond clusters: Fostering innovation through a differentiated and combined network approach [J]. Evolutionary Economic Geography, 2007, 7 (5): 1—24.

Vivarelli M. The birth of new enterprises [J]. Small Business Economics, 1991, 3: 215—223.

Wagner SM, Neshat N. Assessing the vulnerability of supply chains using graph theory [J]. International Journal of Production Economics, 2010, 126 (1): 121—129.

Wang L, Madhok A, Li S. Agglomeration and clustering over the industry life cycle: Toward a dynamic model of geographic concentration [J]. Strategic Management Journal, 2014, 35 (7): 995—1012.

Wennberg K, Lindqvist G. The effects of clusters of the survival and performance of new firms [J]. Small Business Economics, 2010, 34: 221—241.

Wenting R. Spinoff dynamics and the spatial formation of the fashion design industry, 1858—2005 [J]. Journal of Economic Geography, 2008, 8 (5): 593—614.

Weterings A, Marsili O. Spatial concentration of industries and new firm exits: Does this relationship differ between exits by failure and by M&A? [J]. Regional Studies, 2015, 49 (1): 44—58.

Wezel F C. Location dependence and industry evolution: Founding rates in the United Kingdom motorcycle industry, 1895—1993 [J]. Organization Studies, 2005, 26 (5): 729—754.

Wink R. Regionale wirtschaftliche Resilienz und die Finanzierung von Innovationen [M]. In: Krüger J, Parthey H, Wink R (ed) Wissenschaft und Innovation: Wissenschaftsforschung Jahrbuch 2014 [M]. Wissenschaftlicher Verlag, Berlin, 2015: 57—72.

Wolfe D A, Meric S G. Clusters from the inside and out: Local dynamics and global linkages [J]. Urban

Studies, 2004, 41 (5—6): 1071—1093.

Wolfe D A. The Strategic management of core cities: Path dependence and economic adjustment in resilient regions [J]. Cambridge Journal of Regions, Economy and Society, 2010, 3 (1): 139—52.

Yılmaz Ö F, Özçelik G, Yeni F B. Ensuring sustainability in the reverse supply chain in case of the ripple effect: A two-stage stochastic optimization model [J]. Journal of cleaner production, 2021, 282: 124548.

Zeitlin J. Industrial districts and regional clusters [A]. In: Jones GG, Zeitlin J (Eds). Oxford Handbook of Business History [M]. Oxford University Press, 2008: 219—243.

程国平, 邱映贵. 供应链风险传导模式研究 [J]. 武汉理工大学学报（社会科学版）, 2009, 22 (2): 36—41.

管涛, 殷高峰. 开放没有回头路：中国应对资本流动冲击的经验及启示 [J]. 国际经济评论, 2022, (1): 54—69.

国家工商总局公平交易局反垄断处. 在华跨国公司限制竞争行为表现及对策 [J]. 工商行政管理, 2004, (5): 2.

郝良峰, 李小平, 李松林. 企业进入退出、产业动态集聚与城市生产率协同——来自我国制造业的证据 [J]. 系统工程理论与实践, 2021, 41 (8): 1942—1958.

胡晓辉. "动态集聚"还是"集聚动态"：制造业集群韧性提升的路径 [J]. 地理研究, 2024, 43 (2): 340—356.

蒋灵多. 集聚会降低企业失败风险吗？——来自中国微观企业的证据 [J]. 产业经济研究, 2016, (5): 1—12.

赖新峰, 陈志祥, 王鑫. 全球生产网中断风险与动态惩罚机制分析——基于系统动力学视角 [J]. 软科学, 2022, 36 (7): 125—135.

林毅夫. 潮涌现象与发展中国家宏观经济理论的重新构建 [J]. 经济研究, 2007, (1): 126—131.

林毅夫, 巫和懋, 邢亦青. "潮涌现象"与产能过剩的形成机制 [J]. 经济研究, 2010, (10): 4—19.

刘志彪. 新冠肺炎疫情下经济全球化的新趋势与全球产业链集群重构 [J]. 江苏社会科学, 2020, (4): 16—23.

刘纯霞, 舒彤, 汪寿阳等. 基于小世界网络的供应链中断风险传导路径研究 [J]. 系统工程理论与实践, 2015, 35 (3): 608—615.

刘莉亚, 程天笑, 关益众, 等. 资本管制能够影响国际资本流动吗？ [J]. 经济研究, 2013, 48 (5): 33—46.

罗黎平. 协同治理视角下的产业集群韧性提升研究 [J]. 求索, 2018, (6): 43—50.

罗建强. 服务型制造企业服务衍生的存在性研究 [J]. 科学学与科学技术管理, 2015, 36 (12): 119—127.

李瑞林, 魏剑锋. 我国地方产业集群四大"负锁定"的特征、风险及生成机制 [J]. 贵州社会科学,

2018,(4):126—131.

李琳,邓如. 产业生命周期视角下多维邻近性对集群创新的动态影响——以中国电子信息产业集群为例[J]. 软科学,2018,(8):24—27.

李福柱,厉梦泉. 相关多样性、非相关多样性与地区工业劳动生产率增长——兼对演化经济地理学理论观点的拓展研究[J]. 山东大学学报(哲学社会科学版),2013,(4):10—20.

李宇,张晨. 有意识的知识溢出对创新集群衍生的影响——基于知识创造的视角[J]. 科学学研究,2018,36(6):1135—1142.

李连刚,张平宇,谭俊涛等. 韧性概念演变与区域经济韧性研究进展[J]. 人文地理,2019,(2):1—7.

毛其淋,盛斌. 中国制造业企业的进入退出与生产率动态演化[J]. 经济研究,2013,48(4):16—29.

尼尔·寇,菲利普·凯利,杨伟聪. 当代经济地理学导论[M]. 刘卫东,马丽,张晓平等译. 北京:商务印书馆,2012:118.

平新乔,黄昕. 不同所有制企业在各类市场中的异质性研究[J]. 经济纵横,2018,(2):35—48.

阮建青,石琦,张晓波. 产业集群动态演化规律与地方政府政策[J]. 管理世界,2014,(12):79—91.

孙国民. 新兴产业衍生:基于整合视角的模型框架分析[J]. 科学学研究,2017,35(3):338—345.

孙久文,孙翔宇. 区域经济韧性研究进展和在中国应用的探索[J]. 经济地理,2017,37(10):1—9.

苏剑,邵宇佳,陈丽娜. 中国市场一体化进程:趋势、成效与建议[J]. 社会科学辑刊,2021,(3):157—170.

孙骞,欧光军. 双重网络嵌入与企业创新绩效——基于吸收能力的机制研究[J]. 科研管理,2018,39(5):67—76.

沈体雁,李志斌,凌英凯等. 中国国家标准产业集群的识别与特征分析[J]. 经济地理,2021,41(9):103—114.

沈静,魏成. 全球价值链下的顺德家电产业集群升级[J]. 热带地理,2009,29(2):134—139.

沈鸿,向训勇. 专业化、相关多样化与企业成本加成——检验产业集聚外部性的一个新视角[J]. 经济学动态,2017,(10):81—98.

唐亚林. 产业升级、城市群发展与区域经济社会一体化——区域治理新图景建构[J]. 同济大学学报(社会科学版),2015,26(6):55—61.

熊贤良. 国际竞争压力与对国内市场的保护[J]. 经济社会体制比较,1996,(3):5—10.

王鹏,钟敏. 危机冲击下产业集群韧性演化与提升路径研究[J]. 经济社会体制比较,2021,(6):76—88.

王缉慈. 我国制造业集群分布现状及其发展特征[J]. 地域研究与开发,2003,22(6):30—34.

王许亮. 中国服务品市场分割、空间互动及影响因素 [J]. 数量经济技术经济研究, 2020, (2): 70—89.

王莹, 施建淮. 贸易开放是否促进跨境资本流动: 基于信息传递的视角 [J]. 上海金融, 2021, (12): 46—57.

王永进, 张国峰. 开发区生产率优势的来源: 集聚效应还是选择效应? [J]. 经济研究, 2016, 51 (7): 58—71.

吴浩强, 刘树林. 关联并购视角的企业文化与技术创新效率 [J]. 中南财经大学学报, 2018, (3): 65—72.

邬爱其. 超集群学习与集群企业转型成长——基于浙江卡森的案例研究 [J]. 管理世界, 2009, (8): 141—156.

许琳, 沈静. 共同演化视角下的产业集群发展路径——以汕头市澄海区玩具产业集群为例 [J]. 热带地理, 2017, 37 (6): 83—91.

徐蕾, 魏江. 网络地理边界拓展与创新能力的关系研究——路径依赖的解释视角 [J]. 科学学研究, 2014, 32 (5): 767—776.

徐圆, 张林玲. 中国城市的经济韧性及由来: 产业结构多样化视角 [J]. 财贸经济, 2019, (7): 110—125.

杨康, 张仲义. 基于复杂网络理论的供应链网络风险传播机理研究 [J]. 系统科学与数学, 2013, 33 (10): 1224—1232.

杨雨晴, 施建淮. 国际资本流动、国内信贷与房地产价格: 基于中国宏微观层面的实证分析 [J]. 世界经济研究, 2023, (2): 78—90.

俞国军, 贺灿飞, 朱晟君. 产业集群韧性: 技术创新、关系治理与市场多元化 [J]. 地理研究, 2020, 39 (6): 1343—1356.

张礼卿, 张宇阳, 欧阳远芬. 国际资本流动对系统性金融风险的影响研究 [J]. 财贸经济, 2023, 44 (1): 99—115.

张红, 周智雄, 庄伯超. 营销能力对企业的技术创新的影响——基于我国中小板上市企业的实证研究 [J]. 科技管理研究, 2015, (7): 119—124.

赵奇伟, 熊性美. 中国三大市场分割程度的比较分析: 时间走势与区域差异 [J]. 世界经济, 2009, (6): 41—53.

赵艳萍, 郭亚婷等. 制造企业服务衍生的分类及其价值创造 [J]. 软科学, 2017, 1 (7): 103—107.

曾刚, 王秋玉, 曹贤忠. 创新经济地理研究述评与展望 [J]. 经济地理, 2018, 38 (4): 19—25.

附录 1： 主要行业平均集聚趋势

附表 A 显示了中国 31 个主要行业中类的所有阶段和多阶段集聚趋势，以及趋势时长、行业集聚水平和样本量（N）。其中，包括棉纺织、家纺和制鞋业等传统行业，也包括医疗仪器设备和电子元器件等新兴行业。

附表 A 主要行业平均集聚趋势

行业中类	所有阶段趋势				多阶段趋势			
	集聚趋势	集聚水平	趋势时长	N	集聚趋势	集聚水平	趋势时长	N
棉纺织及印染精加工	3.63	45.10	34.73	5175	2.81	42.81	15.48	1800
针织或钩针编织	3.37	47.79	34.05	6345	3.16	47.03	15.88	2385
家用纺织	3.24	41.60	37.50	8955	2.70	43.29	15.18	2250
机织服装	3.07	41.67	35.34	9855	3.08	46.15	14.79	3150
服饰制造	3.50	44.71	37.38	13184	2.94	45.63	15.24	3374
皮革制品	3.63	45.41	34.46	3690	2.48	39.79	14.15	1260
制鞋业	3.52	47.13	35.89	4859	2.48	44.30	16.07	1529
纸制品	3.45	44.30	36.08	9899	2.76	42.45	15.26	2969
木质制品	3.04	40.42	36.42	6704	2.07	33.77	15.95	1979
木质家具	2.55	34.37	38.17	10079	2.19	36.74	15.59	2339
印刷业	3.00	42.29	34.27	6434	2.96	44.03	15.50	2339
工艺美术及礼仪用品	3.17	42.18	37.45	9809	2.68	41.71	15.63	2519
塑料制品	3.77	47.55	37.97	15254	3.01	46.04	15.22	3599
结构性金属制品	3.77	47.40	38.40	17549	2.95	45.70	15.07	3869
金属工具	2.53	38.57	33.89	3105	1.85	32.20	14.34	1125
金属制日用品	2.90	40.92	35.55	5084	2.57	41.30	16.14	1664
金属加工机械	3.30	44.09	36.03	9045	2.84	44.42	14.96	2700
泵、阀门、压缩机及类似机械	2.83	40.01	33.34	3510	2.32	38.68	15.66	1395

续表

行业中类	所有阶段趋势				多阶段趋势			
	集聚趋势	集聚水平	趋势时长	N	集聚趋势	集聚水平	趋势时长	N
烘炉、风机、包装等设备	3.11	42.07	34.80	4005	2.19	33.22	15.72	1395
通用零部件	3.31	43.72	37.28	12374	3.04	46.77	15.51	3239
化工、木材、非金属加工专用	3.10	42.42	34.48	7064	2.83	42.06	15.52	2519
电子和电工机械	2.33	37.34	34.34	1620	1.65	29.78	13.78	540
医疗仪器设备及器械	2.53	40.45	31.69	1710	2.35	43.14	13.40	720
汽车零部件	3.41	45.35	34.92	6030	2.35	38.40	14.99	2025
输配电及控制设备	2.70	36.47	35.18	5355	2.20	35.44	15.04	1755
电线、电缆、光缆	2.15	31.40	34.95	1980	1.46	24.66	15.53	675
家用电力器具	2.97	41.78	33.61	2654	2.28	38.09	16.99	1079
照明器具	3.23	43.46	30.96	2159	2.57	37.26	16.90	1079
电子器件	2.71	37.99	35.14	1800	2.45	36.78	14.68	585
电子元件	2.64	38.40	34.00	1845	1.56	28.48	14.93	675
通用仪器仪表	2.56	37.80	33.34	2610	2.41	34.89	15.60	1035

资料来源：作者计算整理。

附录 2： 主要的多阶段趋势制造业集群

附表 B 主要呈现中国 34 个行业中类具有多阶段趋势，且 β 值大于 1 的制造业集群，包括电子器件（397）、电子元件（398）和医疗仪器设备及器械（358）三个高新技术行业中类，其余都是传统行业中类的制造业集群。这些行业的活动在地理上是集中的，部分行业呈现一定的区县—行业邻近性和多样性特征，并在以往文献中被广泛研究。

附表 B　主要的多阶段趋势制造业集群

行业中类	集群名称	行业中类	集群名称
棉纺织及印染精加工	江阴精细纺织产业集群、柯桥轻纺产业集群、南通通州纺织产业集群	毛纺织及染整	龙湖区潮式工艺毛织服装产业集群、秀洲织造产业集群、澄海工艺毛衫产业集群
丝绢纺织及印染	湖州丝绸产业集群（南浔区、德清县）	化纤织造及染整精加工	绍兴柯桥轻纺产业集群
针织或钩针编织	柯桥针织产业集群、桐乡纺织产业集群、潮阳针织内衣产业集群	家用纺织制成品	南通通州纺织产业集群、南通海门纺织产业集群
机织服装	吴兴区童装产业集群、平湖市出口服装制造产业集群、即墨服装产业集群	皮革制品	花都区皮具产业集群、邵东市箱包皮具生产基地
制鞋业	鹿城区皮鞋产业集群、瑞安市休闲鞋产业集群	木质制品	无极县装饰材料产业集群、南浔地板产业集群
文教办公用品	桐庐制笔产业集群	工艺美术及礼仪用品	东阳市木雕产业集群
塑料制品	澄海（塑料）玩具产业集群、黄岩塑料模具产业集群、余姚塑料产业集群	陶瓷制品	潮安区卫生陶瓷产业集群
耐火材料制品	宜兴陶瓷耐材产业集群	结构性金属制品	南海区金属加工产业集群
金属工具	常州新北区中国工具名镇	金属制日用品	南海区金属加工产业集群、中山小榄五金制品产业集群

续表

行业中类	集群名称	行业中类	集群名称
泵、阀门、压缩机及类似机械	玉环中低压阀门产业集群、永嘉泵阀产业集群	轴承、齿轮和传动部件	大连瓦房店轴承产业集群
烘炉、风机、包装等设备	靖江暖通空调产业集群	通用零部件	惠山智能基础零部件制造产业集群
化工、木材、非金属加工专用机械	宁海模具产业群、北仑塑料机械产业集群、余姚模具产业群	医疗仪器设备及器械	丹阳医疗器械产业集群、无菌医疗器械自动化装备制造产业（玉环）基地
汽车车身、挂车	安阳林州汽车配件产业集群、武汉蔡甸汽车零配件集群	汽车零部件	玉环汽车零部件产业群、瑞安汽车摩托车配件产业集群
船舶及相关装置	靖江船舶修造产业集群	摩托车制造	重庆汽车摩托车产业集群（九龙坡区）
自行车和残疾人座车	天津自行车产业集群（武清区）	输配电及控制设备	乐清中低压电器产业集群、镇江扬中工程电气产业集群
家用电力器具	慈溪家用小电器产业集群、中山市机电产品产业集群	照明器具	中山市灯具及灯饰产业集群、常州钟楼区中国灯具城
电子器件	中山小榄半导体智能照明产业集群	电子元件	宁波市集成电路产业集群（鄞州区）

资料来源：作者计算整理。

附录 3： 调查问卷

（一） 基本信息

1. 您的性别：

☐ 男　☐ 女

2. 您的年龄：

☐ 25 岁以下　☐ 25—29 岁　☐ 30—39 岁　☐ 40—49 岁　☐ 50—59 岁
☐ 60 岁及以上

3. 您的文化程度：

☐ 高中以下　☐ 高中/中专　☐ 大专　☐ 本科　☐ 研究生

4. 您从事的岗位类型：

☐ 管理　☐ 生产　☐ 销售　☐ 物流　☐ 研发　☐ 咨询

5. 您的职业：

☐ 企业主　☐ 企业高管　☐ 企业中层管理　☐ 务工
☐ 政府部门管理人员　☐ 行业协会管理人员　☐ 其他单位工作人员

6. 您工作单位所在省/自治区/直辖市：

☐ 北京　☐ 天津　☐ 河北　☐ 辽宁　☐ 上海　☐ 江苏　☐ 浙江
☐ 福建　☐ 山东　☐ 广东　☐ 广西　☐ 海南　☐ 山西　☐ 内蒙古
☐ 吉林　☐ 黑龙江　☐ 安徽　☐ 江西　☐ 河南　☐ 湖北　☐ 湖南
☐ 重庆　☐ 四川　☐ 贵州　☐ 云南　☐ 西藏　☐ 陕西　☐ 甘肃
☐ 青海　☐ 宁夏　☐ 新疆

（二） 总体形势的判断

1. 您对当前经济形势的判断是：

☐ 很快好转　☐ 企稳回升　☐ 基本不变　☐ 不容乐观　☐ 持续下行

2. 您对当前疫情状况的判断是：

☐ 很快控制　☐ 逐渐变好　☐ 持续一段时间　☐ 继续蔓延　☐ 搞不清楚

3. 当前经济形势和疫情下，对您所经营企业的负面影响有多大？

☐ 临近倒闭　☐ 勉强维持　☐ 影响不大　☐ 比过去要好　☐ 目前不确定
4. 如果与 2008 年金融危机时候相比，您认为当前状况是较好还是较坏？
☐ 较好　☐ 差不多　☐ 较坏　☐ 不清楚

（三）集群成长的影响因素

1. 您认为，在集群形成和发展过程中，下列哪个因素影响最大？
☐ 营商环境　☐ 龙头企业　☐ 类似企业　☐ 配套企业　☐ 企业家才能
2. 您愿意与集群内其他企业开展合作的最主要业务是哪一项？
☐ 生产　☐ 销售　☐ 研发　☐ 物流
3. 您目前与国内其他地区的企业开展合作的最主要业务是哪一项？
☐ 生产　☐ 销售　☐ 研发　☐ 物流
4. 如果您想到别的地方扩大经营，首先应该开办下列哪种类型的机构？
☐ 子公司　☐ 分公司　☐ 办事处　☐ 销售网点

（四）供应链风险权重

1. 在当前情况下，您的计划产量与实际生产量不匹配的可能性有多大？
☐ 70% 以上　☐ 70%—>60%　☐ 60%—>50%　☐ 50%—>40%
☐ 40% 及以下
2. 一般情况下，咱们的库存量的会有几箱（或件）？
☐ 25 箱（或件）以上　☐ 25—>20 箱（或件）　☐ 20—>15 箱（或件）
☐ 15—>10 箱（或件）　☐ 10 箱（或件）及以下
3. 在当前情况下，您认为库存不足的可能性有多大？
☐ 60% 以上　☐ 60%—>50%　☐ 50%—>40%　☐ 40%—>30%
☐ 30% 及以下
4. 在当前情况下，您所在部门完成原计划销售量的可能性有多大？
☐ 70% 以上　☐ 70%—>60%　☐ 60%—>50%　☐ 50%—>40%
☐ 40% 及以下
5. 在当前情况下，您认为运输时间延长的可能性有多大？
☐ 50% 以上　☐ 50%—>40%　☐ 40%—>30%　☐ 30%—>20%
☐ 20% 及以下

6. 您所经营的物流公司，目前用于货物运输的车辆有多少？

□ 超过 25 辆　□ 25—>20 辆　□ 20—>15 辆　□ 15—>10 辆　□ 10 辆及以下

7. 咱们目前用于货物运输的车辆，大部分是装几吨的车子？

□ 超过 15 吨　□ 15—>10 吨　□ 10—>5 吨　□ 5—>2.5 吨　□ 2.5 吨及以下

（五）惯性权重

1. 您根据过去经验决定当前生产经营情况的最大可能性是多少？

□ 90%以上　□ >70%—90%　□ >70%—50%　□ 50%及以下

2. 您根据过去经验决定当前生产经营情况的最低可能性是多少？

□ 50%以上　□ 50%—>40%　□ 40%—>30%　□ 30%—>20%　□ 20%及以下

图书在版编目(CIP)数据

中国制造业集群的韧性提升及其实现路径研究 / 胡晓辉著. -- 上海 : 上海社会科学院出版社, 2025.
ISBN 978-7-5520-4764-6
Ⅰ. F426.4
中国国家版本馆 CIP 数据核字第 20258M5Y84 号

中国制造业集群的韧性提升及其实现路径研究

著　　者：胡晓辉
责任编辑：应韶荃
封面设计：黄婧昉
出版发行：上海社会科学院出版社
　　　　　上海顺昌路 622 号　邮编 200025
　　　　　电话总机 021-63315947　销售热线 021-53063735
　　　　　https://cbs.sass.org.cn　E-mail:sassp@sassp.cn
照　　排：南京理工出版信息技术有限公司
印　　刷：上海盛通时代印刷有限公司
开　　本：710 毫米×1010 毫米　1/16
印　　张：16.75
插　　页：1
字　　数：280 千
版　　次：2025 年 6 月第 1 版　2025 年 6 月第 1 次印刷

ISBN 978-7-5520-4764-6/F·811　　　　　　　　　　　定价：88.00 元

版权所有　翻印必究